新高等学校学習指導要領「日本史探求」対応

学習ノート
QRコード ▶▶ P.6

琉球・沖縄史探究

〜探究心を育てるためのもう一つの眼差し〜

沖縄歴史教育研究会

「琉球・沖縄史探究」を学ぶみなさんへ

　歴史を一本の線にたとえると，私たちは日々刻々と進んでいる線の最前線にいることになります。その線は時には屈折しながら進み，過去は現在を規定し，現在もまた未来を規定しながら延びていきます。

　私たちが過去を振り返り，ある出来事について語ることは，現在の歴史観でその過去の歴史事実に評価をくだしていることになります。言葉をかえれば，現在の歴史観が明日の歴史の指針を示しているといえるでしょう。私たちが過去の歴史事実にこだわるのは，その評価をくだしている目が，そのまま未来を見据えているからにほかなりません。こうした歴史観を培ううえで大切な学習が，私たちの生まれ育った琉球・沖縄の歴史を学ぶことです。

　沖縄学の父といわれる伊波普猷は，「汝の立つところを深く掘れ，そこには泉あり」というドイツの哲学者・ニーチェのことばを引用して，琉球・沖縄の歴史を学ぶことの大切さを説いています。みずからの生まれ育った地域には，先人の知恵や自分自身の存在理由をとき明かしてくれるヒントが埋まっているからです。そこを掘りおこし，見つめなおすことが，私たちのものの見方や考え方をやしなう礎にもなるのです。

　本書は，高等学校「日本史探究」に準拠した，琉球・沖縄史を学ぶための副読本です。「日本史探究」は，単に日本史の知識を学ぶことではなく，「なぜ」「どのように」の問いを重視し，歴史的な見方・考え方を，現代とのつながりを意識して学ぶことにより，深い理解と思考力を身につける科目です。本書は，この科目に沖縄の歴史を関連付けて編集し，付随する学習ノート(ＱＲコード読み取り)で琉球・沖縄史の知識を整理し，疑問に思ったことやもっと深く学びたい歴史事象について，調べたり，意見や考えをまとめたり，話し合いができるよう工夫しました。「歴史総合」や「世界史探究」でも活用できます。

　ただし，沖縄は本土の他地域とは異なる歴史・文化を持っているため，琉球王国の歴史や琉球併合，沖縄戦及び戦後27年間の米軍支配，さらには現在の基地問題などに多くのページを割き，必要に応じて「日本史探究」の枠組みから外れた内容も取り入れました。沖縄の生徒にとって「歴史の見方・考え方」を深め，みずからのアイデンティティについて考えるうえで重要な学習になるからです。また，本土の生徒にとっても，日本史との関りで沖縄の歴史を学ぶことにより，新たな課題の気付きと，より深い歴史の考察力を養うことができるのではないでしょうか。

　本書を通して，多くの高校生が沖縄への関心と理解を深めてもらえたら幸いです。

著者

第1部　琉球国の歴史探究

第1章　先史時代の沖縄
〈学習テーマ1〉沖縄人はどこからやってきたのか …………………………………… 8
〈学習テーマ2〉貝塚は何を語っているのか …………………………………………… 11

第2章　アジアのなかの琉球王国
〈学習テーマ3〉三山はどのようにして形成されたのか ……………………………… 16
〈学習テーマ4〉琉球王国はどのようにして誕生したのか …………………………… 21
〈学習テーマ5〉阿麻和利は反逆者なのか，英雄なのか ……………………………… 26
〈学習テーマ6〉第二尚氏王統はどのようにして成立したのか ……………………… 27
〈学習テーマ7〉琉球の交易はどこまで広がっていたのか …………………………… 33
〈学習テーマ8〉古琉球の文化にはどのような特徴があるのか ……………………… 39

第3章　近世の琉球王国
〈学習テーマ9〉薩摩島津氏の琉球侵略はどのようにおこなわれたのか …………… 43
〈学習テーマ10〉薩摩島津氏は琉球をどのように統治したのか……………………… 45
〈学習テーマ11〉薩摩支配下での中国への進貢の意義は何だったのか……………… 50
〈学習テーマ12〉薩摩支配で琉球はどう変わったのか……………………………… 53
〈学習テーマ13〉農民はどのような暮らしをしていたのか………………………… 58
〈学習テーマ14〉宮古・八重山の税は過酷だったのか……………………………… 66
〈学習テーマ15〉琉球の産業はどのように発展したのか…………………………… 69
〈学習テーマ16〉近世琉球の文化にはどのような特徴があるのか………………… 72

第4章　近代の波に揺れる琉球王国
〈学習テーマ17〉欧米諸国は何を求めて琉球にやってきたのか…………………… 81
〈学習テーマ18〉フランスの開国要求にどのような対応をしたのか……………… 85
〈学習テーマ19〉ペリーは，なぜ琉球を経由して日本へやってきたのか………… 89

第5章　琉球王国から沖縄県へ
〈学習テーマ20〉琉球併合（琉球処分）はどのようにおこなわれたのか………… 97
〈学習テーマ21〉明治政府はなぜ宮古・八重山を中国（清）にあたえようとしたのか… 103

第2部　沖縄県の歴史探究

第6章　沖縄県政と日本への同化政策

〈学習テーマ22〉沖縄県民は世替わりをどのように受けとめたのか……………112

〈学習テーマ23〉沖縄県民はどのように権利を獲得していったのか……………122

〈学習テーマ24〉日本の軍国主義は，どのようにして沖縄にもたらされたのか……125

〈学習テーマ25〉ソテツ地獄はどのようにしておこったのか……………128

〈学習テーマ26〉どれだけの沖縄県民が海外移民や出稼ぎとなったのか…………131

〈学習テーマ27〉近代沖縄の文化はどのように形成されたのか……………135

第7章　十五年戦争と沖縄

〈学習テーマ28〉日本はなぜ中国との戦争を拡大したのか……………140

〈学習テーマ29〉沖縄の軍国主義教育はどのようにおこなわれたのか…………148

〈学習テーマ30〉日本はなぜアメリカと戦争をはじめたのか……………152

〈学習テーマ31〉沖縄戦はどのようにおこなわれたのか……………155

〈学習テーマ32〉沖縄戦から何を学ぶのか……………166

〈学習テーマ33〉住民はどのようにして戦場に動員されたのか……………169

〈学習テーマ34〉沖縄戦でどれだけの県民が亡くなったのか……………173

第8章　米軍支配下の沖縄

〈学習テーマ35〉米軍はどのようにして沖縄を統治したのか……………175

〈学習テーマ36〉島ぐるみ闘争はどのようにしておこったのか……………185

〈学習テーマ37〉沖縄はどのようにして日本に復帰したのか……………195

〈学習テーマ38〉沖縄住民は復帰をどのように迎えようとしていたのか…………202

第9章　日本復帰後の沖縄

〈学習テーマ39〉日本復帰で沖縄はどのように変わったのか……………210

〈学習テーマ40〉21世紀の沖縄県はどこへ向かおうとしているのか ……………218

〈学習テーマ41〉沖縄の軍事負担を減らすにはどうしたらよいのか…………224

〈学習テーマ42〉米軍基地所在市町村にはどのような財政支援があるのか…………229

〈学習テーマ43〉輝く沖縄の個性と活躍する若者たち……………234

地理歴史科の必履修科目「日本史探究」の一覧

発行者の 番号・略称	教科書の 記号・番号	書　名	判型 ページ数	予定価格 (円)	検定 済年	著　作　者
2 東書	日探 701	日本史探究	B5 322	865	令4	山本博文 渡辺晃宏 ほか17名
7 実教	日探 702	日本史探究	B5 変形 406	865	令4	平雅行 横田冬彦 ほか15名
7 実教	日探 703	精選日本史探究 今につなぐ 未来をえがく	A B 246	865	令4	大串潤児 石居人也 ほか17名
35 清水	日探 704	高等学校　日本史探究	B5 302	865	令4	伊藤純郎 ほか12名
81 山川	日探 705	詳説日本史	B5 変形 398	865	令4	佐藤信 五味文彦 ほか23名
81 山川	日探 706	高校日本史	B5 302	865	令4	高埜利彦 鈴木淳 ほか23名
183 第一	日探 707	高等学校　日本史探究	B5 312	865	令4	大橋幸泰 ほか11名

凡例

1　年代は西暦を主とし，日本元号は明治以降で必要と思われる年号のみを（　）のなかに入れた。
　　例：1879(明治12)年。
2　琉球諸語(しまくとぅば)は，標準語と混同しないようカタカナで記した。
3　引用した史料(資料)は，漢字を仮名に改めたり，句読点を付けたりして読みやすくした。また，
　　必要に応じて要約した。

日本史探究と
琉球・沖縄

赤数字は，琉球・沖縄の項目に該当する内容が記されているページ。黒数字は，琉球・沖縄に関連するページで，当該項目の授業が展開できることを示している。

side note

本文を補足するために設けたコーナー。

Pick out

本文と関連した内容及び興味ある出来事をまとめたコーナー。

シーブン話

シーブンとは沖縄の言葉で，おまけのこと。本書では，本文に関連したこぼれ話のことを指す。

もっと知りたい
琉球・沖縄

琉球・沖縄について，掘り下げて探究するためのコラム。

人物に観る
琉球・沖縄

本文と関連した琉球・沖縄の歴史人物伝。

北海道・本土・沖縄の歴史展開の概念図

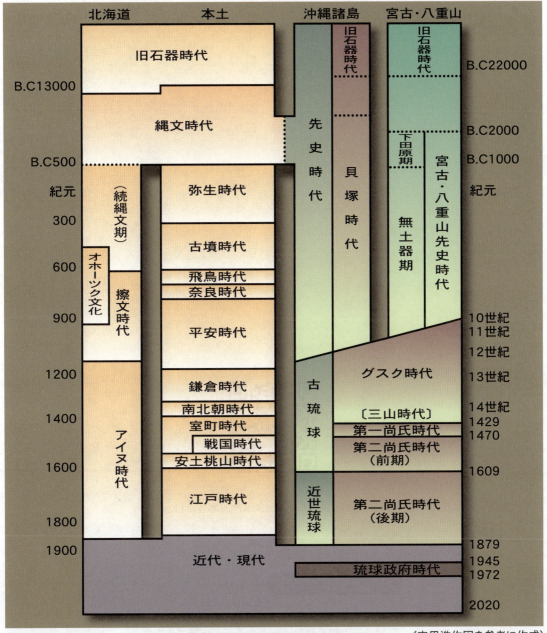

(安里進作図を参考に作成)

琉球・沖縄史の時代区分

先史沖縄	(数万年前〜11世紀末ごろまで)…港川人に代表される更新世時代と、その後の数千年の空白のあとにはじまる貝塚時代をいう。貝塚時代人は、われわれの直接の先祖で、九州縄文文化の影響を受けている。ただし、宮古・八重山では縄文・弥生文化の影響を受けたあとはないので、区別して考える。
古琉球	(11世紀末ごろ〜1609年の薩摩の侵略まで)…日本文化とのかかわりをもちながらも、大陸や南方文化の影響を強く受け、沖縄独自の文化を築いていく時代。中国を宗主国とする「琉球王国」の成立と発展の時代で、宮古・八重山・奄美も編入する。
近世琉球	(1609年〜1879年の「廃琉置県」まで)…薩摩の武力による侵略で、日本の「幕藩体制下の異国」として位置づけられ、中国と日本への二重朝貢的な国となる。
近代沖縄	(1879年〜1945年の沖縄戦まで)…明治政府による「廃琉置県(琉球併合)」で王国が解体され、日本の一地域としての沖縄県となる。
戦後沖縄	(1945年〜現在まで)…アメリカによる占領・統治時代(1945年〜1972年)と施政権返還後の沖縄県(1972年〜現在)とに分けられる。

https://toyo-plan.co.jp/textbook/hisoki-2024.html

QRコードについて

上記QRコードより
学習ノートのダウンロードサイトへ移行できます。

第**1**部

琉球国の歴史探究

第1章　先史時代の沖縄

学習テーマ 1　沖縄人(ウチナーンチュ)はどこからやってきたのか

日本史探求 と 琉球・沖縄　旧石器時代の沖縄

東書日探701	実教日探702	実教日探703	清水日探704	山川日探705	山川日探706	第一日探707
港川人,山下町 p.8	港川,白保竿根田原洞穴 p.13	旧石器時代 p.10	港川人,山下町第一洞穴,白保竿根田原洞穴 p.13	港川,山下町第一洞人,白保竿根田原洞人 p.7	港川人・白保竿根田原洞人 p.7	港川人 p.18

港川人とアジアの新人化石
（八重瀬町立具志頭歴史民俗資料館提供）

日本の旧石器時代の主な人骨化石　（地図は比較用に変形）

人骨化石の宝庫 沖縄県

　私たち現生人類（ホモ・サピエンス）の祖先は，約20万年前にアフリカで誕生し，そこから世界各地へ広まっていった。アジアにはおよそ5万年前にやってきて，小舟を操る技術を身につけた人びとが琉球諸島へもわたってきたと考えられている。

　この時代は旧石器時代とよばれ，遺跡は全国で約1万か所も確認されているが，人骨化石のほとんどは沖縄県からのものである。琉球石灰岩の洞穴はカルシウム分が多く，土壌も中性か弱アルカリ性のため，骨が酸化しにくいためである。

　2017年には，石垣島の**白保竿根田原洞穴遺跡**で発掘された人骨化石（白保旧石器人）が，日本最古となる**約2万7000年前**のものであることが報告された。

ここに着目　港川人は沖縄人(ウチナーンチュ)の祖先なのか

　日本の旧石器人の全身像を明らかにしたのは，沖縄県から発見された**港川人**であった。1968年，具志頭村（現・八重瀬町）の石切り場から人骨化石が発見され，1970年に本格的な発掘調査がおこなわれた。標高20㍍の石灰岩台地のフィッシャー（岩の割れ目）につまっ

ていた土の中から，シカやイノシシなどの化石骨とともに，ほぼ完全な全身骨を含む数体の人骨化石が出土した。年代測定の結果，およそ2万2000年前の人類であることがわかった。

港川人が発見された当初は，頭の骨が中国南部で発掘された柳江人に似ていたことから，中国大陸からわたって来た人びとの仲間だと考えられていた。また，その顔の特徴が縄文人に似ていることから，彼らが大陸や琉球列島を北上して本土へわたり，やがて日本人の祖先の一系統になったとみられていた。

ところが新たな研究で，復元された港川人のアゴにゆがみが確認され，再検証の結果「縄文人よりも，オーストラリア先住民やニューギニアの集団に近い」ことがわかった。2021年には，ミトコンドリアDNA解析の結果「港川人は日本人の祖先ではない」との研究報告もなされた。そのようなことから，他の旧石器人についても，「生活拠点を移動していた旧石器時代の人びとが，琉球諸島にもやってきて居住していたのであり，現代沖縄人（ウチナーンチュ）と結びつけて考えるには無理がある」との見方が強くなっている。

港川人のアジア南方起源説をもとに描いた復元モデル
作画：山本耀也氏
画像提供：国立科学博物館

沖縄で発見されたおもな旧石器時代の化石人骨

名　称	推定年代	化石骨の発見部	発掘年・場所
山下町第一洞人	3万6000年前（注）	幼児の大たい骨，けい骨など数個	1962年那覇市
ピンザアブ洞人	2万6000年前	頭蓋骨の破片，歯など	1979年上野村（現・宮古島市）
白保旧石器人	2万7000年前，ほか	頭蓋骨の破片など	2009年石垣市
ゴヘズ洞人	2万年前	あごの骨，頭蓋骨の破片	1976年伊江村
大山洞人	後期更新世後期	成人の下あご	1964年宜野湾市
港川人	2万2000年前	ほぼ完全な全身骨を含む5体〜9体	1968年具志頭村（現・八重瀬町）
下地原洞人	1万5000年前	乳幼児の大たい骨など約50個	1983年具志川村（現・久米島町）
サキタリ洞人	2万3000〜2万年前	子どもの犬歯など	2011年南城市

（注）直接人骨を測定したのではなく，一緒に出土した炭化物の分析から年代を推定。

大山盛保（1912〜1996）
〜港川人の発見に情熱をそそいだアマチュア考古学研究者〜

1967年11月，那覇市内でガソリンスタンドを経営していた**大山盛保**は，具志頭村（現・八重瀬町）の石材店から購入した庭石を見て，動物の化石らしいものが付着していることに気づいた。

「動物の骨が出てくるということは，大昔，沖縄にも狩りをして生活していた人びとが住んでいたにちがいない」

そう思った盛保は，翌日，さっそく港川の採石場へ出かけた。崖の割れ目につまった

発見現場での大山盛保氏
（大山盛正氏より提供）

土を掘り返していると，動物の骨らしいものが出てきた。調べてみると，1万年以上も前のイノシシの骨だということがわかった。

「まちがいない，旧石器時代に沖縄にもイノシシを捕獲して生活していた人間が住んでいたはずだ」と，確信した。しかし，この考えを支持したのは，多和田真淳という考古学者だけで，他の学者や研究者はこれを認めようとしなかった。

盛保は自分の考えが正しいことを証明するために，人骨化石の発掘に全力をそそいだ。すると，**港川フィッシャー**からは，ハブ，ネズミ，カエル，コウモリ，ヤンバルクイナなどの多種多様な動物の骨が出てきた。それでも盛保の考えに同調するものは少なく，家族の協力で発掘を続けるしかなかった。だが，ヒトの骨はいっこうに出てくる気配がない。しかし，絶対にあきらめなかった。日が暮れると，車のヘッドライトを照らして毎日おそくまで発掘作業を続けた。

そして1968年1月，ついに今までのものとは違う骨を発見した。盛保は，おりよく沖縄洪積世遺跡の調査にやって来ていた東京大学の鈴木尚教授らを訪ね，化石骨の鑑定を依頼した。

1968年末から1971年にかけてと1974年には本格的な発掘調査がおこなわれ，ほぼ完全な全身骨を含む5体から9体の人骨化石が出土した。鑑定の結果，2万2000年前の現生人類(旧石器人)であることがわかり，**港川人**と名づけられた。

大山盛保は，沖縄の旧石器時代の存在を証明するとともに，日本の旧石器時代の人びとの容姿を明らかにした最初の発見者となった。

シーブン話　日本で最初に旧石器を発見した考古学者・相沢忠洋 (1926～1989)

戦後しばらくまで，日本には旧石器時代に人間は住んでいなかったと考えられていた。この時代の日本列島は，激しい噴火で人間が生活できない環境だと考えられていたからである。

1946年秋，群馬県新田郡笠懸村の崖下で，一人の青年が石器のかけらのようなものをひろい集めていた。20歳の相沢忠洋だった。相沢青年の手には，人が加工したと思われる黒曜石のかけらがにぎられていた。

「まちがいない，日本にも旧石器時代に人間は住んでいたのだ」

それから約3年間，相沢青年は完全な形の打製石器を求めて発掘を続けた。そして1949年7月，ついに群馬県の岩宿駅近くの赤土層（旧石器時代の地層）から，黒曜石で作られた槍先形尖頭器を発見した。日本の歴史を塗り替えた瞬間だった。

1949年に発見された槍先形尖頭器
（みどり市岩宿博物館蔵）

学習テーマ 2 　貝塚は何を語っているのか

日本史探求 と 琉球・沖縄 　縄文・弥生文化と沖縄貝塚文化

東書日探 701	実教日探 702	実教日探 703	清水日探 704	山川日探 705	山川日探 706	第一日探 707
縄文文化〜弥生文化 p.10〜17	貝塚文化 p.21	縄文文化〜弥生文化 p.12〜13	貝塚文化 p.17	縄文文化〜弥生文化 p.8〜17	貝塚後期文化 p.11	貝塚文化 p.22

貝塚時代の沖縄

　旧石器人が生活していた時代から数千年後に、沖縄では次の文化段階である**貝塚時代**がはじまる。そのころから琉球列島ではサンゴ礁が形成され、**イノー**とよばれる浅瀬には亜熱帯特有の魚介類が繁殖するようになった。この海の食料資源をもとめて、今から約9000年前に九州から縄文人がわたってきて居住し、南西諸島特有の貝塚文化を生みだした。

　沖縄の貝塚時代に使われた土器の形や作りかたは、縄文土器と共通性はあるが、その象徴ともいえる縄目文様をほどこした土器は、沖縄県内では製作されていない（本土産は出土）。また、石器など道具の種類や形には違いがあり、縄文人の精神文化をあらわす**土偶**や石棒も沖縄からは出土していない。かわりに、琉球列島からは、ジュゴンの骨や珊瑚礁に生息する貝で作った独自のデザインをもつ装飾品などが発見されている。

　このようなことから、沖縄の貝塚文化と本土の縄文文化とは異なることがわかる。すなわち、沖縄の先史文化は、本土から伝わった縄文文化が土台となっているが、しだいに地理的・地域的な特性をいかしながら沖縄独自の文化を築いていった、といえる。

　貝塚後期時代の沖縄諸島には、縄文文化に続く弥生文化も伝わっている。同時代の遺跡から、弥生土器や鉄器・青銅器でつくられた道具が発見されている。しかし、水稲農業の跡が発見されていないため、弥生文化そのものは定着しなかったと考えられている。沖縄で水稲農耕がおこなわれるのは、11世紀前後のことである。

珊瑚礁での貝採取
（国立歴史民俗博物館提供）

Side Note

3つの文化地域

　日本列島の九州から東北に及ぶ地域では稲作を基盤とした**弥生文化**、北海道では狩猟と漁撈を基盤とした**続縄文文化**、沖縄では亜熱帯の豊かな海産物を基盤する**貝塚後期文化**が形成され、それぞれ交流を持っていた。

ここに着目 宮古・八重山諸島の先史文化～土器文化から無土器文化へ移行

沖縄諸島の貝塚文化が，本土の縄文文化の影響を受けてはじまったのに対し，宮古・八重山諸島の文化は，台湾・南中国の先史文化の影響を受けてはじまった。

宮古・八重山諸島で最も古い土器は，八重山の波照間島から出土した**下田原式土器**で，今からおよそ4000年前のものだとされている。厚手で角のような突起がついているのが特徴で，同形式の土器は，西表島や石垣島からも発見されている。

下田原式土器
(沖縄県立埋蔵文化財センター提供)

発掘された遺跡や遺物から当時の人びとの生活状況を推測すると，水の得やすい小高い台地に簡素な竪穴住居を建てて住み，自然採取を主とした生活をいとなんでいたと思われる。貝塚からは，おびただしい量の魚介類の食べ殻やイノシシの骨などが出てくる。道具は，平たい石斧や貝製の装飾品など，南方系のものが多く出土している(**下田原期の文化**)。宮古諸島では，多良間島が下田原期の文化圏に含まれる。

貝斧使用例
(石垣市市史編集室提供)

紀元前1000年ごろ，下田原期の文化が消滅したあと宮古諸島にフィリピンおよび南太平洋の先史文化の影響をうけた無土器の文化が伝わり，それから数百年ほど遅れて八重山諸島にもおよんだ(**無土器の文化**)。これが宮古・八重山諸島の先史文化の基層になったとみられる。

土器にかわるものとして，煮炊き用の鍋や食器にシャコ貝のような大型貝の殻などが使用されていたが，**石蒸調理**がおこなわれていた痕跡もみつかっている。石蒸調理とは，高温に熱した石の上に食材を置いて木の葉などで覆い，蒸し焼きにする方法である。また，地面に穴を掘ってその中に木の葉で包んだ肉や魚・野菜などを入れ，さらに真っ赤に焼いた握りこぶし大の石をつめて蒸すという調理方法もある。

このころの人たちは海岸砂丘地に住み，漁労を主とした自然採取の生活を基本としていたが，12世紀ごろにはイノシシの飼育や簡単な畑作などもおこなわれ，沖縄諸島とも交流するようになった。生産用具として，鉄器はまだ使用しておらず，石器や貝器，そして南太平洋地域で多くみられるシャコガイ製の**貝斧**などが使われていた。

🔍Pick Out! 沖縄の貝がなぜ大量に本土へはこばれたのか

弥生時代の農耕社会は定住を可能にし，各地には集落が形成されるようになった。集落内では，貧富の差や身分の違いも明確になった。特権階層のものはその証として，男女とも貝製の**腕輪**をはめた。この貝は日本近海のものではなく，琉球列島の海でとれる**ゴホウラ**や**イモガイ**などであった。

奄美・沖縄諸島の先史文化のことを別名・**貝の文化**ともいう。美しい珊瑚礁に縁ど

られた南西諸島は，豊かな海産物に恵まれた地域で，腕輪・首飾りなどの装身具や，食器などの生活用品に貝製品が多くもちいられた。

奄美・沖縄諸島産の貝は，今から2000年前の日本本土にもたらさた。そのルートには，南西諸島から北上し，北部九州で瀬戸内海を通って近畿地方にいたる道と，玄海灘を経由して日本海沿岸にいたる道とがあった。これを貝の道という。北海道の礼文島からも，イモガイ製ペンダントが出土しており，その道のりは2000kmにもおよんでいたことが確認されている。

北部九州にもたらされた貝は，主にゴホウラが男性用腕輪に，イモガイが女性用腕輪に加工されて全国に広められ，特権階層の身を飾った。南方産の巻貝には，霊力が宿っていると考えられていたのであろう。

この時代，南西諸島と九州を結ぶ雄大な交易にたずさわっていた人びとがいたということは，弥生時代が経済の安定と分業を可能にしていたことを物語っている。

やがて朝鮮半島から青銅器が伝わり，国内で青銅製の装身具や祭器などが作られるようになると貝の役割も後退し，貝の文化は衰退していった。

古墳時代になると，一部の地域をのぞいて貝輪をする習慣はなくなったが，豪族の墳墓からは，貝輪や貝輪を模造した碧玉製の鍬形石とよばれる副葬品が出てくる。大和政権にも貝輪のもつ神秘性は受けつがれていた。

ゴホウラ　　イモガイ

貝の道（『沖縄県立博物館総合案内』参照）

九州の人と交渉する様子（国立歴史博物館提供）

ここに着目　変化した貝の役割

実教日探703
奄美群島とヤコウガイ 44～45

弥生時代に栄えた貝の交易は，衰えはしたものの途絶えたのではなかった。古墳時代には，イモガイが馬具の材料として九州・朝鮮へはこばれ，奈良時代以降には，螺鈿など工芸品の材料として**ヤコウガイ**が中国や日本本土へもたらされていた。

ヤコウガイ

螺鈿の螺は巻貝のことで，鈿は飾ることを意味する。ヤコウガイなど巻貝の真珠層を文様の形に切り取り，薄くみがいて漆地または木地にはめこんだり，貼り付けたりして装飾する工芸品である。日本では奈良時代に唐からその技法が伝えられた。正倉院の宝庫に収められている「螺鈿紫檀五絃琵琶」に，その美しい貝の輝きを見ることができる。この琵琶は，唐からもたらされたと考えられており，現存する唯一の五絃琵琶である。装飾に使用されているヤコウガイの産地は不明だが，沖縄から中国にもたらされた貝の可能性もある。

9世紀ごろに国内で螺鈿の工芸品が製作されるようになると，装飾用のヤコウガイは，奄美諸島を主とした琉球列島産のものが消費されるようになった。1124年に藤原清衡が建立した中尊寺金色堂の装飾に使用された螺鈿も，奄美諸島を主とした琉球列島産のものである可能性が高いといわれている。

シーブン話　古代中国の貨幣に使われた貝は，宮古諸島産のタカラガイか？

タカラガイ

財貨に関する漢字の偏や旁には，貨・買・貯・賠・債・資など貝の文字が使われている。古代中国で，貝が貨幣（貝貨）として使われていた名残だといわれている。その証拠に，殷王朝後期（紀元前14～11世紀ころ）の遺構・殷墟から，貨幣として使用された大量のタカラガイが出土している。貨幣にタカラガイが用いられたのは，中国沿岸には生息しない貴重なものだったからであろう。では，どこから手に入れたのだろうか。

民俗学者の柳田国男は，宮古諸島の八重干瀬などで採取してきたものと推測した。そして，宮古にやってきた殷人が中国から稲をもたらし，そこから稲作技術をもった人びとが北上して，沖縄・奄美・九州へと稲作を伝えたのではないか，と考えた（「海上の道」）。ロマンにみちた話だが，今のところそれを証明する遺物はなく，否定的な要素のほうが強い。

そもそも，貝貨の原産地を宮古諸島に特定する根拠が明確ではない。タカラガイは，香港以南からベトナム近海でも採取できるので，一般的にはこれらの地域から殷朝へ貢物としてもたらされたものではないか，と考えられている。

日本史探求と琉球・沖縄　鑑真と阿児奈波島

東書日探701	実教日探702	実教日探703	清水日探704	山川日探705	山川日探706	第一日探707
鑑真 p.45	鑑真 p.50,51	鑑真，阿児奈波(地図) p.32,33	鑑真 p.35	鑑真 p.52	鑑真，阿児奈波島(地図) p.34	鑑真，阿児奈波島(地図) p.46

Pick Out！　鑑真(688-763)が漂着した阿児奈波島は，沖縄島なのか？

　唐の高僧・鑑真は，留学僧からの招きで，正式な僧侶に必要な戒律を伝えるため，いくどもの渡航の失敗にも屈せず日本にやって来た。その際の経由地・阿児奈波島が，現在の沖縄島だと考えられている。しかし，異論もある。

　淡海三船が著した『唐大和上東征伝』に，阿児奈波島は多褹島(種子島)の南西にあり，鑑真らはそこを出発して翌日には屋久島に到着したことが記されている。たしかに沖縄島は多褹の南西には違いないが，その間には奄美の島々やトカラ列島が横たわっており，そこからどこへも寄港することなく，翌日には屋久島に到着しているのは不自然だからである。また，この時代に沖縄島を阿児奈波島とよんでいた確証もない。

　そのことから，屋久島の西方にある口永良部島が阿児奈波島ではないかとの見方がある。阿児奈波島の中国音は，エラブ(永良部)に通ずるという。しかし，この地は方角や屋久島までの距離に問題があり，航路や日程，地名の読みなどから考えて，今のところ沖縄島を阿児奈波島だとする見方が一般的である。

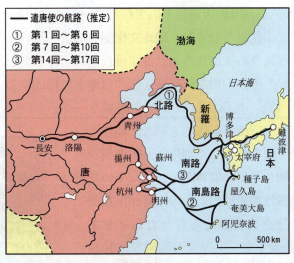

遣唐使の航路図

第2章　アジアのなかの琉球王国

学習テーマ 3　三山はどのようにして形成されたのか

グスク時代

　長い貝塚時代のあと，琉球列島にも**稲作**などの栽培方法や上質の焼物をつくる技術が伝わった。この農耕を主体とした生産経済の時代を，**グスク時代**（11世紀〜15世紀頃）とよんでいる。本土の平安時代後期から室町時代前期に並行する。

　この時期，九州では日宋（にっそう）貿易が盛んで，日本商人とともに中国商人が琉球列島にまで交易範囲を広げていた。それにともない，九州から琉球列島へヒト・モノの移動が活発となり，グスク時代を生み出す源流となった。彼らの交易船は，大海原（おおうなばら）で隔（へだ）てられていた沖縄諸島と宮古・八重山諸島をむすび，**琉球文化圏**を形成した。

　グスク時代になると，海岸砂丘地に居住していた人びとが，生活の場を琉球石灰岩の台地上に形成するようになった。集落にはムラの守護神を祀（まつ）った聖域（御嶽（ウタキ））を構え，稲作と麦・粟を主とした畑作に，牛の飼育（しいく）を加えた複合農耕をいとなんでいた。土器は沖縄独自のもののほか，奄美の徳之島でつくられた**カムィヤキ**（亀焼）や，中国製の陶磁器，長崎の西彼杵（にしそのぎ）半島でつくられた**石鍋**（いしなべ）などがもたらされた。

　各地には，按司（あじ）とよばれる首長があらわれ，砦（とりで）としての**グスク**を築いてそれぞれの地域を支配するようになった。

　14世紀なかばになると，沖縄島では有力な按司のもとに山北（北山）・中山・山南（南山）の勢力圏が形成された（**三山時代**）。

> **Side Note**
>
> **グスクとは**
>
> 現在は城のことをグスクとよんでいるが，もとは聖地や墓，石垣で囲った集落などをグスクと称していた。

> **Side Note**
>
> **古琉球**
>
> 琉球・沖縄史の時代区分では，グスク時代から琉球王国の成立をへて島津の侵入までの約500年間を，古琉球とよんでいる。

カムィヤキの分布図　写真（沖縄県立博物館・美術館提供）

| 神話の王統 | 首里王府が編集した最初の正史『中山世鑑』（1650年編纂）は，琉球史のはじまりを島立て神話から書きおこしている。そこには，次のような話が記されている。 |

「天帝の命をうけた阿摩美久という神が下界におりて島々をつくり，そこに天帝の子なる男女の神を住まわせた。二人のあいだから，三男二女が生まれた。長男は国王のはじめとなって天孫と称した。二男は諸侯のはじめ，三男は百姓のはじめとなり，長女は君々のはじめ，次女はノロのはじめとなった。天孫氏は，25代1万7802年も続いたが，大昔のことなので姓名は伝わっていない」。

これを**天孫氏王統**という。歴史書の体裁をととのえるため，日本の神話などを参考に記述したと思われる。

王府の歴史書によると，「天孫氏も25代のときに国力がおとろえ，臣下の利勇なる者に滅ぼされた。これにより国中に兵乱がおこり，治安は大いに乱れた。こうした時代に善政をおこなって人望をあつめていたのが，浦添按司の**尊敦**であった。彼は民衆の支持をえて兵をあげ，利勇を討って国家を安定させた。人びとはみな浦添按司を尊敬し，中山の主君とした。これが**舜天王**である」という。

また，尊敦は伊豆大島から流れ着いた源為朝と，大里按司の妹とのあいだに生まれた子どもだとも記している。

源 為 朝 と琉球最初の国王・舜天
～伝説から考える琉球国王の位置づけ～

日本史探求 と 琉球・沖縄

東書日探 701	実教日探 702	実教日探 703	清水日探 704	山川日探 705	山川日探 706	第一日探 707
保元の乱（源為朝）71	保元の乱（源為朝）82	保元の乱（源為朝）55	保元の乱（源為朝）56	保元の乱 81	保元の乱 63	保元の乱（源為朝）68

もっと知りたい 琉球・沖縄のこと
琉球最初の国王・舜天の伝説
～為朝伝説はどこまで真実を伝えているのか～

舜天王は，源為朝の子だという伝説がある。

保元の乱で敗れ，伊豆大島に流刑になっていた源為朝は，ひそかに大島を脱出した。ところが，運悪く嵐にあい，漂流してしまった。荒波にもまれ，運を天にまかせて流れ着いたところが琉球の今帰仁で，その地を運天と名づけた。そこから沖縄島南部に移り住み，大里按司の妹とむすばれて男の子をもうけた。やがて，為朝はヤマトに帰るため，愛する妻と子どもを残して旅立つことになった。その妻子が為朝の帰りを待ちわびたところが牧港（マチナト）で，その子どもがのちに舜天王となった尊敦だというのである。

首里王府の正史『球陽』にも記述されているが，もちろん単なる伝説にすぎない。運天の古い名称も「くもけな」で，牧港も「まひみなと」とよばれていた。では，どうしてこのような物語が，王府の歴史書に書かれたのだろうか。

ここに着目　「日琉同祖」に利用された為朝伝説

1609年，薩摩に侵略されて日本の幕藩体制に組み込まれた琉球は，島津氏に従わなければならない理由を，みずからの内に体系化しなければならなかった。その理由づけ，すなわち日本人と琉球人の祖先は同じであるという「**日琉同祖**」に利用されたのが，為朝伝説だった。

牧港テラブのガマ　為朝の妻子がこの洞穴で為朝の帰りを待ちわびたという伝説がある。（浦添市）

日本の武家政権は源頼朝が征夷大将軍になって以来，清和源氏の系譜を重要視していた。江戸幕府を開いた徳川家康も，1566年に三河を平定して家名を松平から徳川にあらためて朝廷から藤原氏を認定されたあと，征夷大将軍の任官を得るために足利系源氏の吉良家から系図を譲り受け，源氏徳川家を名乗っている。

日本の武家政権と琉球の王朝とを関連づけるためには，琉球の最初の国王が清和源氏の血を引いていると都合よかった。尊敦＝舜天を源為朝の子とする伝説は，1605年に袋中上人が著した『琉球神道記』に記されており，江戸時代以前から民間には広まっていた。また，舜天を琉球最初の国王とする史料も，16世紀にはみられた。

「日琉同祖」として，薩摩支配下の王国体制に利用されたのが，このような為朝伝説だったのである。その背後には，同じく源氏の流れをひいていた島津氏の意図がはたらいていたことは疑いないだろう。

江戸時代に滝沢馬琴の『椿説弓張月』に為朝の琉球落ちが描かれると，この話は全国的に知られるようになった。

琉球王統の流れ

天孫氏王統 ↓	（〜1187年）…天帝の命をうけた阿麻美久による島立ての神話。歴史書の体裁をととのえるため，日本の神話を参考に記述したと思われる。
舜天王統 ↓	（3代73年—1187〜1259）…源為朝の子が琉球最初の国王になったという伝説。薩摩支配下で，日本人と琉球人の祖先は同じだという「日琉同祖」に利用。
英祖王統 ↓	（5代90年—1260〜1349）…太陽の子・英祖が国王になったという伝説。泊公館をたて，久米島・慶良間・伊平屋・奄美の島々を支配下においたと伝わる。禅鑑が渡来し仏教を伝え，浦添ようどれ（陵墓）を築いたという。
察度王統 ↓	（2代56年—1350〜1405）…天女の子が国王になったという，はごろも伝説。1372年，明の招きにより入貢。中国皇帝からはじめて国王として承認される。他の2山も続いて入貢。山とは島を意味する。
第一尚氏王統 ↓	（7代64年—1406〜1469）…佐敷按司から中山王となった尚巴志が，1429年に三山を統一して，「琉球王国」を形成。
第二尚氏王統	（19代410年—1470〜1879）…伊是名島の百姓・金丸が第一尚氏の越来王子（尚泰久）に仕えて出世し，尚徳なき後にクーデタで権力を奪い尚円王となる。

日本史探求 と 琉球・沖縄 **琉球王国**

東書日探 701	実教日探 702	実教日探 703	清水日探 704	山川日探 705	山川日探 706	第一日探 707
琉球国の中継貿易 p.104・105	琉球王国の統一,琉球文化 p.118,119	琉球王国 p.79	琉球王国 p.79	琉球王国 p.118	琉球王国 p.91,92,106	琉球王国 p.77,95

東アジア秩序の形成

　14世紀末の東アジアは、歴史の大きな転換期をむかえていた。
　日本では1392年、南北朝の合一によって**室町幕府**による全国統一がなされ、朝鮮では倭寇を撃退して名を馳せた**李成桂**が、高麗にかわって朝鮮国（**朝鮮王朝**）を建てていた。中国では1368年、元朝に対する反乱の中から農民出身の**朱元璋**が**明朝**を建て、モンゴル勢力を排除して漢民族の主権を回復していた。
　いっぽう、朝鮮や中国沿岸では、こうした混乱を利用して、九州・瀬戸内海地方の商人や武士たちが**倭寇**とよばれる海賊集団を組織し、略奪をほしいままにしていた。
　明は中国を統一すると、倭寇対策や国内体制を統制する必要から、自由貿易を禁止して中国に朝貢してくる国の権力者を冊封（王としての地位をあたえる）し、指定した港のみで貿易を認めた。明はこうして、朝鮮をはじめ日本（室町幕府）や琉球を朝貢・冊封体制にくみこみ、南方では安南・雲南・ビルマをしたがわせた。チベット・ネパールなどとも君臣関係をむすんで、明を主としたアジアにおける国際秩序を確立した。
　これによって、海外との交易で利益をあげていた福建省の商人などは、新たな商業活動の拠点を求めて東南アジア地域へ移り住んだ。このような人びとのことを、**華僑**とよぶ。華僑は中国と交易をゆるされた国とむすび、朝貢貿易を利用して商業活動に参加した。中国と朝貢関係をむすんだ国にとっても、華僑のネットワークが必要だった。琉球が明に朝貢して冊封を受け、東南アジア諸国との交易で「海の王国」として繁栄できたのも、華僑の影響が大きかった。

三山時代

　琉球の王は、かってに「国王」を名のっていたのではなかった。中国皇帝から承認されてはじめて、王名を称することができた。
　中国には、昔からみずからを中華（文化の中心）と考え、周辺の人びとを未開の民族だとする中国主体の思想があった（**華夷思想**）。中国皇帝は、中華の徳を慕って貢物をもってくる国や部族のリーダーに、王位を授けていた。このように、中国の皇帝に貢物をおくって服従を誓い、国王として認めてもらうことを**冊封**（さくほう）という。

三山の勢力図

Side Note

三山は抗争していたか？

琉球の正史は，三山が抗争していたことを記しているが，中国への進貢に同じ船を使用していた形跡があることなどから，実際は協同し合う関係にあり，三山統一も戦闘によるものではなかったとの見方がある。

1372年，中国（明）からの使者・楊載が中山をおとずれて，明に従うよううながした。察度はこれにこたえ，弟・泰期に貢物をたずさえさせて明につかわし，中山王を称した。その後，山南（南山）の承察度と山北（北山）の怕尼芝も明に使者をおくり，王として認められた。三山のよび名も，そのときに明からあたえられたもので，山とは島を意味した。

ここに着目 「琉球」の建国に関わった中国人

琉球では明の建国以前から，中国商人が東南アジアと日本・朝鮮とをむすぶ拠点として活動しており，明との朝貢・冊封関係をむすぶうえで重要な役割をはたした。彼らは閩人三十六姓とよばれ，中山の久米村に居住し，外交文書の作成や航海技術・商取引などの仕事にたずさわり，華僑ネットワークによって琉球の進貢貿易をささえた。

明へ朝貢し冊封をうけると，貿易がゆるされただけでなく，多くの返礼品があたえられたので，三山ともきそって進貢し，大陸の豊かな文物を取りいれた。

中国皇帝の使節・冊封使（サップーシ）

冊封のために中国から派遣される使節のことを，冊封使という。冊封使一行の琉球での最初の重要な任務は，諭祭とよばれる崇元寺でおこなう先王の霊をなぐさめる儀式であった。これは，新国王の即位に先立っておこなわれることで，中国皇帝が王朝継続の正当性を確認することを意味した。

諭祭が終わると，日をあらためて首里城正殿前の御庭に闕庭とよばれる仮設の構築物をつくって，盛大に新国王を封ずる（領地の支配者とする）儀式がおこなわれた。琉球国王はこれによって正式に中国を主体とした朝貢・冊封体制下のアジア社会の一員として認められ，この地で交易をくりひろげることができた。

最初の冊封は，1404年に察度王統2代目の武寧に対しておこなわれ，最後の国王・尚泰まで23回(中山王に対して)実施された。

冊封の儀式（再現）（仲村顕氏提供）

琉球国王の王冠（那覇市歴史博物館所蔵）

| 中国皇帝への使節・進貢使 |

琉球から中国皇帝へ派遣される使節のことを，**進貢使**という。進貢使節は総勢150人ほどで，2隻の船に分かれて乗り，中国皇帝への恭順の意を示す文書と献上品をたずさえ，ほぼ2年に一度つかわされた。献上品は，琉球特産の**馬・硫黄・螺殻**（ヤコウガイの殻）・芭蕉布などのほか，日本の美術工芸品や東南アジアの珍品などであった。

進貢船は，旧暦9月の新北風が吹きはじめるころに那覇港を出帆して，7日～15日ほどで**福州**に到着した。

使節団は，9月末～10月まで福州の柔遠駅（**琉球館**）に滞在したあと，正使・副使・通事・医師・役人など20名ほどが陸路をたどって北京へむかった。その道のりは約3000kmにもおよび，50日余をへて12月中旬ごろ北京に到着した。

北京では朝貢国使節のために準備された公館に40日ほど滞在した。その間，琉球国王から皇帝への文書および進貢品を役所へおさめ，数々の儀式や宴会に出席した。皇帝に拝謁する朝賀の式典は春節（旧暦の正月）におこなわれた。帰国の際には，皇帝から琉球国王への文書とともに様々な品物があたえられた。

福州に残った使節団は，そのあいだ明から指定された商人と貿易をおこなった。

Side Note

琉球館

はじめは泉州（来遠駅）に設置されていたが，1472年に福州（柔遠駅）に移された。また，中国の首都も1421年，南京から北京に遷された。

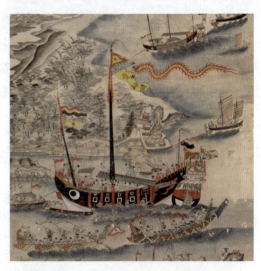

進貢船の図（沖縄県立博物館・美術館提供）

学習テーマ 4　琉球王国はどのようにして誕生したのか

| 琉球王国の誕生 |

中山の名将・察度のあとをついだ武寧は，酒色にふけり政治をかえりみなかったため，山南（南山）の佐敷按司・**尚巴志**にその罪を責められて滅ぼされたという。王統交代を正当化するために描かれた正史の論理である。武寧を討った尚巴志は，父の思紹を中山王とし，みずからは世子（あとつぎ）となって琉球統一への準備をすすめた。また，尚巴志が尚を姓としたことから，これが王家の姓となった。尚巴志が建てたこの王統を**第一尚氏王統**という。

そのころ，山北（北山）では攀安知が今帰仁に強固なグスクを築いて北部地域を支配し，山南（南山）では糸満の大里にグスクをかまえた**他魯毎**が政権をにぎっていた。

1416年，尚巴志は攀安知の独裁的な政権に不満をいだいていた羽地按司をはじめ，諸按

Side Note

「琉球王国」名は通称

「琉球王国」は三山統一後の通称で，正式な名称ではない。中国皇帝による冊封も「琉球王国の王」ではなく，「琉球国中山王」のままである。

司がつぎつぎと中山に助けを求めてきたのを機に，北山を攻略して滅ぼした。そして，**1429年**には久しく内紛のたえなかった南山をも併合し，「**琉球王国**」を形成した。

三山統一をなしとげた尚巴志は，首里城を整備・拡充し，中国をはじめ日本や東南アジア諸国とさかんに貿易をおこなった。このころ，三線（サンシン）や泡盛などが伝えられ，琉球文化の基礎がつくられた（→ p.39）。

また，**懐機**という有能な中国人を王相という重要な役職につけて，外交政策や国内のさまざまな事業を手がけさせた。5代・尚金福王のときに，首里城外苑の龍潭や首里と那覇をむすぶ長虹堤という海中道路をつくったのも彼の仕事だった。懐機こそが尚巴志の統一事業を成功させた，最大の功労者だった。

シーブン話 ── 三山統一は 1429 年ではなく 1422 年？

琉球国の三山統一は，中山の尚巴志がまず 1416 年に山北を滅ぼし，ついで 1429 年に山南を併合して琉球国を統一した，と一般に理解されている。

ところが，琉球最初の史書『中山世鑑』（1650 年，羽地朝秀・編纂）や『中山世譜』（1701 年，蔡鐸本）は，中山王が 1422 年に山北王を敗死させて琉球国を統一したと記している。これを 1429 年に修正したのが，蔡温本『中山世譜』である。蔡温は，山南の明朝への朝貢が 1429 年を最後に途絶えていることから，この年に山南が滅亡としたと解釈した。

これに対し歴史学者・和田久徳は，山南は 1403 年ごろには佐敷按司の尚巴志に征服されており，1429 年まで続いた明への朝貢も中山に従属しておこなっていた。このことから，山北を滅ぼした 1422 年を事実上の三山統一とみるべきだと指摘している。

日本史探求 と 琉球・沖縄　首里城

実教日探 702	実教日探 703	山川日探 705	山川日探 706	第一日探 707
首里城正殿	首里城正殿	首里城	首里城	首里城
p.119	p.79	P.118,106	P.106	p.77

王宮・首里城の造営と整備

首里城は 14 世紀初めに造営され，察度のころに中山の王宮（浦添城から移転）になったと考えられている。1427 年に首里城外苑の造成を記念した石碑「**安国山樹花木之記碑**」がたてられていることから，尚巴志の時代に首里が王都として整備されたことがわかる。琉球王国はここを拠点に，中国や朝鮮，日本，東南アジアとの間で活発な交易をくりひろげ，独自の王朝文化を形成していた。

首里城中心部の正殿は三階建てになっており，一階が王府の重要な政治や儀式をおこなう場所で，二階が王家一族の儀式をおこなう際の空間となっている。三階は風通しをよくするための屋根裏である。南殿は主に日本風の行事をおこなう施設で，薩摩の役人の接待もここ

でおこなわれた。北殿は王府の役所としての施設で，冊封使を接待する場所にも利用された。正殿前の御庭は，大きな行事をおこなうための広場である。

首里城外苑の安国山とは，園比屋武御嶽裏から龍潭の南縁までの，ほぼ現在の城西小学校一帯をいう。その東側外苑をハンタン山といい，戦前は大木が鬱蒼と生い茂る森だったが，沖縄戦で焼きはらわれてしまった。北側に中島のある円鑑池（→p.35）があり，龍潭と連結している。龍潭は中国様式の池で，冊封使が来琉すると龍舟をうかべて宴をひらくことがならわしになっていた。

🏠 Side Note
首里城の瓦の色

17世紀なかばまで，首里城は板葺き屋根だった。その後，灰色の瓦屋根になり，18世紀初めに素焼きの赤瓦に変わった。赤瓦は低温で焼くので安価なうえ，高温多湿の琉球に適した瓦でもあった。

🔍 Pick Out!　守礼門は何のために建てられたのか

琉球の国門は，首里城の正門にあたる歓会門である。

中国の使者が書いた『冊封使録』の訳者・原田禹雄によると，門とは「都城の城郭にうがたれた空間に扉をつけ，開閉できるものをいう」ので，琉球王国の象徴「守礼門」は正式な門ではないことになる。中国ではこのような建造物を牌坊とよび，門とは区別している。牌坊とは「その土地の節義・忠義・賢寿などをあらわすための額をかかげる目的の建築物」である。では，何のためにこのような門（牌坊）が首里城外に建てられたのだろうか。

冊封のとき，世子（王位継承者）は諸役人をしたがえて，国門の外で詔勅（国王の認定証）をたずさえた冊封使を出迎えることになっていた。その出迎えの地に建てられたのが「守礼門」である。1428年に尚巴志によって「中山門」（現存しない）が先に創建され，尚清の冊封のとき新たに「守礼門」が造営された。見送りも，この二つの坊のどちらかでおこなわれていたと思われる。

「守礼門」には，はじめ「待賢」の額がかかげられ，ついで「首里」の額がかかげられていた。尚永（在位1573～88）のときに「守礼乃邦」の扁額がつくられて，冊封使が滞在しているあいだかかげられた。

守礼門（仲村顕氏提供）

尚質(在位1648〜68)のときに常設されるようになり，大正期(1912年-1926年)ごろに「守礼門」とよばれるようになった。

ところが，尚穆(在位1752〜94)の冊封のとき，那覇港に設置された迎恩亭で世子みずから冊封使を迎えるようにとの指示があったため，以後はそれが慣例となり，首里城外の二つの門（牌坊）の役割も形式的なものになった。

「守礼之邦」の由来

「守礼之邦」の扁額は，尚永にもたらされた皇帝の文書に，「おんみ琉球国は，遠く海浜に位置し，謹んで皇帝の教化に従い，代々来貢につとめ，**守礼之邦**と唱えるにふさわしい」とあることに由来する。

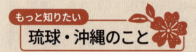

志魯・布里の乱の真相を探究する
〜焼けていなかった首里城〜

琉球最初の統一政権を築いた第一尚氏王統も，平穏な道をあゆんでいたのではなかった。尚巴志なきあとの国王はいずれも短命に終わり，王位継承をめぐる争いもおこった。

1453年，5代・尚金福が亡くなると，金福の子・志魯と金福の弟・布里による王位継承争いがおこった。その結果，二人とも亡くなり，首里城も全焼した。王位は金福の末弟・越来王子（6代・尚泰久）に継がれたが，王印(鍍金銀印)も溶解したため，改めて中国皇帝から賜った。この争乱を**志魯・布里の乱**とよんでいる。

ところが，不思議なことに琉球最初の史書『中山世鑑』や『中山世譜』には，そのような事実は記されていない。志魯・布里の乱は，蔡温が『中山世譜』を改訂する際に，中国の史書を参考につき足したものである。しかし，中国の史書には「府庫(注)を焚焼し，両人とも傷つきともに死んだ」と記されており，首里城が全焼したとは書いていない。おそらく，蔡温は272年前におこった出来事を記す際，府庫の焼失程度では王印が溶解するはずはないと考え，「満城に火おこり(首里城全焼)」と拡大解釈して記述したと思われる。事実，それ以外の琉球の史書や，この頃，琉球に滞在していた朝鮮人漂流民の見聞録にも，首里城が焼失したことを裏付ける記録はない。

(注)財物や文書などを入れておく蔵。倉庫。

5回も焼失した首里城

1回目　1453年，志魯・布里の乱で全焼？
2回目　1660年，失火により全焼
3回目　1709年，失火により正殿などが火災
4回目　1945年，沖縄戦で焼失
5回目　2019年，火災により正殿など焼失

ここに着目　志魯・布里の乱は越来王子のクーデタか

　上記のことから志魯・布里の乱は，越来王子(尚泰久)が王権を奪うためにおこしたクーデタを覆い隠すため，架空の事件を仕立てて明朝に報告したものではないか，とみる研究者もいる。

　たとえば，「王の弟・布里は，実は尚泰久で，兄・尚金福が亡くなった後，武力で金福の子・志魯を殺害（または直接，金福を殺害）し，王位に就いたと思われる。その際，部下の金丸も大きく関与していた可能性が高い。よって，志魯・布里の乱も，尚泰久の乱または，尚泰久・金丸の乱とすべきである。」という説などである。

　また，南城市玉城には布里のものとされる墓があり，クーデタを成功させた泰久が王位継承に不都合が生じないよう，兄の布里をこの地に追放したとの伝承もある。

【第一尚氏王統の世系図】○の数字は王代

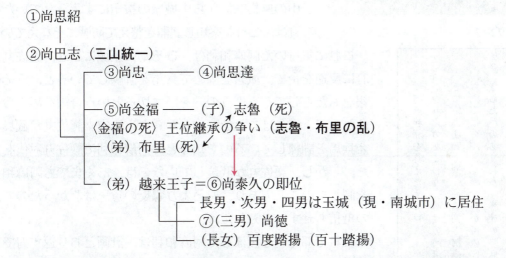

シーブン話　なぜ，尚泰久の墓は首里ではなく南城市にあるのか

　第一尚氏の陵墓（天山陵）は首里にあったが，第二尚氏王統が成立すると，遺骨は家臣や一族によって他の地域へ移葬された。

　泰久の遺骨は，美里の伊波村（現・うるま市）に移され，身分を隠すため「クンチャー墓（乞食墓）」とよばれていたという。

　1908年，玉城（現・南城市）に住む子孫によって現在地に移葬された。百度踏揚の墓も近くにある。

　※2代・巴志，3代・忠，4代・思達は読谷の伊良皆，5代・金福は浦添の城間に移された。初代・思紹は佐敷ようどれ（南城市）にある。那覇市識名には7代・徳の陵墓跡がある。

尚泰久の墓（南城市）

学習テーマ 5　阿麻和利は反逆者なのか，英雄なのか

護佐丸・阿麻和利の乱

志魯・布里の乱のあと第6代王となった尚泰久は，先代・金福の事業をうけつぎ，仏教を重んじて寺社を建立し，「万国津梁の鐘」をはじめ多くの梵鐘を鋳造した。海外交易にも力をそそぎ，貿易と財政の要職である**御物城御鎖之側**に，伊是名島の農民出身で泰久のもとで頭角をあらわしてきた**金丸**を登用して，国政の安定化をめざした。

ところが1458年，またもや第一尚氏王統をゆるがす大事件がおこった。有力按司同士の争い，**護佐丸・阿麻和利の乱**である。

王府の史書によると，泰久の娘を妻にむかえていた勝連按司の阿麻和利は，首里城を攻め落としみずから王位につこうという野心をいだいていた。そのころ，読谷山の座喜味城から中城城の按司にすえられていた護佐丸は，これを察知し武器を整えて防戦にそなえていた。

勝連グスク

これに気付いた阿麻和利は，ひそかに王城に赴き，護佐丸が王府に反逆を企て，城砦を固めて兵馬を訓練していると，うその情報をもたらしてそうほうの絆を断ち切るという奇策をめぐらせた。はたして，泰久はこれを疑いながらも，事実，護佐丸が武具を整え兵馬を訓練しているのを知ると，阿麻和利に護佐丸討伐を命じた。しかし，護佐丸が武装していたのは，あくまでも阿麻和利を牽制してのことであり，もとより謀反の意思はなかったので，何の抵抗もせずに自刃した。

これで邪魔者を滅ぼした阿麻和利は，計画どおり返す刀で首里城を攻撃しようとしたが，先に妻の百度踏揚とその付き人の鬼大城（大城賢勇）に計画をさとられ，王府軍の反撃をうけてあえなく敗れさった。

阿麻和利を称えたオモロ

一　かつれんのあまわり
　　きこゑあまわりや
　　ぢやくにの，とよみ
　　わが国のほこり
又　きむたかのあまわり
　　勝連の阿麻和利よ
『おもろさうし』巻一六の一五

ここに着目　護佐丸・阿麻和利の乱は泰久の陰謀か

以上が王府の歴史書に記された護佐丸・阿麻和利の乱の大筋である。しかし，阿麻和利は勝連では誇り高い英雄として伝えられており，ほんとうに反逆者だったのか疑わしい面がある。『おもろさうし』にも，勝連の阿麻和利は「わが国の誇り」というオモロがおさめられている。何よりも，忠臣といわれた護佐丸を，なぜ敵対視していた阿麻和利に討たせたのか，大きな疑問が残る。

もしかしたら，王府を脅かすほどの勢力をもった二人の按司を排斥するための，泰久その人の陰謀だったのかも知れない。残念ながら，真相はわかっていない。

学習テーマ 6 第二尚氏王統はどのようにして成立したのか

金丸のクーデタ

護佐丸・阿麻和利の乱を平定した尚泰久が亡くなると、第3子・八幡王子が第7代王・**尚徳**となった。

尚徳は海外交易に積極的で、中国への進貢のほか朝鮮や室町幕府、マラッカなどへも頻繁に使節を派遣した。朝鮮国王からは、朝鮮漂流民の送還の礼として、大蔵経などを賜わっている。

王府の史書よると、若くして王位についた尚徳は君主としての徳を修められず、朝な夕な狩猟に心を奪われ、残虐な行為を重ねて人びとを苦しめていた。これに奄美諸島の喜界島がそむき、数年間、朝貢しなかった。尚徳はみずから兵を率いて喜界島へわたり、これを征服した。その後、尚徳はますます慢心し、ほしいままに罪なき者を殺し、重臣の忠告にも耳を貸さなかった。そのため、心ある臣下の多くが隠退し、王も失意のうちに病死したという。

尚徳の死後、王府の高官たちは幼い世子を即位させようとしたが、誰も従わなかったため世子を廃し、内間御鎖（金丸）を国王に推戴したという。1470年、金丸は即位して**尚円**と称した。これを先の王統と区別して、**第二尚氏王統**という。

しかし、この王位継承も、時の権力者に都合よく描かれた権力交代とみてよいだろう。実はそのことをうかがわせる史料がある。朝鮮王朝の申淑舟（シンスクチュ）が著した『海東諸国紀』である。

金丸（尚円）の銅像（伊是名村）

尚円は伊是名島に生まれ、松金とよばれていた。大変な働き者で、大干ばつのときも松金の田は満々と水をたたえていた。しかし水泥棒の疑いを掛けられ、島を追われたという。沖縄島に渡って越来王子（尚泰王）に仕え、非凡な才能を発揮して出世し、金丸を名乗るようになったと伝えられている。

そのなかの「琉球国紀」国王代序に、1471年に派遣された琉球の使者・自端の言葉として「今の王の名は**中和**、時に未だ号さず。年16歳なり」、と記されている。尚姓を称していないのは即位したばかりで、まだ冊封を受けていないからであろう。自端が琉球を出発したのは1470年と考えられるので、王府の正史に従うなら国王は尚円でなければならない。

ここに着目　第一尚氏最後の王は尚徳ではなく、中和だった？

自端の言葉が正しいとすれば、1469年に尚徳が亡くなったあと王位についたのは、尚円ではなく尚徳の第二王子・中和だったことになる。ということは、朝鮮に使者が送られたあと、金丸らがクーデタで王位を奪ったと解釈することができるのではないか。これを後の正史に記録する際、王権簒奪を正当化するため中和を歴史から抹消し、すべての問題を極悪非道な若き国王・尚徳に帰し、天罰で亡くなったかのように記述したと考えることもできる（高瀬恭子説）。もちろん、真相はわからない。

ただし，尚円誕生の背景には，那覇を中心に海外交易で権威を高めてきた金丸と，彼を支持する官僚や久米村出身者たちによる権力再編の動きがあったことは想像に難くない。

第二尚氏王統(19代410年) （　）の年代は在位

①尚円(1470〜1476)	②尚宣威(1477〜6ケ月)	③尚真(1477〜1526)	④尚清(1527〜1555)
⑤尚元(1556〜1572)	⑥尚永(1573〜1588)	⑦尚寧(1589〜1620)	⑧尚豊(1621〜1640)
⑨尚賢(1641〜1647)	⑩尚質(1648〜1668)	⑪尚貞(1669〜1709)	⑫尚益(1710〜1712)
⑬尚敬(1713〜1751)	⑭尚穆(1752〜1794)	⑮尚温(1795〜1802)	⑯尚成(1803〜在位1年)
⑰尚灝(1804〜1834)	⑱尚育(1835〜1847)	⑲尚泰(1848〜1879)	

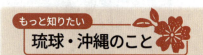

なぜ，進貢は2年1貢となったのか
〜琉球人の不祥事と明朝の財政事情〜

　琉球は入貢をゆるされると，毎年，明へ渡航して進貢貿易をおこなうようになった。しかし，そうほうの間に何の問題もなく，平穏に朝貢貿易が続けられていたのではなかった。琉球人のなかには，不法行為をはたらいて厳しく処罰される者もおり，信頼をそこなう事件もおきていた。

　1474年，琉球の進貢使節が帰国のため福州に滞在中，通事・蔡璋の部下が中国人夫婦を殺害して家を焼き払い，家財を奪い取るという事件がおきた。理由ははっきりしていないが，個人的な商取引による争いが原因だったと思われる。明朝は，翌年の進貢使節に対し，蔡璋の管理責任と実行犯の処罰を要求した。そして，そのペナルティーとして，今後は2年1貢とし，渡航人数も150人以内とした。琉球は進貢貿易によって利益を得ていたので，この処置に衝撃を受けた。

　王府はすぐさま対応策を練り，取り調べの結果この事件に琉球人はかかわっていないこと，被害者の隣人による根拠のない証言で濡れ衣を着せられていることを報告し，今後も従来通り1年1貢を認めてくれるよう嘆願したが許されなかった。その理由は，「琉球の目的は進貢にあるのではなく，貿易による利益である。しかも，使臣の多くは福州から渡来した無頼な族である。彼らは，狡猾で殺人・放火などもおこなっている」ことや，1471年に進貢役人の蔡瑛(蔡璋の兄)が，許可もなく金糸で竜を織り出した衣服を作らせるなどした違法行為をあげ，厳しく咎めた。

　尚真期にも請願はおこなわれ，一時，1年1貢がゆるされたが，1522年に再び2年1貢にもどされ，その後は元に復することはなかった。

ここに着目　琉球の2年1貢は明朝の財政事情にあった

　はたして，琉球の貢期が不時朝貢から2年1貢にあらためられた理由は，琉球側の不祥事によることだけだろうか。

宗主国・明にとって，進貢は経済負担をともなう儀礼（ぎれい）であり，朝廷の財政を圧迫するものだった。永楽帝（えいらくてい）の死後，明では国内の財政問題が深刻化（しんこくか）し，15世紀なかばには北方の防備も不安定になっていた。緊縮（きんしゅく）財政を余儀なくされた明朝にとって，琉球の不時朝貢さえも財政支出の削減対象にせざるを得なかった。その意味で，琉球の進貢使節の不祥事は，貢期を2年1貢に定めるかっこうの理由となったのである。

尚 真期の中央集権体制

　第二尚氏をひらいた尚円が没（ぼつ）すると，弟の尚宣威（しょうせんい）が後継者となった。だが，わずか半年で退位し，尚円の子・**尚真（しょうしん）**に王位をゆずった。何らかの政治抗争の結果だと思われるが，真相はわからない。

　尚真は，50年にわたって王位に君臨し，第二尚氏王統による琉球王国の基盤を確立した。

　尚真の政治上の功績は，同時代に建てられた数基の石碑に記されている。それによると，中央集権的な支配体制を整えるため，家臣団を首里に住まわせ，地方には按司掟（ウッチ）という役人を配置し，行政区を間切（まぎり）（現在の市町村），シマ（現在の字）に整備してその管理をまかせたことなどが記されている。

尚真肖像画（御後絵（ウグイ））
（鎌倉芳太郎氏による写真・沖縄県立芸術大学附属図書芸術資料館蔵）

　中央官庁には国王を補佐する世あすたべ（三司官）を置き，官僚制を確立するために，身分に応じて帕（**ハチマチ**）の色やかんざしの種類を決め，辞令によって叙任・給地をおこなった。祭祀をつかさどる神女職は，最高神女の聞得大君（きこえおおぎみ）のもとに組織化し，各地のノロ（女神職）もその統制下においた。

　1500年には八重山でおこったオヤケアカハチの乱（→p.30）を鎮圧（ちんあつ）し，その支配圏を北は奄美諸島から南は八重山諸島まで拡大させた。また，王家の陵墓（りょうぼ）・**玉 陵（タマウドゥン）**や菩提寺（ぼだいじ）として円覚寺を創建したり，**園比屋武御嶽石門（そのひやんウタキいしもん）・弁ケ嶽石門（べんがだけ）**などの石造建築物を造ったり，首里城一帯の環境を整備し，王城から那覇港をむすぶ真珠道（まだまみち）などの幹線道路を整備したのも尚真期のころであった。

　そのほか，刀剣など武器を集積して国の防衛につとめたり，殉死（じゅんし）（王の死後，部下が後を追って自殺すること）を禁じたりしたことなどがあげられる。

🔍 Pick Out！　尚真は刀狩りをおこなったのか？

　1509年に建てられた首里城正殿の欄干（らんかん）の碑文「**百浦添欄干之銘（ももうらそえらんかんのめい）**」に，尚真の治績（ちせき）が11項目記されている。その4項目の後半部分に「わが国は，刀剣や弓矢などの武器を集積し，国の防衛につとめている。わが国の財や武器は，他国のおよぶ所ではない」と記されている。

この一文を「**琉球版刀狩り**」とみなし、「尚真時代に琉球は武器を撤廃して平和国家を宣言した」と説明している書籍もあるが、これは正しい解釈とはいえない。あくまでも「武器を集積し、国の防衛につとめている」ことを述べているのであり、けっして武器を撤廃し平和外交につとめたという内容ではないからである。

人物に観る琉球・沖縄　尚真（1465〜1526）と母后オギヤカ（1445〜1505）
〜王国の基礎を確立し、豊かな文化を築く〜

　第二尚氏王統を築いた尚円は、伊是名島から出てくるとき妻と弟をともなっていた。弟の尚宣威はのちに2代目の国王となるが、妻についてはその後どうなったか、わかっていない。

　尚円は50歳の時、20歳の**オギヤカ**を后にむかえ、男子をもうけた。童名を**マアカトダル**という。オギヤカは「この子を立派な世継ぎにしてみせる」と、強い意思をもって育てた。

　1476年に尚円が没すると、弟の尚宣威があとを継いだ。尚円の子マアカトダルが、まだ12歳の若さだったからである。ところが、半年後におこなわれた即位式で、思わぬことがおこった。

　新たな国王を称えるはずの**キミテズリ神**が、「首里おわるてだこが　思い子の遊び見物あそび　なよればの見物（首里城に君臨する王様のかわいいお子の遊ぶお姿　愛らしく遊ぶお姿　踊るお姿の愛らしさよ）と、先王の子マアカトダルをたたえるオモロを謡ったのである。王府の女官を従えていた、母后オギヤカのたくらみだったことがうかがえる。こうした儀式は女官たちが司っていたので、さすがの尚宣威も対抗する術がなく、王位をゆずらざるをえなかった。第3代国王・尚真の誕生である。ただし、真相はわかっていない。

　幼い尚真の背後には、つねに母オギヤカの力が大きく働いていた。そのころ、漂流民として保護されていた朝鮮人の記録にも、若き国王と母親の華やかな行列の様子が描かれ「世継ぎの王がまだ幼少のため、母后が政治をみている」と記されている。

　尚真は50年にわたって国王の座につき、琉球王国の礎を築いた。

もっと知りたい　琉球・沖縄のこと　オヤケアカハチは反逆者だったのか
〜さまざまな説があるオヤケアカハチの戦い〜

　1500年、八重山でおこった「オヤケアカハチの乱」は、一般に次のことが原因でおこったとされている。

太古の昔，八重山に伊里幾屋安真里という神があらわれ，人びとに住居の建てかた，農作物の栽培方法，火を使った食物の煮炊きのしかたなど，人間の生活に必要なすべてのことを教えてくれた。以来，八重山の住民はこの神を島の最高神としてあがめ，毎年，各村々で祭事をおこない，神遊びをすることがならわしになった。
　ところが，首里王府の支配下になると，1486年に毛国瑞（恩納親方安治）を八重山に派遣し，このような祭祀は多くの民力と財力を無益に費やすのみで，村々の疲弊になるとしてこれを禁止した。かわりに，沖縄島のすすんだ農業技術を指導し，さまざまな慣習をあらためさせ，王府が定めたきまりを守って生活するよう命じた。

オヤケアカハチの像（石垣市）（仲村顕氏提供）

　八重山の民衆は，これは伊里幾屋安真里神への冒涜であり，祖先が築きあげてきた誇りある伝統的な生き方を踏みにじるものである，として強い反感をいだいた。そのうえ，貢物は年々かさむいっぽうだったので，民衆の不満はつのるばかりだった。
　こうした時代背景をうけて登場してきたのが，大浜地域の豪勇**オヤケアカハチ**であった。1500年，アカハチは王府の統治に不満をもった民衆の支持を得て，ついに反旗を翻す決意をした。
　これが「オヤケアカハチの乱」がおこった原因とされているが，真相はほとんどわかってない。それでも近年では，上記の明らかな誤りや疑問点が整理され，少しずつその原因および歴史的意義がわかりかけてきた。
　次の箇条書にまとめた説は，今までの通説への批判と，アカハチ時代の歴史的背景をとらえなおして検討したものである。「オヤケアカハチの乱」とは何だったのか，考える手立てとしたい。

（1）「伊里幾屋安真理神の祭祀禁止」に乱の原因を求めるのは誤りである。
　これまで「オヤケアカハチの乱」の原因は，王府の正史『球陽』に記されている1486年に毛国瑞（恩納親方安治）によって布達された，伊里幾屋安真理神の禁止による住民の反発であった，と理解されてきた。しかし，他の史料から恩納親方の宮古・八重山への渡海は，1486年ではなく1678年であることがわかっており，これは『球陽』編纂者の誤記であることが明らかになっている。したがって，「オヤケアカハチの乱」から178年後に禁止された伊里幾屋安真理神の祭祀にその原因を求めるには矛盾があり，誤りである。

（2）アカハチは二人いた。
　『球陽』は，遠弥計赤蜂保武川を一人の人物として描いているが，それ以外はほとんどの史料が，二人の人物として記している。たとえば『八重山島年来記』には，「赤蜂，堀川原と申す二人の者」，『八重山島大阿母由来記』には，「おやけ赤発，ふんがわら両人」と書か

れている。よって，赤蜂・保武川は二人と考えるべきであり，「オヤケアカハチの乱」も「アカハチ・ホンガワラの乱」とすべきである。また，15，16世紀における宮古・八重山の主体的な立場から「乱」ではなく，「**アカハチ・ホンガワラの戦い**」とすべきとの意見もある。

ただし，ホンガワラとは地域の有力者である頭を示す語であり，オヤケアカハチ・ホンガワラは一人のリーダーの名称である，という説も根強い。

（3）君南風の従軍を正史に記すことで，精神世界（信仰）の共通性を強調し，宮古・八重山を王府に従属させる根拠とした。

王府の史書によると，「神代の昔，久米島に三人の神女がいて，のちに長女は首里の弁ケ嶽，次女は八重山の於茂登岳，三女は久米島の西嶽の神となった。王府の八重山討伐にあたり，首里の神が八重山と久米島の神はもともと姉妹である。西嶽の君南風が行って諭したら必ず従うに違いないと，従軍を命じた。はたして，王府軍が石垣島に上陸すると，於茂登岳の神が下りてきて君南風に従った。賊軍はこれを見て大いに驚き王府軍に服した」という。

君南風の従軍を史書に記すことで，そうほうの神が姉妹の関係にあることを強調し，首里王府が八重山を支配する根拠とした。いわば，祭政一致を意図した，王府主体の伝承を作り上げたのである。

（4）新興豪族であったアカハチ・ホンガワラは宮古の首長・仲宗根豊見親の勢力を八重山から排除し，宮古・八重山諸島の統一をめざしていた。

15〜16世紀の八重山の遺跡からは，おびただしい量の中国明代の青磁や白磁などが出土している。この時代は伝えられている以上に広範囲におよぶ私貿易がおこなわれ，宮古・八重山独自の地域経済圏が成立していたと思われる。

こうした時代背景のなかから，新興豪族として登場してきたのが，アカハチとホンガワラ（またはオヤケアカハチ・ホンガワラ）であった。彼らは大浜地域を拠点に勢力を広げ，やがて首里王府との関係を断ち，八重山へも強い影響力をもっていた宮古の首長・仲宗根豊見親の勢力を排除し，宮古・八重山諸島の統一をめざしていた。

（5）首里王府は，中央集権体制を完成させる必要から，それに応じない首長や豪族を武力で排斥する必要があった。

尚巴志によって統一された琉球は，第二尚氏王統の尚真期になると，首里に集住した有力者の身分制が整えられ，中山による中央集権的な体制づくりがおしすすめられた。王府はその一環として，これまで不定期かつ儀礼的だった宮古・八重山をはじめとする奄美や久米島などの貢納制を整え，完全にその傘下におさめる方針を打ち出した。

しかし，そのころ独自の経済圏を築いていた宮古・八重山の各首長たちは，必ずしも王府側の要求にすなおに応じたわけではなかった。それが，新興豪族として台頭してきたアカハチ，ホンガワラらの宮古・八重山統一の野望による内紛で，それと敵対する多くの豪族たちが自らの保身のため，王府側の要求を受け入れざるを得なかったのである。

学習テーマ	7	琉球の交易はどこまで広がっていたのか

日本史探求 と 琉球・沖縄 　琉球使節と室町幕府

東書日探 701	実教日探 702	実教日探 703	清水日探 704	山川日探 705	山川日探 706	第一日探 707
足利義政 p.110	足利義政 p.124	足利義政 p.84	足利義政 p.89	足利義政 p.121	足利義政 p.94	足利義政 p.108

日本との交易（ヤマト旅）

　琉球にとって，日本は重要な交易国であった。特産物のとぼしい琉球は，中国への進貢品や交易品の多くを日本から調達した。また，日本は中国や東南アジアから仕入れた品物を売りさばくための市場でもあった。

　琉球から日本への輸出品は，中国産の**生糸**・絹織物・南方産の皮革・香料・薬種などで，日本からは日本刀・漆・扇・漆器・屏風・銅などを輸入した。

　琉球から日本へ渡航すること，または貿易をすることを**ヤマト旅**と称した。ヤマト旅には，室町幕府に使節を送って交易する形態と，堺・博多などの民間商人と取引をする方法とがあった。琉球からもたらされた品々は，上流階級のあいだで重宝がられたといわれ，幕府も奉行をおいて貿易を奨励した。

　幕府への文書は，東アジア地域の外交文書に使用された漢文ではなく，仮名書き文が使用された。琉球語は，日本語と同じ流れをくんでおり，王府の発行する辞令書など国内用の文書もひらがなで表記していた。琉球にとって日本は，中国や東南アジア諸国とは異なり，同じ文字で表記できる言葉をもった人びとの住む地域として認識されていた。

　足利将軍も琉球国王に対し，「りうきう国のよのぬしへ」という宛名の文書を出しており，国内とは違う君主として認めていた。明も琉日関係の緊密さを知っており，足利義持によって断絶された日明関係を復活させるため，尚巴志に仲介を依頼している。

ここに着目 🖊 日本とのパイプ役は禅僧

　琉日間の交易で，パイプ役として大きな役割をはたしていたのは，日本からやってきた僧侶（禅僧）であった。彼らは琉球に永住して仏教や文字を伝える文化使節としての役割をはたしただけではなく，王府に重用されて対日外交でも大きく貢献した。琉球にはじめて臨済宗を伝えた京都南禅寺の**芥隠承琥**は，その代表的な僧侶である。

　15世紀の後半になると，幕府権力が弱体化し，**応仁の乱**(1467〜1477)によって日本国内の治安が乱れた。海上では再び倭寇の活動が活発化し，琉球船はしだいにヤマトから遠ざかっていった。かわりに，堺・博多・坊津などの日本商船が琉球にやって来て貿易をするようになった。

🏛 Side Note

4人の王に仕えた芥隠

　芥隠は，尚泰久，尚徳，尚円，尚真の4人の王につかえ，仏教の振興に尽力した。第一尚氏から第二尚氏への王統交代にも関わっていたとの見方がある (→ p.27)。

シーブン話　琉球使節が京都で発砲した「ヒヤー」とは何だろうか

火矢（ひや）
沖縄では「ヒヤー」という
（沖縄県立博物館・美術館提供）

ヒヤー
「冊封使行列絵巻」より

1466年7月，琉球の使者が8代将軍・足利義政と面会したあと，退出のさいに総門で鉄砲を放って京都の人びとを驚かせた，というエピソードがある。このとき使用された鉄砲は，図のような「**ヒヤー**」とよばれるものだったと思われる。

これは中国から伝わった「手砲」で，ハンドキャノンともよばれる兵器である。銃眼が三つあり，石弾をつめこんで連続発射できるようになっている。しかし，あつかいにくいうえ破壊力が弱かったため，使われた期間は短かったようである。

冊封使行列絵巻にも，琉球側の護衛が「ヒヤー」を発砲している図が描かれており，琉球ではこのような儀式で使われていたことがわかる。

朝鮮との交易

琉球と朝鮮との交流は，1389年に中山の察度が高麗に使者を派遣したことにはじまる。察度は倭寇に捕らえられていた朝鮮人を送還し，南方産の蘇木や胡椒などを献上した。これに対し，高麗から返礼の使節が派遣され，両国の交易がおこなわれるようになった。

琉球が朝鮮から求めたものは，綿織物や朝鮮人参，そして**大蔵経**をはじめとする仏教書籍などであった。

琉球から朝鮮への航路は，奄美諸島を北上し九州西岸から対馬を経由して釜山にいたる海路をとっていた。察度から第一尚氏の思紹までは，直接，琉球の使者がその海船で朝鮮に渡っていたが，尚巴志は日本商船を利用して使者を派遣している。当時，九州沿海が日本の守護大名の対立抗争で危険な状況にあったためと思われる。そのためか，朝鮮から琉球への遣使は3回にとどまっている。しかも，これは記録上のことであり，実態はよくわかっていない。

さらに，1453年に派遣された尚金福の使者は，琉球人ではなく博多の船頭で道安という俗僧であった。このころから，琉球は日本人と日本船に使節を託して，朝鮮との交易を続けた。朝鮮国王も同じ明への朝貢国である琉球の使船を歓迎し，綿織物や朝鮮人参・仏典などを返礼として贈り，朝鮮近海で漂流した琉球人を救助して日本船に託して送還した。

道安は尚泰久にも用いられ、漂流民を朝鮮に送り届けて錫・蘇木等を献じ、大蔵経を賜わっている。道安自身も図書とよばれる通交証明書を授与され、海商としての地位を固めていた。

　ところが、1423年以来「琉球使節」をいつわった日本商人が増え、15世紀後半にはほとんどの琉球使節が偽使という状況になっていた。1500年には、琉球人を正使・副使とする使節が派遣されたが、次の1505年の使節を最後に朝鮮との海上交易は途絶えた。1510年に朝鮮半島南部でおこった日本人の暴動（三浦の乱）で、日朝貿易が衰退していったことに原因があると思われる。

　その後は1530年から1636年までのあいだ、漂流民の送還など朝鮮との交流は北京を経由しておこなわれるようになった。

🔎Pick Out！　朝鮮王朝に招かれた二人の琉球人船大工

　『朝鮮王朝実録』に、倭寇対策の戦艦を建造するため、琉球から船大工の吾甫也古と三甫羅をよび寄せたことが記されている。彼らは永住を条件に朝鮮人女性との結婚が認められ、生活も保障された。1434年、彼らが作製した模型船をもとに琉球型戦艦が造られ、朝鮮型の試験船と比べられることになった。その結果、戦艦には朝鮮人が設計した船が採用されることになったが、船底は琉球船が強固だったため、国王はその技術を取り入れるよう決定した。これにより、各地で新型の戦艦が造られ、朝鮮沿岸を襲う倭寇対策に威力を発揮したという。

弁財天堂（復元）

　また、1467年には、琉球国王・尚徳から朝鮮国王にオウム・クジャクなど南方産の珍品が献上され、返礼として大蔵経が贈られてきた。1502年、尚真は円覚寺前に**円鑑池**をつくり、そのなかに経堂を建てて朝鮮国王から贈られてきた大蔵経をおさめた。

　1609年の薩摩島津氏の侵略で堂は破壊され、大蔵経も散逸したため、1621に再建されて弁財天女像が安置された。それからこの堂のことを、**弁財天堂**とよぶようになった。その後、1685年には薩摩から新像がもたらされた。

　沖縄戦で首里は米軍の集中砲火をあび、弁財天堂も灰じんに帰した。現在の建物は1968年に復元されたものである。

東南アジアとの交易（マナバン旅）

　東南アジアのことを、琉球の古語で**真南蛮**（**マナバン**）という。琉球がこの地域との交流をいつごろからはじめたのか、はっきりしたことはわかっていないが、14世紀ごろまではさかのぼることができるようである。

中国と君臣関係を結んだ国々を主に展開した琉球の海外交易図
（高良倉吉『琉球の時代』を参考に作成）

Side Note

琉球人の渡航者数

この時期，東シナ海を越えて中国に渡航した琉球人の数は延べ10万人前後（清代を含めると20万人），東南アジアへの渡航者は延べ3万2000人前後になると推定されている。

明の皇帝から冊封を受け，進貢貿易によって大量の中国商品を手に入れることができた首里王府は，皇帝への献上物を獲得するという名目でこれらの商品を日本や朝鮮に売りさばき，その利益で当地の商品を買い入れて，再び明へおもむくという中継貿易をおこなっていた。琉球は，この貿易をさらに有利にするため，久米村の華人ネットワーク（→p.20）を利用して，遠方のマナバン地域まで交易範囲を拡大していった。

14世紀から16世紀にかけて，東南アジアでもっとも栄えていたのが，シャム（タイ）のアユタヤ王朝で，琉球にとって重要な貿易相手国であった。王府の記録によると，1419年から1570年までの約150年間に，62隻の琉球船が派遣されたことがわかる。実数はこれをはるかに上回るものと思われ，年平均一隻の割りで使船をシャムへ派遣していたとみられる。

琉球からシャムへの輸出品は，琉球産の硫黄，中国産の絹織物・磁器類，日本産の刀剣・扇などであった。シャムからは，朱色の染料として価値の高い**蘇木**や**胡椒**などの香辛料・高級織物・南蛮酒類，それに象牙の加工品など南方産のめずらしい品々を買い入れた。

シャムとの交易が軌道にのると，琉球はさらに南下してマジャパヒト王国領土のパレンバン，ジャワへも船足をのばし，15世紀なかばには東西交通の要衝であったマラッカ王国まで交易圏を拡大した。マラッカはインド商人やアラビア商人などが頻繁に訪れ，東西のありとあらゆる産物が集積する地域であった。琉球はここからも胡椒をはじめ，南方産の珍しい品物をふんだんに仕入れた。

琉球は東南アジアの中継貿易国として栄え，ヨーロッパ人にも，のちに**レキオ**またはゴーレス人として知られるようになった。琉球はこの時期に王国としての体制をかため，東アジア社会の一員として活動した。

では，なぜ東シナ海に浮かぶ小さな王国が，ここまで交易圏を拡大することができたので

あろうか。それは，地理的な条件にもよるが，なによりも，東アジア世界に君臨していた中国皇帝を後ろ盾にしていたこと，中国商人が海禁策で渡航を制限されていたことが大きな要因であった。

ここに着目　琉球の交易時代はどのように終焉したか

16世紀なかばには日明貿易（勘合貿易）が断絶し，室町幕府の権威も弱体化すると，東シナ海域には倭寇とよばれる海賊集団がはびこるようになった。

琉球では那覇港の入り口に，防衛施設として**屋良座森グスク**と**三重グスク**を築き，首里城の城郭も二重に張りめぐらせて防御を固めた。当時の倭寇のほとんどは中国人で，海禁策に対する不満が暴発したものであった。明には彼らを取り締まる力はなく，1567年に海禁策は解除された。また，明の国力が衰えたことで，琉球への大型ジャンク船の支給も停止された。

アジア海域には，中国商船や日本商船のほかに，いわゆる"地理上の発見"でポルトガル・スペインの商船も進出するようになり，国際競争の波がおしよせてきた。

琉球船には，国際化の荒波を乗り切る力はなかった。やがて，中国への渡航を除いて，1570年のシャムへの使船のあと，琉球船は東南アジアの表舞台からしだいに遠ざかっていった。

東南アジア諸国への派遣船隻数　（ ）は難破船隻

派遣先国	交易期間	船隻数	派遣先国	交易期間	船隻数
シャム	1419年〜1570年	62（4）	パレンバン	1428年〜1440年	4
ジャワ	1430年〜1442年	6	マラッカ	1463年〜1511年	20（3）
スマトラ	1463年〜1468年	3	パタニ	1490年〜1543年	11
安南	1509年	1	スンダ	1513年〜1518年	2

高良倉吉著『琉球の時代』を参考に作成。記録に残されている船隻数をまとめたものであり，実際にはもっと多くの船隻が派遣されていたものと思われる。

万国津梁の鐘の銘文

「琉球国は南海の勝地にして，三韓の秀を鍾め，大明をもって輔車となし，日域をもって脣歯となす。この二つの中間にあって湧出する蓬莱島なり。舟楫をもって万国の津梁となし，異産至宝は十方刹に充満せり（以下略）」

その大意は，「琉球国は南海の恵まれた地域に立地し，朝鮮の豊かな文化を一手に集め，中国とは上あごと下あごのように重要な関係にあり，日本とは唇と歯のように親しい関係をもっている。この二つの国の中間にある琉球は，まさに理想郷といえよう。そ

那覇港の繁栄をうたったオモロ

一　しより、おわる、てたこか
　うきしまは、けらへて、
　たう、なはん、よりやう、
　くすく、おわる、てたこか
又　しより、おわる、てたこか
　浮き島を造られて
　中国船　南蛮船が寄せ来る那覇港となさった
　首里城に君臨する　太陽の子（国王）が

首里に君臨する　太陽の子（国王）が

『おもろさうし』第一三の八

沖縄県立博物館・美術館所蔵

のため，琉球は諸外国に橋を架けるように船を通わせて交易をしている。国内には外国の珍しい品物や宝ものが満ちあふれている」という内容である。

もっと知りたい 琉球・沖縄のこと
朝貢回数にみる琉球の地位
～明に対する諸国の入貢回数から考える～

（史料１）	『明史』外国伝	
順位	国名	回数
1	琉球	171
2	安南（アンナン）	89
3	烏斯蔵（チベット）	78
4	哈密（ハミ）	76
5	占城（チャンパ）	74
6	暹羅（シャム）	73
7	土魯番（トルファン）	41
8	爪哇（ジャワ）	37
9	撒馬児罕（サマルカンド）	36
10	朝鮮	30
11	瓦刺（オイラート）	23
11	満刺可（マラッカ）	23
13	日本	19
14	蘇門答刺（スマトラ）	16
15	真臘（カンボジア）	14
16	渤泥（ブルネイ）	8
17	三仏斉（パレンバン）	6

村井章介『アジアのなかの中世日本』
（注）三仏斉の読みについては参考資料の通りとした。

（史料２）	『明実録』（初期の統計）	
順位	国名	回数
1	高麗（朝鮮）	95
2	琉球	70
3	暹羅（シャム）	46
4	安南（アンナン）	35
5	占城（チャンパ）	30
6	爪哇（ジャワ）	20
7	日本	14
7	真臘（カンボジア）	14
9	三仏斉（シュリーヴィジャヤ）	6
10	西洋瑣里（チョーラ）	2
10	淡巴（ダンパー）	2
12	彭亨（パハン）	1
12	百花（パソロワン）	1
12	渤泥（ブルネイ）	1
12	覧邦（ランポン）	1
12	須文達那（スマトラ）	1

檀上寛・豊見山和行作成の資料を参考に作成
『沖縄県史』各論編３古琉球より

　琉球は明の海禁策によって，中国商人にかわる交易の担い手として優遇された。従来，それを裏付ける史料として，『明史』外国伝に記された朝貢回数の多さがあげられてきた。確かに（史料１）に見るように，琉球は171回と群を抜いて諸国を圧倒している。しかし，実際の貿易の主流は密貿易であり，この回数のみで貿易による中国への影響力をはかることはできない。また，第一の朝貢国である朝鮮の数が30回と少ないこともあり，『明史』の記録は実態を反映した数字ではないとの指摘がある。

　明代初期(1369～1405)に限ったデータではあるが，『明実録』(資料２)に記された諸国の朝貢回数をみると，第１位が高麗(朝鮮)の95回で，琉球は第２位の70回となっている。このことから，近年は「明朝に対して琉球がアジア最大の貿易国であった」とする説は見直されつつある。

　明初の朝貢貿易活動においては，陸域における高麗（朝鮮）と海域における琉球の二国がそれぞれの役割をはたしていた，という見方が妥当であろう。

学習テーマ 8 古琉球の文化にはどのような特徴があるのか

日本史探求 と 琉球・沖縄　琉球文化

東書日探 701	実教日探 702	清水日探 704	山川日探 705	山川日探 706	第一日探 707
三味線 p.133	琉球文化 p.119	三線・三味線 p.105	三味線 p.148	三味線 p.115	琉球舞踊，三線・琉歌，紅型 p.125

琉球文化の開花

　小さな島国で資源にとぼしい琉球は，中国への進貢貿易をきっかけに，東アジア・東南アジア地域との中継貿易に王国経営の活路をみいだし，海外の文化を積極的にとりいれて琉球独自の文化を形成していった。

　琉球に文字を伝えたのは，13世紀ごろ日本から渡来した禅僧と，14世紀ごろ久米村に居住していた中国人であった。文字の伝来によって，王府の内政文書や外交文書などが作成されただけでなく，**オモロ**などの古歌謡も編集されるようになった。オモロは，琉球方言圏のなかの沖縄・奄美諸島に伝わる古い歌謡で，その主題は神や太陽をたたえる祭祀儀礼や，築城，造船，貿易，地域の有力者や国王を賛美するものまで多岐にわたっている。首里王府が12世紀ごろから17世紀初頭にわたって謡われたオモロを採録したのが，沖縄最古の歌謡集**『おもろさうし』**（全22巻）である。

　宗教は，仏教をはじめ道教などが伝えられ，琉球本来の御嶽信仰と融合して，現在伝えられている民俗宗教の基盤がつくられた。また，波上宮，沖宮，識名宮，普天満宮，末吉宮，安里八幡宮，天久宮，金武宮などが建てられて，琉球八社と称された。

　芸能では，14世紀後半から15世紀初頭にかけて，中国から**三線**（**サンシン**）が伝えられた。沖縄の人びとは，かなり古い時代から日常生活で経験したできごとを，即興詩にして歌っていた。これを三線の旋律にのせて歌う技法が加わり，近世期には8・8・8・6音を主とした表現方法（**琉歌**）が確

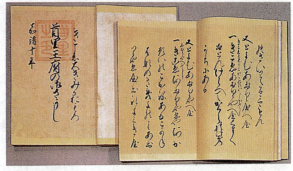

『おもろさうし』（沖縄県立博物館・美術館提供）

🏠 Side Note

琉球音階

　西洋音階の1オクターブから，レとラをぬいた，ド・ミ・ファ・ソ・シ・ドが琉球音階の特徴だといわれている。

三線・江戸与那
（沖縄県立博物館・美術館提供）

第2章

立して，琉球独特の音楽がつくりだされた。王府も三線づくりに力を入れ，近世期には三線の型も定まって多くの名器がうまれた。

　三線は，琉球から安土桃山時代の日本に伝えられて三味線に作りかえられ，人形浄瑠璃などの伴奏楽器に取り入れられた。江戸時代初期になると，三味線は流行歌や民謡などにも使われはじめ，18世紀には歌舞伎音楽のもっとも重要な楽器となった。

　沖縄の銘酒泡盛も，15世紀末ごろには造られるようになった。その製法については，タイのラオ・ロンとよばれる醸造法から学んだとも，中国の福建省あたりから伝わったともいわれている。

　また，泡盛を入れる甕をはじめ，水甕・骨壺・食器類なども，知花や古我知などでさかんに焼かれるようになった。中国や朝鮮からは，陶磁器類が輸入された。

　織物はおもに**芭蕉布**が織られていたが，まだ染め分けた糸で織りあげる絣や紅型の染色方法は伝わっておらず，中国からは絹織物や綿織物が輸入された。

もっと知りたい
琉球・沖縄のこと

「琉球王国のグスク及び関連遺産群」
～人類が共有すべき琉球王国の普遍的な価値～

　1972年のユネスコ総会で「世界の文化遺産及び自然遺産の保護に関する条約」（**世界遺産条約**）が採択された。

　これに基づき，世界遺産リストに登録された遺跡や景観そして自然など，人類が共有すべき普遍的な価値をもつものを「**世界遺産**」という。

　日本は1992年に世界遺産条約を締結し，2000年には沖縄の9つの文化遺産が「**琉球王国のグスク及び関連遺産群**」として登録された。14世紀の国家形成期から18世紀の王国文化の成熟期にかけての，中国を主に朝鮮・日本・東南アジア諸国との交易を通して生み出した「琉球王国」独自の文化を象徴する遺産群である。グスクの独特な城壁や景観のすぐれた庭園，精神文化を伝える御嶽や陵墓が，人類共有の文化遺産として認められた。

　2021年には，「奄美大島，徳之島，沖縄島北部及び西表島」が**世界自然遺産**に登録された。

首里城跡： 琉球王国はここを拠点に，中国や朝鮮，日本，東南アジア諸国との間で活発な交易をくりひろげ，さまざまな文化を取りいれて独自の王国文化を形成した。(注)2019年10月31日未明に首里城で火災がおこり，正殿など主要な建物が焼損した。現在，復元工事がおこなわれており，2026年に正殿が完成する予定。

中城城跡： 琉球石灰岩の規律正しい石積みと，城を囲む石塁の美しい曲線は，ほぼ築城当時の姿を残している。15世紀半ばに護佐丸によって拡張された。

勝連城跡： 阿麻和利の頃が全盛期。城跡からは日本本土や奄美・中国・東南アジアなどの産物が出土しており，阿麻和利が交易で力をつけていたことがわかる。

座喜味城跡： 今帰仁城が滅ぼされたあとの沖縄島中北部に残存した旧北山勢力を監視する目的で，護佐丸が築城。二の郭の城門は，沖縄島に現存する最古のアーチ門とされる。

今帰仁城跡： 北山王の居城で，古期石灰岩の険しい岩山に築かれている。1416年に尚巴志の中山軍に滅ぼされた。

斎場御嶽（セーファーウタキ）： 琉球開闢の神アマミキヨがつくった七御嶽群の一つで，琉球王国の最高の聖域。王国の神女組織の最高位・聞得大君が就任する御新下りの儀式の場でもある。

玉陵（タマウドゥン）： 王家の陵墓として第3代王・尚真が築いた。墓室は3つに区分され，中室に洗骨までの遺骨を安置し，東室に洗骨後の国王と王妃の遺骨を，西室に王族の遺骨を納めた。国宝にも指定されている。

識名園： 王家の別邸で，中国皇帝の使者である冊封使をもてなす場としても利用された。国の特別名勝にも指定されている。

園比屋武御嶽石門： 第二尚氏王統の第3代王・尚真によって創建。門の背後が御嶽で，国家祭事などに祈願した。

琉球王国のグスク及び関連遺産群

41

Pick Out! 石積みの方法と北と南の石灰岩のちがいとは何なのか

野面積み

布積み

相方積み（亀甲乱れ積み）

　琉球列島の島々は，琉球石灰岩でなりたっている。琉球の人びとは，昔から身近にある石灰岩を，住宅の石垣，井戸，墓，橋，道路の敷石などに利用してきた。

　石の積み方にも色々あり，自然のままの石を積み上げる方法を**野面積み**とよび，石を四角く切って布のように積み上げる方法を**布積み**，亀の甲羅のように五角形や六角形にして積み上げる方法を**相方積み**（または亀甲乱れ積み）とよぶ。首里城をはじめ，ほとんどの城壁が布積みや相方積みの切り石積みで築かれている。中国や朝鮮から伝わった技術を手本にしてつくられたと考えられる。

　また，石材の石灰岩は，新旧の2種類ある。沖縄島中南部の石灰岩は，約130万年前から10万年前に形成された比較的新しいもので，**琉球石灰岩**とよばれている。やわらかくて加工しやすいのが特徴である。

　北部の国頭村辺戸岬および本部半島の今帰仁層とよばれる地層に分布している灰色の石灰岩は，2億から2億7000万年前に堆積した古いもので，**古期石灰岩**とよばれている。琉球石灰岩にくらべて石質が緻密で硬く，加工するには上質の金属器が必要とされる。現在，本部半島で掘り出された古期石灰岩が，セメントの原料やコンクリートの骨材に利用されており，自然環境保護の面から問題となっている。

　今帰仁城郭の石垣が，中南部の城壁に見られるような隙間の少ない相方積みや布積みではなく，野面積み的な石積みで形成されているのも，石質の硬い古期石灰岩を利用しているからである。

首里城の城壁（琉球石灰岩の相方積み）

今帰仁城の城壁（古期石灰岩の石積み）

第3章　近世の琉球王国

学習テーマ 9　薩摩島津氏の琉球侵略はどのようにおこなわれたのか

豊臣秀吉と琉球

1588年，薩摩の島津義久は豊臣秀吉の命で，琉球に秀吉の支配下に入るよう文書を送った。その内容は「秀吉の威光は筆のおよぶところではない。早く使者を送らなければ，軍船を送って討ち滅ぼさなければならない。すみやかに決断せよ」というものだった。翌年，琉球は天竜寺の桃庵和尚らを派遣することで，島津氏の要求にこたえた。秀吉はこれを服属の使者とみなした。

1591年，島津氏は琉球の支配権を確固たるものにするため，朝鮮侵略の軍役を，秀吉の命令と称して琉球にも求めた。それは，「薩摩・琉球をあわせて，1万5000人の軍役であるが，琉球は日本の軍法に無案内なので軍衆は免除する。かわりに，7000人10か月分の兵糧米と，肥前・名護屋城建築の負担金を供出すること，明への派兵については外国に知られないように」という内容だった。

この時期の琉球は財政が逼迫しており，とても島津氏の要求にこたえられるだけの財力はなかった。それに，もしこの要求を受け入れると宗主国の明を裏切ることになり，簡単には兵糧米などを供出することはできなかった。琉球側からの兵糧米等の調達が遅れると，島津氏は再三にわたって催促し，それにかわる条件として奄美大島の割譲さえ求めてきた。

窮地においこまれた琉球は，日琉関係を考慮して半分だけ調達して送る決定をした。残り半分と，さらなる支援要求については，財政難を理由に拒絶した。そのことが，のちに島津氏の琉球侵略の口実となった。

1592年，秀吉は琉球を島津氏の**与力**としてその軍事指揮下に付属させた。それ以後，薩摩島津氏は琉球を附庸国視するようになった。

日本史探求 と 琉球・沖縄　薩摩藩島津氏の琉球侵略

東書日探 701	実教日探 702	実教日探 703	清水日探 704	山川日探 705	山川日探 706	第一日探 707
島津氏の進攻 p.151	琉球征服 p.170	琉球王国を侵略 p.108	琉球に出兵して征服 p.114	島津家久軍に征服 p.163	島津氏の軍に征服 p.131	島津氏が琉球王国に武力侵攻 p.124

薩摩の琉球侵略

1598年，秀吉の病死によって朝鮮侵略は終わった。国内では豊臣政権が弱体化し，**徳川家康**が政権をにぎって，1603年に**江戸幕府**をひらいた。家康は明との貿易を望んでいたので，薩摩藩島津氏に命じて琉球を幕府に従わせ，明との貿易復活交渉に利用しようとしたが，うまくいかなかった。幕府は武力行使を決断した。

1609年3月初旬，島津氏は樺山久高を総大将に，約3000の兵と80隻余の軍船を琉球

薩摩軍の侵攻経路図（『新・琉球史』近世編〈上〉琉球新報社より）

にさしむけた。薩摩軍が侵攻してくると、「国中の騒動斜ならず。家財道具を東西南北へ運び出す有り様は、前代未聞の事なり」と、尚寧に仕えていた喜安の日記に記されているように、国内は大きく動揺した。

薩摩軍は、首里城を占拠すると、城内の貴重な品々をことごとく没収した。そして5月中旬、**尚寧王**と百名余の従者を引き連れて薩摩に凱旋した。尚寧は約2か年ものあいだヤマトに留め置かれ、その間、島津家久にともなわれて駿府の徳川家康に謁見した。島津氏はそこで家康から琉球の支配権をあたえられ、1611年に琉球から奄美諸島を分割して領有した。

Side Note

捕虜となった尚寧の待遇

薩摩に連行された尚寧は、捕虜として冷遇されたのではなかった。天皇と同様の輿に乗って駿府城へ行き、家康に丁重に迎えられた。江戸でも秀忠に厚遇され、琉球王国の存続を認められた。

尚寧王御後絵（肖像画）
鎌倉芳太郎氏による撮影。
（沖縄県立芸術大学附属図書芸術資料館提供）

シーブン話　琉球を与えられたお礼として、家康にハイビスカスを献上

ハイビスカス（仏桑花）

1609年、琉球侵攻に成功した薩摩藩主・島津家久は、同年12月、駿府城（現・静岡県）に隠居して大御所となっていた徳川家康に使者を送り、ハイビスカス（仏桑花）など琉球の品々を献上した。その文書には「琉球國ヲ賜ル謝礼トシテ（「家忠日記増補」）」とあることから、琉球侵攻後、家康から琉球の支配を約束されていたことがわかる。

家康も真っ赤な南国の花が気に入ったらしく、その後も琉球の珍しい花木を薩摩に求めている。

学習テーマ 10 薩摩島津氏はどのように琉球を統治したのか

島津氏の琉球統治

島津氏は，家康から琉球の支配権をあたえられると**検地**をおこない，奄美大島・喜界島・徳之島・沖永良部島・与論島の5島を島津氏の領土に組み入れ，沖縄諸島以南を首里王府の版図とした。琉球の総石高は8万9000石余で，そのうち5万石が王家の収入，残りを家臣の知行として配分した。島津氏への貢納物は，芭蕉布3000反，琉球上布6000反などと定められたが，現物での上納が困難なため1613年には銀32貫となり，のちに米納が基本となって負担額も増えていった。

また，尚寧と三司官は，島津氏に忠誠を誓う**起請文**(誓約書)を提出させられた。その内容は，「琉球は昔より薩摩島津氏の附庸国でした。しかし，太閤秀吉様の時，はたすべき義務を怠り大きな罪を犯しました。そのため，琉球はいったん滅ぼされましたが，家久様の恩情により沖縄諸島以南を知行地として与えられました。この御厚恩は子々孫々にいたるまで忘れることはありません」というものだった。すなわち，島津氏の琉球侵略の原因は，附庸国としての義務をおこたった琉球側にあったことを認めさせられ，かつ島津氏の厚意によって，沖縄諸島以南を王国の領土として与えられたことに感謝しなければならないものだった。

さらに島津氏は，琉球が守るべき決まりとして「**掟**」15条を申しわたし，その支配を強固なものにした。このようにして，島津氏による鉄砲(武力)と竿(検地)という近世の洗礼をうけ，琉球王国も幕藩体制のなかにくみこまれていった。

> ### 🏠 Side Note
>
> **国質と年頭使の派遣**
>
> 薩摩は琉球の支配を確固たるものにするため，尚寧王を帰国させたあと，王府の高官や王子を**国質**として鹿児島に留め置き，**年頭使**とよばれる使節を毎年送るよう義務づけた。

人物に観る 琉球・沖縄

鄭迥（謝名親方利山）(1549～1611)
～薩摩の侵略に抵抗した三司官～

謝名親方は外交を専門に担当する久米村に生まれ，唐名を**鄭迥**といった。進貢の仕事で活躍し，謝名村(現在の宜野湾市大謝名)の総地頭(現在の村長)に任命され，謝名親方とよばれた。

1606年には，王府の実質的な最高職である三司官の位までのぼりつめた。久米村出身者としては異例の出世であった。ところが，それから3年後に琉球は薩摩藩島津氏の侵略にあい，謝名親方は尚寧王とともに薩摩へ連行された。

薩摩藩は，尚寧と三司官に対し，島津氏に忠誠を誓う起請文(誓約書)を提出させた。その内容は，島津氏の琉球侵略の原因は，附庸国としての義務をおこたった琉球側に

あったことを認めさせ，かつ島津氏の厚意によって，沖縄諸島以南を王国の領土としてあたえられたことに感謝する，というものだった。

さらに，三司官の起請文には「もし，薩摩のご恩を忘れ悪逆を企てるものがあれば，たとえ国王であってもこれに従わず，薩摩に属します」という一文が加えられていた。

この一方的な起請文のおしつけに対し，謝名親方は連判を拒否した。そして，尚寧らが起請文を提出した1611年9月，処刑された。国政を掌る地位にあった謝名親方は，島津の要求を拒絶して薩摩軍と戦った者として，最後までその責任と意志を貫いたのである。

鄭迵謝名親方利山顕彰碑
（那覇市若狭）

その後，琉球の史書は謝名親方を薩摩の侵略を招いた張本人として記し，名前にも「邪名」の文字があてられた。しかし，17世紀なかばには，その評価もかわり「謝名親方は琉球のために命をささげた政治家であった」，といわれるようになった。中国を中心とした当時の東アジア社会では，謝名親方がとった行動はむしろ当然のことだった。

日本史探求 と 琉球・沖縄　朝鮮人陶工

東書日探 701	実教日探 702	実教日探 703	清水日探 704	山川日探 705	山川日探 706	第一日探 707
朝鮮から陶工を連れ帰る p.131,132	朝鮮人陶工と陶磁器 p.159	朝鮮人陶工と降倭 p.103	朝鮮人連行，朝鮮人陶工 p.103,107,126	朝鮮人を連行，朝鮮人陶工 p.147, 149	朝鮮人を連行，朝鮮人陶工 p.114, 132	朝鮮人陶工，薩摩焼の茶碗 p.115

Pick Out! 張 献功（仲地麗伸 ?〜1638）〜琉球の陶芸に貢献した朝鮮人陶工〜

張献功の墓（那覇市牧志）

1598年，豊臣秀吉の死によって朝鮮侵略は終わった。諸大名は朝鮮からの撤退に際し，農民や陶工など多くの人びとを領地に連れ帰った。薩摩藩では朝鮮人陶工によって焼物の技術が一段と高まり，薩摩焼として知られるようになった。

薩摩の支配下に置かれた琉球は，1616年に高度な陶芸の技術を取り入れるため，薩摩から3人（一六・一官・三官）の朝鮮人陶工を招いた。彼らは湧田村（現在の県庁一帯）に窯を構え，本格的な陶器づくりの指導をおこなった。その後，一官・三官の二人は薩摩にもどったが，一六だけは琉球にとどまり陶器づくりの普及につとめた。

一六は王府から家屋敷をあたえられ，琉球の女性を妻に迎えて名前も張献功（和名・

仲地麗伸）とあらためた。彼は琉球の陶工たちに持てる技術のすべてを教え，陶器づくりの育成と発展に貢献した。王府もその働きを高く評価し，献功が亡くなると墓を建ててあげたという。張献功の墓所跡は，今も那覇市牧志に残されており，門中や陶芸にたずさわる人びとが参拝している。

子孫も陶業にはげみ，1730年には士（サムレー→p.55）身分に取り立てられた。

日本史探求 と 琉球・沖縄　琉球にも及んだキリスト教禁止令

東書日探701	実教日探702	実教日探703	清水日探704	山川日探705	山川日探706	第一日探707
禁教令 p.152〜153	キリスト教の禁止 p.168〜169	キリスト教の禁教 p.109	キリスト教禁止令 p.115	キリスト教の禁教 p.161〜162	禁教令 p.129〜131	キリシタン弾圧 p.128〜129

八重山キリシタン事件

幕府の禁教策は，薩摩藩によって琉球にも厳しく適用された。

1624年，ドミニコ会のルエダ神父を乗せた一隻のスペイン船が，石垣島に流れついた。この遭難者たちを，宮良間切の元・頭職だった**石垣永将**がキリシタンと知りながら保護していたことが，のちに王府の知るところとなって問題になった。

『八重山島年来記』によると，石垣は「富崎海岸に漂着した南蛮人たちに対し牛十頭を贈り，神父らを家に招いて数日もの間もてなして稽古事（キリストの教えを受ける）をおこなっていた」という理由で，キリシタンの嫌疑をかけられて裁かれ，有罪となった。その結果，当人は家財を没収されたうえ渡名喜島へ流刑になり，その一族も渡名喜島，波照間島，与那国島，宮古島へとそれぞれ流刑となった。

本宮良の主（石垣永将）の御嶽

ところが，これによって事件は解決したのではなかった。1634年，薩摩藩から石垣を処刑にするよう命じられたのである。そのため，石垣は翌年，渡名喜島で火刑となり，弟の永定も島原・天草一揆のあと処刑された。また，ルエダ神父も粟国島に流されたあと殺害された（**八重山キリシタン事件**）。

ここに着目　キリシタン禁圧で宮古・八重山の統治を強化

この事件後，琉球でも本格的な禁教策がしかれることになった。琉球への宣教師の上陸を水際で防ぐとともに，キリシタン弾圧から逃れてくるキリスト教信者を摘発するためであった。首里王府は1632年から八重山統治のために在番を派遣するようになり，1641年〜48には直接，薩摩藩の役人が駐在した。これを**大和在番**と称した。

王府は各間切・島に宗旨の点検をおこない，報告するよう義務づけた。

47

江戸への使節の派遣

　異国（外国）のまま江戸幕府の体制に組み込まれた琉球は，国王が即位するたびにその就任を感謝する**謝恩使**を，将軍の代替わりごとに，これを祝する**慶賀使**を幕府に遣わすことがならわしとなった。幕藩制国家への服属儀礼であった。この使節のことを**江戸立**（江戸上り）と称し，1634年（この時は京都）から1850年の間に18回派遣された。その際，一行の服装は高官が中国風，従者が琉装で，島津氏にともなわれて行くのがならわしとなった。

　「異国風」の服装は大和へ赴く際の慣例であったが，薩摩は一行の装飾にも異国風を強制した。幕府にとっては，琉球が異国であることを印象づけることで，それを従えている徳川家の権威を高めることができ，島津氏にとっても琉球使節をともなうことで，その地位を高めることができたからであった。

　いっぽう，琉球にとっても，「異国」として扱われることで中国への進貢が可能となり，王国を存続させることができたので，大変重要な意味をもっていた。江戸立は，琉球が王国としてのアイデンティティを主張するための重要なセレモニーでもあった。進貢貿易が大幅な赤字に転じ，薩摩からの借財を重ねながらも中国への進貢，幕府への使節をやめなかったのは，そのためであった（→p.50）。

琉球人座楽の図（沖縄県立博物館・美術館提供）

日本史探求 と 琉球・沖縄　葛飾北斎と琉球

東書日探701	実教日探702	実教日探703	清水日探704	山川日探705	山川日探706	第一日探707
葛飾北斎 p.178	葛飾北斎 p.214	葛飾北斎 p.131	葛飾北斎 p.141	葛飾北斎 p.217	葛飾北斎 p.160	葛飾北斎 p.154

Pick Out! 葛飾北斎の「琉球八景」〜北斎は琉球にやってきたのか〜

　葛飾北斎といえば，江戸時代後期の代表的な浮世絵師で，富士山を描いた「**富嶽三十六景**」は，高校日本史のほとんどの教科書に掲載されている。

　北斎は70年間の画家生活で，役者絵や美人画・風景画など，およそ3万点の作品を残しているが，そのなかに琉球を描いた「**琉球八景**」があることはあまり知られていない。もちろん，北斎が琉球を訪れたことはない。中国の冊封使・周煌が琉球の

「琉球八景」の一つ「臨海湖声」
（浦添市美術館提供）

習俗や地誌などをまとめた，『琉球国志略』の挿絵を元に描いたものである。では，なぜ北斎は琉球を描いたのだろうか。

薩摩に侵略された琉球は，徳川将軍や琉球国王の代替わりには江戸に使節を送ることが慣わしになった。異国風の衣裳に身を包み，路地楽を演奏しながら進む琉球使節の行列は，沿道の人びとを興奮させる一大イベントであった。特に煌びやかな衣装に身をまとった「楽童子」は，注目の的だった。江戸の町は一種の琉球ブームに沸き，琉球に関する多くの出版物が刊行された。北斎の描いた「琉球八景」もその一つで，1832年の琉球使節にあわせたものと思われる。

本書に掲載した「臨海湖声」は，那覇港の防衛拠点である三重城とその手前にある臨海寺を描いた作品だが，海上の小船が琉球独特のサバニと異なっているなど，沖縄の風景としては違和感を覚える。八景のなかには雪景色を描いた作品もあり，全体に南国特有の色合いは感じられない。北斎が琉球にやって来たことのない証であろうが，その想像力の豊かさには驚かされる。

Side Note

楽童子

定員は8人ほどで，15〜18歳の美少年で構成された。彼らの主な任務は音楽や舞踊を披露することであったが，漢詩や和歌の素養もあり書も達筆だった。また，囲碁の実力も備えており，有力者と対局したという。

在番奉行所の設置

薩摩藩は琉球支配の拠点として那覇西村に在番仮屋（**在番奉行所**）を設置し，鹿児島には琉球仮屋（**琉球館**）をおいた。1631年には琉球の進貢貿易を監督するため在番奉行を制度化した。

在番奉行の任期は3年で，奉行所には配下の役人衆など20人ほどが勤めていた。在番奉行が赴任すると，摂政・三司官らが港まで出迎え，国王・王子・按司らも歓迎の品物を献上した。奉行の主な任務は，薩摩藩と首里王府との政治折衝や進貢貿易の監督などであった。

那覇では近代まで「奉行にはいい人もあれば，うるさい者もいた」と語りつがれており，彼らの世話役となった那覇の役人は，その接待に大いに気をくばった。在番奉行らは視察を名目に，しばしば那覇近郊から浦添，西原方面まで野遊びに出かけた。同行する役人は，そのつど酒や食事を用意しなければならず，経済的負担も大きかった。夏には，那覇湾の一角にある落平とよばれる泉に行き，流しそうめんを楽しんだ，という記録もある。

薩摩藩在番奉行所 沖縄県設置後は県庁がおかれ，1920年に泉崎へ移転するまで県政の中心となった。

ここに着目 日本との関係をどのように隠したのか

　薩摩の侵略を受けた琉球は，「王国」のまま幕藩体制のもとに組み込まれた。そのことが中国（明・清）に知られると，王国としての後ろ盾を失うおそれがあった。そのため，王府は中国との朝貢・冊封関係をこれまで通り維持するため，あたかも薩摩から開放され完全に独立を回復したかのようにふるまった。

　冊封使がやってくると，在番奉行をはじめ薩摩役人は浦添間切の城間へ身を隠し，日本船は北部の運天港に出入りさせた。また，奄美には役儀として，豚や鶏，卵などの食料品をおさめさせた。

　冊封使の滞在中は，日本の年号や日本人名の入った書類を隠したり，日本の貨幣を使ったり歌をうたったりすることを禁止した。もし，日本との関係を疑われたら「日本の支配下にある宝島と交易しているためである」と，ごまかすことにしていた。宝島とは薩南諸島に属するトカラ列島の総称である。中国への進貢使にも，日本との関係を問われたら「進貢・接貢の際に必要な，銀を手に入れるために宝島と通交している」と説明するよう指示していた。

　そのほか漂着船への対応として，日本船を係留している港近くへ外国船が漂着したら，速やかに彼らの目に触れない場所へ曳航すること。日本年号や日本人に関する書物は絶対に外国人に見せないようにすること。日本の銭を漂流民に見せないようにすること。漂着船から見える場所に，キリシタン禁止の高札を立てないようにすること，などが決められていた。

　中国はこのような琉球の隠蔽工作を見抜いていたが，日中関係に大きな影響はなかったので黙認していた。

学習テーマ 11 薩摩支配下での中国への進貢の意義は何だったのか

ここに着目 薩摩支配下での進貢貿易は赤字だった

　琉球は中国（明・清）との進貢貿易で利益を上げ，薩摩藩はその琉球を支配下に置いたことで財政的に潤ったと思われているが，実際はそうではなかった。

　中国へ進貢船を派遣するには，船を造ったり修理したりするために莫大な資金を必要とした。これにより首里王府の財政はひっ迫し，しだいに経費が利益を上回るようになっていた。財政状況が厳しかった薩摩藩も，三都（江戸・大坂・京都）の商人から借金して貿易費用を工面しなければならず，その利息を支払うと儲けはほとんどなかった。

　貿易が赤字になっても，首里王府が進貢船・接貢船を送り続けたのには理由があった。一つは，明への朝貢国のなかで朝鮮につぐ２番目の地位を維持することで，幕藩制国家の「異国」として王国体制を保つことができることだった。そのためには，安定的に進貢を続ける必要があった。

　もう一つは，王府の収支は赤字でも，進貢使として派遣される役人には個人的な商取引を

許していたので、彼らに利益をあげさせることができることだった。琉球は国土がせまく、諸士に満足な領地をあたえることができなかった。そのため、王府は**旅役**(たびやく)という役職をあたえることで、彼らの収入を補ってあげる必要があったのである。

また、貿易制限策（鎖国体制）をしいていた幕府にとっても、進貢使のもたらす情報はアジア情勢を知るうえで重要だった。進貢使は福州から中国の主要地域を通って北京まで行く。その間に見聞きしたことや、北京で他の朝貢国との交流で得た情報は、中国を主としたアジア社会の動きを的確に伝えるものだった。そのため、王府は進貢使が帰国すると、報告書を作成させて薩摩へ遣(つか)わし、中国の社会情況やアジア諸国に関する情報を提供した。近世日本にとって、琉球の冊封・朝貢体制は国際情報をもたらす重要なシステムでもあった。

ただし、「進貢貿易赤字説」には異論もある。確かに下表のように、主要貿易品の白糸は赤字だった。しかし、実際はそれ以外に薬種なども輸入しており、相応の利益を上げていた。これを考慮に入れると「軽々に赤字だったと断ずることはできない」との指摘である。

1 経費をふくまない白糸売上げ利益　単位：貫

白糸販売額	銀 156貫7014
白糸購入額	108貫5176
販売利益（**黒字**）	48貫1838

2 経費を含めた白糸売上げの得失　単位：貫

貿易経費	237貫7773
白糸販売額	156貫7014
損失（**赤字**）	81貫0759

1720年代に作成された「御財制」にみる貿易額の損失例
安良城盛昭『新・沖縄史論』を参考に作成

日本史探求 と 琉球・沖縄　昆布ロード

東書日探 701	実教日探 702	山川日探 705	第一日探 707
昆布 p.105	コンブ p.118	コンブ p.118	昆布ロード p.125

Pick Out!　なぜ、中国（清）で昆布(こんぶ)が多く消費されたのか

1820年代以降になると、琉球から中国（清）への積荷の70～90%を**昆布**が占めるようになった。これは、当時、日本で生産された総量の1割にあたるといわれている。

19世紀なかばには那覇に昆布座が設置され、琉球にとって昆布は「琉球併合」によって進貢貿易が終わるまで重要な輸出品となった。では、なぜこれほど多く昆布が中国で消費されたのだろうか。当時、中国の内陸部では甲状(こうじょう)腺機能障害(せんきのうしょうがい)の風土病に苦しむ人が多く、その予防・治療のためにヨウ素（ヨード）を多く含んだ昆布の需要が高まっていたからであった。

産地の蝦夷地(えぞち)（北海道）から、長崎や薩摩・琉球を介して中国にいたる航路を**昆布ロード**という。

また、琉球では、昆布は単に輸出品としてだけでは

クーブイリチー（昆布の炒め物）

なく，食生活にも大きな影響をあたえ，豚肉とともに琉球料理の貴重な食品となった。現在でも伝統行事等の料理では，欠かせない食材となっている。

日本史探求 と 琉球・沖縄 「鎖国」ではなかった江戸時代

東書日探 701	実教日探 702	実教日探 703	清水日探 704	山川日探 705	山川日探 706	第一日探 707
日本の貿易関係と海外情報収集ルート p.154	鎖国体制下の日本の対外関係 p.170～171	四つの口 p.109	四つの口 p.115	日本から見た外交秩序 p.162～164	4つの窓口 p.311～132	四つの口 p .127

四つの窓口

　従来，江戸時代の日本は，門戸を閉ざし外国との交易を認めない「鎖国」政策をしいていた，と理解されていた。しかし，実際には長崎でオランダ・中国と，対馬で朝鮮と，松前でアイヌと交易をおこない，薩摩は中国を宗主国とする琉球王国を支配下に置いていた。琉球は中国と進貢貿易をおこなっており，薩摩藩には中国の産物だけではなく，アジア社会の様々な情報がもたらされていた。

```
松前 ←→ アイヌ
対馬 ←→ 朝鮮
長崎 ←→ オランダ・中国
薩摩 ←→ 琉球（中国と進貢貿易）
```
四つの窓口

　このように，四つの窓口があいており，けっして国が完全に閉ざされていたわけではなかった。また「鎖国」は，キリスト教の禁圧を目的としたものであり，大名や商人らの商業活動を規制し，安定した幕藩体制をめざしたものだった。必ずしも国際社会からの孤立をはかったものではなかった。

　こうした事実を踏まえ，近年は歴史教科書でも幕藩制国家における外交のあり方として「鎖国」という表現を避けたり，「鎖国」の用語を使用する場合も，四つの窓口の役割とともに記述したりするようになっている。

🔎Pick Out! 明・清交代期を，琉球はどのように乗り切ったか

　17世紀なかばになって清朝の勢いが増してくると，琉球は明・清の王朝交代に対応できるよう備えた。それは，明・清そうほうへの文書を携えたり，空道とよばれる国王印のみを押した用紙を持参したりする方法だった。中国の情勢に応じて，いずれかの文書を利用するか，あとで文書を作成できるようにするためである。

　1644年に明が滅んでも，すぐに清による統一政権が誕生したわけではなかった。中国南部では，明の王族や部下たちによって，新たな政権（南明政権）がかわるがわる誕生した。南明政権は日本に明復興の援軍を求めたが，幕府はこれを断っている。

　南明政権から琉球に使者が送られてくると，王府はその求めに応じて皇帝の即位を祝う使節を派遣した。ところが，清軍の勢いはすぐさま中国南部にもおよんだ。1646年に南明の唐王政権が清軍に倒されると，琉球の使節も捕らえられて北京へ連れていかれ

52

南明政権

政権	皇帝	首都	期間
福王政権	弘光帝	南京	1644〜45
唐王政権	隆武帝	福州	1645〜46
魯王政権	監国	紹興	1646〜54
桂王政権	永暦帝	肇慶	1647〜61

た。しかし，清への文書もたずさえていたので，難を逃れることができた。

　1649年，清は琉球に正式に入貢をうながす使者を派遣した。琉球は明朝から授かった印綬を返還し，1663年に尚質が冊封を受け，清朝への服属を誓った。

学習テーマ 12 薩摩支配で琉球はどう変わったのか

羽地朝秀（向象賢）の政策

　薩摩藩島津氏に支配され，「異国」のまま幕藩制国家にくみこまれた琉球は，王国としての主体的な生き方を見失い，半世紀ものあいだ混迷した時代をおくっていた。そうした時代に登場し，摂政として新たな政策をうちだし，古琉球から近世琉球への転換をはかったのが，**羽地朝秀（向象賢）**であった。

　1666年，薩摩の信頼を得て摂政に就任した朝秀は，古い慣習の撤廃と諸制度の改革に乗り出した。

　第一は，質素倹約であった。王家をはじめ，一般民衆にいたるまで贅沢を禁じ，虚礼を廃止して生活が華美になることをいましめた。王府の諸行事も簡素化し，無駄な財政支出をおさえた。

　第二は風紀の粛正で，第三は，古琉球的な古い伝統行事を改めることだった。それは，行政から女官がつかさどる祭事を分離し，国王の久高島参詣をとりやめて遥拝形式にすることなどだった。また，民間でさかんにおこなわれていた「時・ユタ（霊媒）」を，民衆を惑わすものだとして厳しく取り締まった。

　第四は，役人の不正取り締まりと，農村の復興をはかることだった。当時，農村の疲弊は深刻な社会問題だった。その原因の一つに，過重な夫役の負担と役人による搾取があった。そこで，夫役を軽減して役人による不正を厳しく取り締まり，開墾を奨励して百姓にも土地の所有権を認めて生産意欲を向上させるようつとめた。

　第五は，諸芸の奨励であった。特に，若い士には「文章・書道・算術・医術などの学問はもとよ

『羽地仕置』にみる古い慣習の改革とその成果

一　久高島の祭礼のために二十間切の百姓が動員され，百姓の負担となっている。とても君主たるものがとるべき行いではない。

一　知念久高の祭礼は開闢の始めより行われてきたものではなく，最近の人が作ったものである。

一　私が摂政になる前は琉球全土が衰微し，王府は多額の借金を抱えていた。そこで無駄な支出をなくし，予算にみあった出費をしたので，薩摩への上納もすべて納め，借金も二百貫ほど返済することができた。

『羽地仕置』を意訳

り，華道・茶道・音楽などの芸能をたしなむことも大切である。たとえ家柄がよくても，一芸もたしなまない者は役職にはつけがたい」として，学芸を奨励した。薩摩と交渉することの多かった役人には，日本文化に対する教養を身につけさせなければならないと考えたからであった。

また，諸士に**家譜**(系図)の提出を命じ，身分制の整備をすすめた。

ここに着目　薩摩支配下で古琉球から近世琉球へ転換

薩摩支配のもと，日本(ヤマト)寄りの大胆な政治改革を主導していった朝秀の政治思想は「**日琉同祖**」といわれ，琉球人と日本人とはもとをたどると同じ祖先である，という思想にもとづいていた。1650年に編集した正使『**中山世鑑**』に，琉球最初の王朝をひらいた舜天を源為朝の子と書き記し，大和との融和をはかっていることにその姿勢があらわれている(→p.18)。しかし，それは大和への同化を狙ったものではなかった。国王の久高島参詣を廃止させるなど，琉球独自のものとされてきた古いしきたりを破り，新たな政策を実施していくうえでの理論づけであった。薩摩支配のもと，新たな王国体制を築くには，古琉球時代の古い体質から脱却しなければならなかったからである。

朝秀の政策は，『**羽地仕置**』としてまとめられ，のちの政治家に受けつがれた。人びとは朝秀の政策を「**黄金の箍**（クガニヌタガ）」とよんでたたえた。

シーブン話　笑い話にみる薩摩への抵抗

沖縄の昔話に，理不尽な薩摩の要求をとんちで切り返し，窮地を救ったという笑い話がある。

ある時，薩摩から「おんどりの卵，灰で編んだ縄，虎頭山（トゥラジヤマ）」の三つを送り届けるようにとの要求があった。困った首里王府は，責任者の息子でとんちが得意のモーイを薩摩に派遣した。

薩摩の殿様は，「なぜ父親は来ないのか」と問い詰めた。モーイは「父は産気づいて，来ることができませんでした」と答えた。殿様は「何，男が子どもを産むことができるか。バカなことを言うのではない」と怒った。すると，すかさず「左様でございます。おんどりも卵を産むことはありません」と，にんまりした顔で答えた。殿様は罰の悪い顔をして，「では，灰で編んだ縄は持って来たのだな」と問うた。モーイは，目の前で縄を焼いて「灰の縄」をさしだした。

「山はどうしたか」と問われると，「琉球には山を乗せる船がございません。山を運ぶ船をお貸しください」と答えた。さすがの殿様も，返す言葉がなかった。

薩摩支配に対する抵抗を，笑い話で伝えた民間伝承である。

首里王府の職制

王府の最高機関は**評定所**とよばれ，首里城北殿にあった。摂政・三司官の詰める上の御座と，表十五人とよばれる諸長官・次官らで構成する下の御座に分かれていた。

摂政は国王を補佐する役職で，王子・按司から選ばれた。三司官（3人制）は政務を統轄する実質的な最高職で，選挙により親方のなかから選ばれた。

評定所の機能は，各部署から上がってきた案件を下の御座で審議し，その結果を上の御座へ上申，上の御座から国王へ上奏した。国王の決済が下りると，それを関係部署へ通知して執行させた。

行政機関には，王府の財政を管轄する**物奉行所**と外交・内政を管轄する**申口方**とがあり，その下に各行政部局が置かれた。各部局で実務にあたった下級役人を筆者・大屋子といい，**科**という任用試験に合格したものが任じられ，経験をかさねながら役職の空きを待って昇進していった。

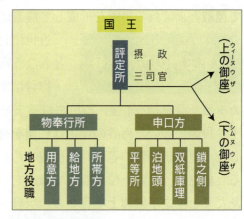

王府の行政機構図

物奉行所は，所帯方，給地方，用意方の3局に分かれ，それぞれに物奉行（長官）が置かれた。所帯方は，王府の財政と薩摩への上納などを担当，給地方は役人の給与や旅費などを担当した。用意方は，砂糖・ウコンなどの収入を扱う特別会計や山川の保全を担当した。

申口方の鎖之側は，外交や文化・教育などを担当した機関および長官名で，双紙庫理は地頭の知行ならびに褒賞，工芸や宮中の行事などを担当した機関および長官名である。泊地頭は，住民の戸籍や寺社，公安，建設，泊村の行政と硫黄鳥島の管理などを担当した機関および長官名で，平等所（平等方）は，警察と裁判を担当した機関で，長官は平等之側といった。

身分制度の確立

琉球の身分制度は，尚真期（1477～1526）にかたちづくられていたが，制度として確定したのは1689年に系図座が設置されてからであった。

系図の編集が認められたものは**士**（**系持**）に認定され，それ以外は百姓（無系）とされた。士層にも譜代・新参の別があり，譜代でも身分の高い**里之子筋目**と，下位の**筑登之筋目**とがあった。王家につながる，王子・按司と有力な親方はすべて里之子筋目で，大名ともよばれる貴族身分だった。

王子・按司は按司地頭，親方は総地頭（親方地頭）と称して一間切の領地を有し，その間切名を家名（名字）として名乗った。按司はかつて諸間切の按司であった家柄のものと，王子の2代目以降の系統をひくものがあった。親方の位は，三司官や王府の要職を勤めたものに許された。間切の一村を領地として与えられた脇地頭も，大名方を本家とする里之子筋目のものが多かった。

筑登之筋目や新参のなかにも脇地頭に昇るものがいたが，多くは平士とよばれた諸役所の

下級役人止まりであった。また，百姓身分でも多額の献金で新参士を得たり，地頭などに仕えたりして地方役人(ジカタヤクニン)になることができた。しかし，役職のない士も多く，王府の奨励で絵画・細工物・調理・船頭など，それぞれの技術をいかした職業についたり，地方で山地を開墾して**屋取**(ヤードゥイ)とよばれる集落を形成して農業に従事したりする者も少なくなかった。

首里王府の位階称号

近世には身分制度が18品位・20位階に定められ，それにともなう簪(かんざし)や帕(ハチマチ)(冠)などの種類も決められた。

称号は譜代(里之子筋目・筑登之筋目)の者が元服(しょうごう)(15歳，カタカシラを結う)後，叙位(じょい)されるまでの無位の期間を**子**(シー)と称し，赤冠(せきかん)をいただいた。新参士や役職についた百姓の場合は**仁屋**(にや)を称した。里之子筋目の者が八品に叙せられると**里之子**(サトゥヌシ)，その上位になって黄冠(こうかん)をいただくと**里之子親雲上**(ペーチン)を称した。筑登之筋目の者は，九品に叙せられると**筑登之**(チクドゥン)，その上位になって黄冠をいただくと**筑登之親雲上**(ペーチン)を称した。

次の**親雲上**(ペークミー)に叙せられたものから地頭職となり，総地頭および一村を有する脇地頭となった。その上位の者が紫冠(しかん)をあたえられた**親方**(ウェーカタ)で，一般士のなりうる最高の地位であった。親方は一間切を有する総地頭で，三司官など国政を担(にな)う重要な役職にある者の称号であった。

按司は古くは有力豪族の尊称(そんしょう)であったが，近世期には王子に次ぐ位階となり，王子や按司の子が称した。また，王妃・王女・母后(ぼこう)・世子妃は，按司加那志(あじがなし)とよばれた。按司は功績によって，王子の位を与えられたが，功績がないと士となった。これらの人びとが貴族で，一般の士はつくことができなかった。

最上位の**王子**は，王の子が称する呼称だが，最高の位階名として江戸立(えどだち)(江戸上り)の正使に選ばれた者や，摂政に就任(しゅうにん)した者などが王子を称した。

進貢など中国との交渉を担当する久米村には独自の位階と職制があった。

ハチマチ（沖縄県立博物館・美術館提供）

首里王府位階表

称号	品位	位階	久米村位階	冠
王子	無品	王子		各位浮織冠
按司		按司		
親方	正一品	紫地浮織三司官		紫冠
	従一品	三司官		
	正二品	三司官座敷	三司官座敷	
	従二品	紫官	紫金大夫	
親雲上	正三品	申口		黄冠
	従三品	申口座	申口座	
	正四品	吟味役 那覇里主		
里之子親雲上	従四品	座敷	座敷	
	正五品	下庫理当		
	従五品	当座敷	当座敷	
	正六品	下庫理勢頭		
筑登之親雲上	従六品	勢頭座敷	勢頭座敷	
	正七品	里之子親雲上	里之子親雲上	
	従七品	筑登之親雲上	筑登之親雲上 通事親雲上	
里之子	正八品	下庫理里之子		赤冠
	従八品	若里之子	若里之子 通事	
筑登之	正九品	下庫理筑登之		
	従九品	筑登之座敷	筑登之座敷通事	
	品外		秀才 若秀才	
子	無位			
仁屋	無位			青冠

シーブン話　一族の問題児は，島流しで更生させた

近世琉球の処罰の記録をみると，流刑がことのほか多いのに気づく。そのなかで興味をひくのが，気随意者として親や親族がその子息を平等所に訴え，流刑にしている例である。

気随意者とは，学問や仕事をおろそかにし，あげくは乱暴をはたらいて社会に迷惑をかける無法者とか問題児のことである。共同体の秩序を乱す輩を，親や親族がその更生をはかるために，責任をとって流刑に処したのである。

一定の期限がくると，赦免願いによって流刑地からもどされることになっていた。ただし，それでも良くならない者は再度，流刑に処された。本島からの流刑地は宮古・八重山諸島が多かった。

もっと知りたい 琉球・沖縄のこと

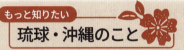

士の唐名(中国名)と和名(日本名)
～3つあった士の名前～

近世琉球の支配層は士(サムレー)とよばれ，琉球独特のジラー，タルーなどの童名（琉球名）とは別に，唐名（中国名）と和名（日本名）を持っていた。

唐名の姓（氏）には，向・毛・馬・麻・呉などがあり，門中（一族）を示した。和名の名字にあたる家名は，あたえられた領地の地名であらわされた。ただし，領地替えになると家名も変わったので，親子・兄弟でも家名（名字）が異なる場合があった。そのため，名前には門中共通の**名乗頭**（名前の最初の文字）を定め，これを門中の証とした。たとえば，向姓の名乗頭は「朝」となっているので，羽地朝秀や玉城朝薫の場合は向門中だということがわかる。また，名前を表記する際は，家名と名前の間に位階を入れて，羽地按司朝秀，玉城親方朝薫と記した。

百姓の名字や名前の呼称はどうだったのだろうか。年貢帳などに記された人名をみると，まつ古波蔵，かま渡慶次，三ら新垣などと名前のあとに名字が書かれている。なかには屋号で記されている場合もあり，これが一般的な百姓の名前の表記方法だった。ただし，地方役人などの富裕な農民層は，士(サムレー)と同様の位階称号をつけて宮里筑登之親雲上，大城筑登之親雲上などと記した。

1879年の沖縄県設置で一般庶民にも名字を持つことが認められると，地名や役職・屋号などが用いられた。しかし，明治期から大正期には本土風の氏名に改姓・改名する風潮が強くなり，仲村渠が仲村・中村に，島袋が島・島田にあらためられたりした（→p.149）。その背景には，皇民化教育の強化と沖縄差別があった。

Side Note

玉城朝薫の3つの名前

童名(琉球名)：思五郎(ウミグルー)
唐名(中国名)：向受祐(しょう・じゅゆう)
和名(日本名)：玉城朝薫(たまぐすく・ちょうくん)

第3章

（例）牧志朝忠にみる姓と家名・名乗頭字

唐名		和名			
（姓）	（名前）	（家名）	（位階称号）	（名前）	
向	永功	板良敷	里之子親雲上	朝	展
向	永功	大湾	親雲上	朝	忠
向	永功	牧志	親雲上	朝	忠

（1855年頃までの名前）
（1858年頃までの名前）
（1858年以降の名前）

└── 姓（門中を示す）── 変化しない ──┘ └── 名乗頭字（門中を示す）
　　　　　　　　　　└──（現在の名字に当たる）

シーブン話　なぜ，同音の2字名字と3字名字があるのか

🏛 Side Note

同音の2字名字と3字名字

（あらかき）新垣―新嘉喜
（うえはら）上原―宇栄原
（なかやま）仲山―名嘉山
（まえはら）前原―真栄原

1624年に薩摩藩より「大和めきたる名字」が禁止され，前田が真栄田，舟越が富名腰に変えられるなど，このときに3文字の名字が多く作られたといわれている。しかし，当時はまだ名字の漢字表記は固定しておらず，3字名字と薩摩の禁止名字とは直接関係なく，同名を避けるために作られたのではないかとの見方もある。

たとえば，新城村は宜野湾間切と具志頭間切にあり，それを家名（名字）としていた宜野湾間切の地頭家が，具志頭間切の新城と区別するために安良城と改名していた。

このケースと同様に，前田を真栄田に舟腰を富名腰に変えたと考えられるからである。また，実際には森田・山田・石川などの「大和めきたる名字」も多く存在しており，この禁止項目は，それほど実効性はなかったと思われる。

学習テーマ 13 農民はどのような暮らしをしていたのか

蔡温の政策

羽地朝秀の改革を受けつぎ，近世的な民衆支配の制度を確立したのが**蔡温**（**グシチャンウェーカタぶんじゃく 具志頭親方文若**）であった。

蔡温は，察度王統時代に中国から渡来した閩人三十六姓の子孫で，若いころ中国に留学して儒教思想や地理学を学んだ。王府に仕えるようになると，尚敬王に重く用いられ，政治家としての非凡な才能を発揮し，三司官の位までのぼりつめた。

蔡温がおこなった政策は，基本的には羽地朝秀の改革路線を継承するものだった。蔡温は琉球の立場を「薩摩のおかげで現在の琉球があるのであって，その指導に従うことこそが琉球の発展する道である」と規定し，島津氏との主従関係を明確にした。そのことは，島津氏による琉球支配が，士（サムレー）層から民衆にいたるまで，まだ徹底していなかったことを意味していた。それゆえ，島津氏の王府への締めつけも厳しかったと思われる。蔡温にとっ

て,「幕藩制国家の異国」として独自の国家を存続させるには,島津氏との主従関係を明確にしておいたほうが都合(つごう)よかった。

蔡温が取り組んだおもな政策は,疲弊(ひへい)した農村地域の活性化と,山林資源の確保,都市地域の士層の就職難の解消と王府財政の立て直しをはかることであった。とくに,農業は国を支える基盤であるとして,農村経営には力を入れた。農業の担い手である百姓が都市に移り住むことを禁止し,各村に『御教条(ごきょうじょう)』を配布して儒教思想による意識改革をはかった。

18世紀なかばには,『間切公事帳』を発布して間切番所の支配機構を整備し,地方役人(じかたやくにん)の職務を明確にした。さらに,農作業の手引書『農務帳(のうせん)』を配布し,農業生産の拡大につとめた。また,蔡温みずからも各地域を巡視(じゅんし)し,河川の改修工事などを率先(そっせん)して指導するなど,治水・植林事業を積極的におしすすめた。

都市地区では,士層の人口増加が大きな問題となっていた。そのため,士の就職難を緩和(かんわ)する目的で,士が商工業につくことを奨励し,税制面でも優遇したので那覇では商業活動が活発になった。

蔡温がもっとも力をそそぎ,かつ後世になって高く評価された政策が,造林と山林保護だった。建築資材や燃料資源の供給地としての森林を,治水・潅漑(かんがい)の面からも重要と考え,植林・山林管理の方法を定めてその指導を徹底(てってい)した。山林の管理がおよばない地域には,他村からの**寄百姓(よせびゃくしょう)**(移住)で新村をつくらせ,山林を保護した。

また,王府財政の再建策として,ウコンや砂糖の専売制度を強化し,1735年には,貢納品以外の砂糖を農民から安値で買い上げる**買上糖(かいあげとう)**の制度もはじめた。このように,農村と生産者である百姓を完全に王府の統制下に置くとともに,士層の商工業への転職を奨励することによって経済の活性化をはかった。

蔡温はほかにも,那覇港をはじめとする各地の港湾の整備,道路・橋梁(きょうりょう)改修などの土木事業,そして教育などに力をいれた。

しかし,このような改革も,何の抵抗もなく円滑(えんかつ)におこなわれたのではなかった。和文学者の**平敷屋朝敏(へしきやちょうびん)**らによる王府批判が薩摩役人に届けられるなど,蔡温体制をゆるがす事件もおきている。平敷屋らは,国家転覆(てんぷく)をはかる謀反人(むほんにん)として処刑された(平敷屋・友寄事件)。

蔡温は,三司官をつとめながら多くの著作を残し,のちの政治家に大きな影響をあたえた。

蔡温具志頭親方文若頌徳碑(那覇市)

人物に観る琉球・沖縄　蔡温（具志頭文若 1682～1761）
～若き蔡温の苦悩～

　琉球王国時代の傑出した政治家といえば，蔡温であろう。蔡温は，察度王統時代に中国から渡来した三十六姓の流れを汲む名門の出である。

　若いころ中国に留学して儒教や政治実学などを学び，高級官吏としての教養を身につけた。王府に仕えるようになると尚敬王に重くもちいられ，三司官の位までのぼりつめた。徹底した農村管理や都市部の活性化政策は，のちの政治家の手本となった。しかし，そんな琉球史の偉人も，少年時代は自由奔放な性格だったらしく，自叙伝のなかで次のような興味深いエピソードを記している。

　「私の両親が結婚したのは，父17歳，母16歳の時でした。母が20歳の時に女の子が産まれましたが，家を継ぐ男の子がなかなか産まれませんでした。母はみずから東風平の志多伯に足を運び，玉津という女性を妾として迎えいれました。

　父が37歳の時，玉津は男の子を出産しました。それが私の兄，淵で童名をジラーといいます。ところが，その2年後に本妻である母は，私，温を産んだのです。童名はカマドゥーと名づけられました。

　兄のジラーは大変かしこく，勉強がよくできました。しかし，弟の私は勉学にまったく興味がもてず，遊びほうけてばかりいました。

　私が16歳の八月十五夜のことです。久米村の大門（ウフジョウ）の前で友人たちと月をめでながら遊んでいました。その時，家格の低い小橋川という友人が，今宵は士（サムレー）の師弟が名月を楽しむために集まったのだ，なぜ，おまえごとき者がここにいるのだ，と馬鹿にしました。私も負けずに，何を言っているお前の方が家柄の低いいやしい身分ではないか，とやりかえしました。それに対し小橋川は，学問があってはじめて士といえるのだ，学のないお前が士を名のるとは滑稽なことだ，とさげすむように笑いました。

　その晩，私は悔しさのあまり泣き続けました。そして，翌日から心をいれかえて勉学に励んだのです」

　額面通り受け取るわけにはいかないが，何と，あの偉大な政治家・蔡温が，落ちこぼれだったことをみずから記している。いつの時代も，若者は自我の確立に苦悩する。蔡温とて例外ではなかった。大樹は地中深く根を張り，ゆっくりと成長する。大人には若者一人ひとりの成長を，じっくりと見守るゆとりを持ってもらいたいものである。

🔍 Pick Out! ヒンプンシーは何を伝えるために建てられたのか

名護の市街地へ南側の旧道から入ると，太い気根をたくわえた巨大なヒンプンガジマルが迎えてくれる。「ヒンプン」とは門と家の間に立てられた屛風状の塀のことで，ガジマルをヒンプンに見立てて名づけた名称である。そのガジマルの前に石碑が建てられているが，これは樹齢250年余のガジマルの由来を伝えるものではない。1750年に蔡温がある禁止事項を伝えるために建てた「**三府龍脉碑**」という石碑である。

その内容は，「ちかごろ，王城を首里から名護に遷した方がよいとか，屋部と古我地のあいだを切り開いて水路をつくり，交通の便を良くした方がよいなどという意見を耳にする。これは誤った考えである。首里ほど国都の地理に優れた場所はない。

また，琉球の地形はひとつの山脈の連なりであり，これを崩して水路をつくると雄大な地体系が失われることになる。そのことを後世に伝えるために石碑を建てた」というものである。

どうして名護へ王都を遷そうという話がもちあがったのだろうか。当時，首里では士（サムレー）層の人口増で，役職に就けない下級士があふれだし，厳しい生活を余儀なくされていた。そんな困窮した士たちが，自然豊かな北部へ都を遷すことによって，農耕地の拡大と商工業の発展する可能性を求めたからだと思われる。また，それによって久米村が握っていた交易権にも手をのばそうとしていたことが考えられる。

蔡温は，地理的に首里が王都にふさわしく，北部は豊かな山林資源の保護地域とすべきであると考え，これを退けたのである。

地元では，この石碑の形がヒンプン（名護ではピンプンという）に似ていることから，**ヒンプンシー（ピンプンシー）** とよび伝えている。

人物に観る琉球・沖縄　尚温 (1784～1802) 〜もう一人の温がめざしたもの〜

蔡温亡き後，もう一人の温が登場する。第二尚氏王統15代王・**尚温**（在位1795～1802) である。蔡温は三司官をつとめたとはいえ，王子・按司の位階をもつ貴族ではな

かった。いわば良人（ユカッチュ）身分にすぎなかった。その名が国王につけられたということは、それだけ著名な人物だった証（あかし）といえよう。

尚温の名乗りは朝克で、8歳の時に中城間切を拝領して世子・中城王子となった。父が早逝（そうせい）したため、12歳で祖父・尚穆（しょうぼく）のあとを継いで即位した。わずか、19歳で世を去るが、**国学**の創建や平等学校所の設置など、教育の振興（しんこう）と人材育成に大きな功績（こうせき）を残した。

1798年、尚温は中国の国子監への留学制度である官生選抜のあり方を変えた。これまで、定員4人のすべてを久米村から出していたものを、二人は首里士族から選ぶことを命じたのである。もともと、官生選抜は久米村の特権ではなく、王子や首里の高官の子弟からも選ばれており、国政を掌（つかさど）る首里士族にも直接、中国の学問を学ばせるべきであるとの考えからであった。評定所に政策事項を答申する表15人もこの改革を指示した。これに対し久米村の役人は、これまでの久米村人の貢献（こうけん）を強調し、改革の撤回（てっかい）をくり返し嘆願（たんがん）した。

王府は、官生は中国の儒教文化を遠国（おんごく）にもたらすことを目的としており、久米村人が独占するのは好ましくない。広く門戸を開くべきであるとして、撤回（てっかい）には応じなかった。これに不満を持った久米村では暴動がおこり、首謀者（しゅぼうしゃ）は捕らえられて久米島へ流刑となった。

久米村の暴動が沈静化（ちんせいか）すると、尚温は国師・蔡世昌（さいせいしょう）の建議を受け学校制度の創設を打ち出した。首里に国学を創建し、首里三平等（南風之平等・真和志之平等・西之平等）に平等学校所（ひらがっこうじょ）を設置して学問を普及させるという政策である。学問を振興して優秀な人材を登用し、膠着（こうちゃく）した官僚システムの刷新（さっしん）をはかろうとしたのである。

1798年9月、国学の開学にあたり、尚温は自筆の「**海邦養秀**（かいほうようしゅう）」の扁額（へんがく）をかかげ、「家柄（いえがら）にとらわれず、学業に優れたものを登用し、名門の子弟でも学問のないものは退（しりぞ）ける」と訓示（くんじ）した。若干15歳の時である。国師・蔡世昌らの指導あってのことだとは思うが、教育振興に王国の未来を託（たく）した若き国王のただならぬ意気込みを感じる。

しかし、その成果をみることなく、尚温は19歳の若さで世を去った。

「海邦養秀」の扁額（拓本を元に復元）現在は首里高等学校に掲示されている（沖縄県立首里高等学校提供）

農村社会の仕組み

琉球国内の行政区画は、現在の市町村と字に相当する**間切**（まぎり）と村に分けられ、管理機関として間切には**番所**（ばんじょ）が、村には**村屋**（むらやー）が設置された。

番所には、百姓の有力者から任じられた**地頭代**（じとぅーでー）をはじめ、首里大屋子（おおやこ）・大掟（おおウッチ）・南風掟（はえ）・西掟の**五掟理**（サバクイ）と、農耕の管理や指導にあたる総耕作当（アタイ）、山林の管理にあたる総山当などがおかれた。下級役人は文子（ティクグ）とよばれ、事務や雑務などに従事した。

村屋には、掟（ウッチ）という役人が置かれ、間切役人との連携（れんけい）で農村を管理した。

久米島や宮古・八重山には、蔵元とよばれる役所が設置され、王府から派遣された在番が政務を統括した。

土地制度と税制

近世琉球では、支配者階級は原則的に都市地区に住み、百姓は地方に住むというように、身分によって居住地域が厳密に区分されていた。とくに百姓は厳しい貢租負担を義務づけられていたので、都市地区への移住はもちろん、他地域への居住も禁じられていた。

耕作地は**百姓地**、**役地**、**仕明地**の三種類に分けられていた。百姓地とは文字どおり百姓に授けられた耕地で、全面積の7割を占めた。王府からあたえられたことから、お授け地とも称され、一定の年限で土地の割り替えがおこなわれた（**地割制**）。

役地とは、按司地頭・総地頭・脇地頭にあたえられた**地頭地**、地頭代以下の間切役人にあたえられた**オエカ地**、ノロ職にあたえられた**ノロクモイ地**のことである。

仕明地とは、開墾による耕地のことで、私有が許された。地頭層が開いた仕明知行地、農民が共同で開いた仕明請地などがあった。そのほかに、請地・払請地とよばれる個人に払い下げられた土地もあり、個人の所有が認められていた。

百姓の負担する租税は、王府への上納、薩摩への貢納（**仕上世**）などのほか、地頭地・おえか地などを耕作する義務もあった。役地を耕作した百姓の取り分は、収穫のほぼ三分の一で、その残りから租税を差し引いた分が地主の収入となった。

18世紀にはいると、台風や旱魃など異常気象があいつぎ、疲弊した農村はそのたびに飢饉と疫病にみまわれ、多くの餓死者をだした。窮乏した農村では借金のかたに土地を質入れしたり、身売りしたりする農民があとをたたなかった。

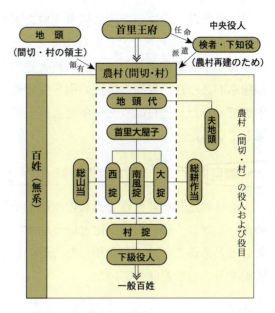

沖縄県立博物館・美術館の展示パネルを参考に作成

Side Note

町百姓

町方（首里・那覇・久米村・泊村）にも百姓はいた。農地をもっていなかったので、租税負担の義務はなく、諸役所の仕事や大工・左官・金細工（カンゼーク）などの手工業などに従事した。

Side Note

田舎百姓の身分

田舎百姓には田畑を保有する地人（ジーンチュ）と、田畑をもたず小作で生活する名子（なご）や名子素立（スダチ）、借財のために富豪のもとで使役される入切（イリチリ）・シカマがあった。

身売りとは，上納のために借り入れた米や銭を返済できなくなった農民が，貸主のもとで一定年限，下男・下女として従事することである（入切・シカマ）。これによって家庭が崩壊することを家内倒れといい，これと連動して上納の責任単位である与が解体する与倒れの現象もおこった。身売り農民の引き受けもとは，地元の有力農民か間切や村役人などの特権階層であった。農村はウェーキとよばれる富農層と，ヒンスーとよばれる貧農層とに二極分解していった。

ここに着目☞ 窮乏する農村社会が王府財政をゆるがす

王府は窮乏した農村建て直しのため，下知役や検者とよばれる役人を派遣して復興につとめた。しかし，農村の自立化という根本的な改革には着手できなかったため，農村の崩壊をおしとどめることはできなかった。そのことはまた，農村を経済基盤としていた王府財政が破綻することを意味していた。

救荒食物としてのソテツ

ソテツ

疲弊した農村を象徴する食物に，**ソテツ**がある。ソテツは有毒食物で，手順よく毒素を取りのぞいて食べないと，命を奪われることもある。

百姓はイモを常食としていたが，台風や旱魃などに襲われるとイモさえも確保することができず，飢饉で餓死するものが多かった。こうした状況下で生み出されたのが，山野に繁茂しているソテツの食用化だった。しかし，この有毒植物がいつごろから食用にされたか，くわしいことはよくわかっていない。

慶良間や久米島では，早くからソテツを救荒植物として食べていたようで，17世紀ごろの文献に「凶作の時はソテツを食べて飢えをしのいだ」ということが記されている。また，王府の正史『球陽』には，「1714年，南風原の嘉数という者，日ごろから農業の指導をし，個人でソテツを栽培して民衆に広め，凶年の食料としている。よって，功績を称え黄冠を与える」ということが記されている。このことから，遅くとも18世紀のはじめには，ソテツが食用化されていたと思われる。

18世紀なかばには，蔡温によってだされた『農務帳』によって，各地にその調理方法がひろめられ，凶作時の救荒植物として農耕地に不適な石原や砂地などにソテツを栽培するよう奨励されるようになった。

蘇鉄の植付奨励

蘇鉄の議，飯料の補い相成り，らぬ場所，石原，兼久地①に寒暑，風雨構いなく盛生候物にて，別けて重宝なる物候間，一家内に弐拾本ずつ植え付けるべく候事。

①兼久地―砂地

『八重山島農務帳』より（読み下し）

Pick Out! 逼迫する王府財政の陰で，富裕層はどのようにしてうまれたか

　農村を経済基盤としていた王府財政は，18世紀にはいると急速に逼迫していった。王府の借財も18世紀末には12万石に達していた。しかし，こうした厳しい状況のなかで，富を蓄えている人びとがいた。首里・那覇の士や船主，そして地方の有力な役人たちであった。中国やヤマトへ派遣される役人や船乗りは，私的に積荷をゆるされていたので，それを売り払って利益を得ていた。

　19世紀には，馬艦船や山原船を所有する船主があらわれ，首里・那覇と各地域とを結ぶ運送業で富を築いていた。なかには，遭難を装って中国や薩摩商人と密貿易をする者もいた。地方では，有力な役人が疲弊した農村の土地と百姓を集積してさらに財力を蓄えていた。

　こうして富を蓄えた士は，私財を投じて橋梁や道路などをつくって王府から表彰され，無系の者は献金などで士の身分を得て特権階層を形成した。

馬艦船の図
出典：ColBase (https://colbase.nich.go.jp/)

シーブン話　ライト兄弟よりも先に空を飛んだ琉球人

南風原町役場に展示されている「飛び安里」の飛行機（複製品）

　1903年，ライト兄弟が世界ではじめて動力機で空を飛んだことはよく知られている。しかし，琉球にはそれより100年以上も前に空を飛んだ人物がいた。その名は，飛び安里。空を飛んだ安里，というあだ名だが，正式な名前はわかっていない。

　安里は弓の原理を利用して翼を羽ばたかせる方法を考え，実際に飛行機をつくって南風原の高津嘉山で飛んだという。

　残念ながら，どれだけの距離を飛んだのかはわかっていない。

第3章

65

学習テーマ 14 宮古・八重山の税は過酷(かこく)だったのか

宮古・八重山の頭懸(ずがかり)（人頭税）

島津氏は琉球を支配下におくと、沖縄島をはじめ、宮古・八重山・久米島など主だった島々の検地をおこない、それをもとに薩摩への貢納高(こうのうだか)を決めた。古琉球の税制がどのようなものだったのか、はっきりしたことはわかっていないが、王府はこれによってあらたな租税制度を整えることになった。

両先島とよばれた宮古・八重山では、1634年に人口調査がおこなわれ、これをもとに税額が定められて、1659年には人口の増減によらず税額を一定にする定額税となった。従来、この税制は「**人頭税**」とよばれ、15歳～50歳までの男女一人ひとりに、田畑の面積とは関係なく、年齢に応じて頭割り(一人あたり)に税を課してきたと理解されてきた。

ところが、実際には税が課せられたのは個人ではなく、沖縄諸島と同様に間切・村であった。その税を納入するため、地方役人(じかたやくにん)が百姓を租税の対象となる畑や織屋(おりや)などで労働させ、共同で生産するしくみだった。たとえば、女性が10人いる村に20反の織物が税として課せられた場合、布は女性にかかる税なので一人当たり2反の負担となる。しかし、それを各自で

機を織る女性
（『八重山蔵元絵師画稿集』石垣市立八重山博物館提供）

織って納めていたのではなかった。村役人の指導で、あるものは糸を紡(つむ)ぎ、あるものは布を織り、あるものは雑用をこなすなど、織物にかかる作業を村の女性全員が分担して20反の布を織りあげていた。

そのようなことから、この税制を人頭税とよぶにはふさわしくないとの指摘がなされている。

ここに着目 近世期の宮古・八重山の税を何とよぶべきか

近世期に宮古・八重山に課せられた税を、何とよべばよいのだろうか。古文書には頭懸(ずがかり)とあるので、そうよぶべきとの意見がある。頭懸とは、間切・村への租税を算出する際、税額を一人あたりいくらと定め、それに人口を掛けて総額を決定するという税法である。課税の対象はあくまでも間切・村で、個人ではない。これまで人頭税といわれていたものは、間切・村へ課税するための基準税だった。

近年では、宮古・八重山に課せられていた王府時代の税を、**頭懸**(**人頭税**)と記すようになっている。

シーブン話　人頭税石は，頭懸(人頭税)とは関係ない

伝・人頭税石（宮古島市）

　写真の石は，一般に人頭税石とよばれているもので，中学校の教科書にも掲載され，「身長が石の高さに達すると，税が課せられたといわれています」と記されている。しかし，実際は頭懸(人頭税)とはまったく関係ない，伝説上の遺物である。

　伝承によると，年齢によって税が課せられる以前，役人がこの石の高さを基準に税を課していたということだが，その根拠を示す資料はない。仮に，身長を課税の基準としていたら，同じような石（または何らかの測定器）が他地域にもあったはずだが，ほかには見あたらないからである。

🔍 Pick Out!　女性はどのていど自己主張ができたのか

　頭懸(人頭税)時代の民衆は，圧政に苦しめられ悲惨な暮らしを強いられていた。とりわけ女性の地位は低く，あらゆる自由が奪われていた。愛する人と引き裂かれ，悲しさのあまり野底岳の頂上で石になったという「野底マーペー」の伝説や，無理やり結婚を押しつけられ，嫁入りの途中で石に化したという女性の話などが，そのことを如実に物語っている。

　はたして，本当にそうだったのだろうか。いっぽうでは，安里屋ユンタで名高いクヤマのように，目差という役人に妾になるよう言い寄られても，どうせ妾になるならもっと身分の高い与人のほうがいい，とはっきり自分の意志を伝えた女性もいた。当時の古文書をみていると，「百姓どもは，頭懸(人頭税)の負担が多く生活が苦しいためか，結婚して家庭をもつ者が少ない」とあり，地元役人に対して「未婚者のリストを作成して強制的にでも結婚させるように」という指導がなされている。その原因は，若い女性に結婚をいやがる風潮があったからだと思われる。ということは，こうした時代にあっても，女性は自分という「個」を持っていたということではないだろうか。

　右の図は，夫婦と思われる男女を描いたものである。どうやら，妻が夫の飲酒を戒めている絵のようである。封建的な社会にあっても，妻は夫に従順に従っていたのではなかった，ということがわかる。

男女の図（『八重山蔵元絵師画稿集』
石垣市立八重山博物館提供）

第3章

日本史探求 と 琉球・沖縄　天明の飢饉

東書日探 701	実教日探 702	実教日探 703	清水日探 704	山川日探 705	山川日探 706	第一日探 707
天明の大飢饉 p.173	天明の飢饉 p.197	天明の飢饉 p.123	天明の大飢饉 p.134	天明の飢饉 p.196	天明の飢饉 p.149	天明の飢饉 p.146.147

もっと知りたい 琉球・沖縄のこと

乾隆36年(1771—明和8年)の大津波
～八重山・宮古諸島を襲った大津波～

1771年3月10日(新暦4月24日)、八重山・宮古諸島に大津波がおし寄せ、甚大な被害をもたらした。その年が日本年号の明和8年にあたることから、「**明和の大津波**」とよばれている。また、当時の沖縄では中国年号を使用していたので、「**乾隆36年の大津波**」とよぶべきだとの意見もある。

日本では明和年間は、大飢饉のおこる前ぶれの時期で、全国的な異常気象による大旱魃や水害、それに江戸市中の3分の1が被災したという大火などがあり、社会不安が高まりつつあるころだった。そのため、明和9年を明和九(迷惑)の年として忌み嫌い、年号を安永(安らかに永くあれ)とあらためている。

だが、飢饉はやまず、百姓一揆や打ちこわしは増加していくいっぽうだった。そのため、次の天明(夜明け)の時代に、五穀豊饒と民生向上の期待がかけられた。しかし、1783年の浅間山の噴火に象徴されるように自然災害はやまず、政治腐敗とも相まって史上まれにみる大飢饉となった(**天明の飢饉**)。

乾隆36年の大津波の被害については、八重山の官庁である蔵元がまとめた首里王府への報告書『**大波之時各村之形行書**』に詳しく記されている。それによると、「大津波は乾隆36年3月10日の午前8時ごろ、石垣島南島海域でおこった大地震のあと三度も襲ってきた。石垣島東海岸の村々の多くが壊滅し、離島の村々にも大きな被害をもたらした。宮良村では、最高85.4mの地点まで津波がおし寄せてきた。犠牲者は、八重山全人口の3分の1にあたる9,313人にもおよんだ」と記されている。また、宮古でも「30数mの地点まで津波が押し寄せ、各村に大きな被害を与え、2,548人が亡くなった」と『宮古史伝』は伝えている。

津波後は疫病が蔓延し、人口は減少の一途をたどっていった。地元では津波によって壊滅した村を再建させるため、被害の少なかった波照間島や黒島、小浜島、西表島などの離島から百姓を石垣島に移住させ、新たな村づくりにつとめた。王府も疲弊した八重山・宮古の復興に力をそそいだが、王国時代末期まで元の人口に回復させる事はできなかった。

ところで、記録に残された津波の到達点

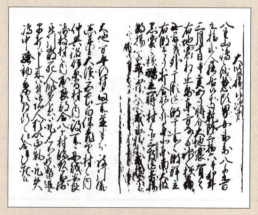

王府への大津波の被害報告書

85.4 mには異論があり，近年では古文書に記された被害状況や地質学の見地から，最大でも30～45 m地点が妥当な波の到達点ではないかと考えられている。また，大津波の原因となった地震の震源地についても，石垣島南島海域ではなく，さらに南方の琉球海溝あたりだった可能性が高くなっている。いずれにせよ，史上最大級の津波だったことに違いはない。

学習テーマ 15 琉球の産業はどのように発展したのか

日本史探求 と 琉球・沖縄

甘藷（サツマイモ）
享保の改革：青木昆陽による甘藷の普及

東書日探 701	実教日探 702	実教日探 703	清水日探 704	山川日探 705	山川日探 706	第一日探 707
甘藷 p.169	青木昆陽と甘藷 p.195	甘藷（サツマイモ） p.122	青木昆陽と甘藷 p.130	青木昆陽と甘藷 p.193	さつまいも・さとうきび p.148	青木昆陽と甘藷 p.144

甘藷（イモ）の伝来と諸産業の発達

近世琉球の農業を考える際，最初にあげられなければならないのが，百姓の主食となった**甘藷（イモ）**の伝来であろう。1605年に進貢船の乗組員だった**野國總管**が，中国からイモの苗を持ち帰って郷里の北谷間切で栽培をはじめ，それを**儀間真常**（→p.71）が琉球全土に普及させた。これが薩摩に伝えられてサツマイモとなり，青木昆陽によって日本全国に広められた。

砂糖（黒糖）の製造も，17世紀前半に儀間真常によってはじめられた。

琉球の諸工芸は，技術をもった百姓が王府に雇われて御用品製作にたずさわりながら，民間の需要に応じていたのが基盤となった。首里では，鋳物細工・織物・染物・芭蕉紙・酒・味噌・醤油などの製造業が，那覇では，挽物・指物・彫物・塗物・木細工などが家内工業として発達した。

18世紀には，蔡温の政策によって，役職につけない士（サムレー）層のものが諸工芸の職人になることが奨励されると，百姓から職人を採用することはなくなっていった。

那覇は王都首里に面した港町で，中国への進貢船・接貢船のための港としてだけではなく，薩摩や離島・諸地域からの往来船でにぎわう商業地としても栄えた。市場には，日用品や食糧品が売買されたが，それに携わるものは，ほとんどが女性だった。

野國總管の像（嘉手納町道の駅前）

シーブン話　冊封使の見た国内第一の絶技とは何か

右の図は，1719年に来琉した冊封副使の徐葆光が著した『中山伝信録』に描かれた「女集図」である。「集」とは市場のことで，女性たちが開いている市場の図という意味である。

琉球では，主に無禄士族の女性が朝・夕の2回，那覇，首里，泊で市場を開いていた。商う物は，「魚，海老，甘藷，豆腐，木工品，磁皿，陶器，櫛，草履といった粗末なもの」で，売買には金銭が使われた。

中国皇帝の使節である冊封使一行は，女性たちの荷物の運び方に興味をもったようで，1800年に来琉した

女集図（徐葆光『中山伝信録』より）
（沖縄県立博物館・美術館所蔵）

李鼎元は，琉球の女性は「物を肩にかついだり，背負ったりはしない。物はすべて頭の上に乗せて運んでいる。この頭上運搬の方法を，**カミーン**という。たとえ，百斤（約60㌔）の重さでも，山を登り谷を渡っても，落としはしない。これぞ国内第一の絶技である（原田禹雄『冊封使録からみた琉球』要約）。」と記している。

「女集図」を眺めていると，のんびりとした牧歌的な風景のなかに，琉球女性のしなやかな強さと，やさしさが伝わってくる。

シーブン話　高価だったクジラの糞

海に囲まれた琉球の島々には，さまざまなものが流れついてくる。そのため，各村には浜番がおかれ，不審なものが打ち上げられていないか，海辺を見まわる仕事があった。

ごくまれだが，クジラの糞とよばれる高価なものが流れつくこともあった。これは，香料の王様といわれる竜涎香のことである。マッコウクジラの腸内にできた結石で，何かのはずみで体外に出て，浜辺に流れついたものである。それを昔の人は，クジラの糞と思ったのだろう。

中国では最高級の香料として高価な値段で取り引きされていた。17世紀の八重山の古文書には，「くじらの白ふん一斤に付き米5石，黒ふん一斤に付き米5斗」で薩摩に売り渡していたことが記されている。現在でも，竜涎香は天然香料の原料として重宝されており，かなり高価な値段で取り引きされているという。

人物に観る琉球・沖縄
儀間真常 (1557～1644)
～琉球の産業の恩人～

　1557年，儀間真常は真和志間切儀間村(現在の那覇市垣花)の地頭家に生まれた。36歳の時に父の跡を継いで儀間村の地頭となった。

　1609年，琉球は薩摩の侵攻をうけ，王国のまま幕藩体制のもとに組み込まれた。真常は囚われの身となった尚寧とともに，薩摩へ渡った。ここで2か年間すごし，新しい時代の仕組みと社会の変化を，身をもって体験した。特に産業のありかたには興味を持ち，琉球の将来について深く考えるようになった。

儀間真常の墓（那覇市首里崎山町）
那覇港の南側に面する住吉町にあったが，戦後，米軍の港湾施設として接収されたため1959年にこの地に移され，1993年に建て替えられた。

　「琉球も独自の産業を作りださなければ，新たな時代に取り残されてしまう」
　真常は帰国が許されると，木綿の種子を持ち帰って栽培した。その後，薩摩から二人の女性を招いて，機織の製法を広めた。琉球における綿織物のはじめである。

　また，1605年に野國總管が中国から持ち帰ったイモの栽培法を研究し，その普及にもつとめた。イモは台風や旱魃などに強く，多くの人びとを飢饉から救ってくれた。18世紀になると，金城和最という百姓が栽培技術をさらに改良し，年に2回もとれるようになった。和最はこの功績で士(サムレー)身分に取り立てられた。

　真常は，琉球を発展させるための新たな産業として，砂糖(黒糖)に目をつけた。社会が安定し文化が栄えてくると，人びとの食生活も豊かになり，お菓子などの嗜好的な食べ物も好まれるようになった。当時，琉球には砂糖の原料であるサトウキビが栽培されていたので，田地奉行をつとめていた真常は，製糖を産業として導入しようと考えた。

　1623年，砂糖の作り方を学ばせるため，二人の若者を中国福州へ派遣した。彼らは製糖技術を習得して帰国し，真常の指導で砂糖の作り方を国中に広めた。琉球はサトウキビ栽培に適していたこともあり，製糖業は基幹産業として成長していった。

　真常はこれらの功績によって紫冠を賜わり，親方位(ウエーカタ)に昇った。

　このころの琉球は，中国との進貢貿易の経営や薩摩との交際，江戸立(江戸上り)の派遣などに莫大な費用を要し，薩摩商人などからの借金でしのいでいた。王府は，借金返済の対策としてウコンと砂糖の栽培を奨励し，大和市場へ持ち込んで収益を上げた。1662年には砂糖奉行が設置され，砂糖はウコンとともに王府財政を支える有力な商品となった。

　後世，儀間真常は琉球の**産業の恩人**としてたたえられた。

第3章

71

宿道と交通網

沖縄島では，首里王府から発令された文書は，西原・浦添・真和志・南風原の4間切を起点に，それぞれの間切番所を経由して，中頭・国頭・島尻地方へ伝えられた。この順送りシステムのことを宿次といい，間切と間切を結ぶ街道のことを**宿道**（スクミチ）と称した。宮古・八重山でも同様の方法で，蔵元から三間切の村々や離島の島々に伝えられた。

琉球国内の道路は，この宿道を中心に広がっていた。宿道は，いわば幹線道路で，地域によっては川に橋が架けられ，坂道には石畳が敷かれるなど，舗装されているところもあったが，一般的に道路そのものの整備は遅れていた。

宿道の大きさについては，1739年の大里間切宛の文書「御支配方仰渡」によれば，「大道は幅八尺（約2.4m），脇道は五尺（約1.5m）と定められているが，今後は宿道には左右に六尺（1.8m）の余地を設けること」などと記されている。

多くの島々からなりたっている琉球では，海上航路も重要な交通網であった。そのため，各離島と沖縄島，または間切同士を海路で結ぶ必要から，各間切には地船（公用船）の保有が義務づけられていた。宮古・八重山の古文書に，沖縄島の船の来航が数多く記録されていることから，海路を利用した各地域間の交流が活発におこなわれていたことがうかがえる。

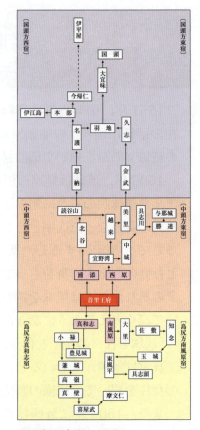

沖縄島の宿道の順路
（東恩納寛惇『南島風土記』を参考に作成）

浦添当山の石畳
浦添から中頭への道

学習テーマ 16　近世琉球の文化にはどのような特徴があるのか

史書の編さん

『**中山世鑑**』——1650年，羽地朝秀が編さんした琉球最初の歴史書。日本人と琉球人は，もとをたどると同じであるという「**日琉同祖**」が根幹となっている。

『**中山世譜**』——1701年，蔡鐸が『中山世鑑』の不備を補い漢文に訳したもので，1725年に息子の蔡温が中国側のまとめた『中山沿革志』や『冊封使録』などをもとに加筆，修正。以後，系図座で編さんが継承され，最後の国王・尚泰まで書きつがれた。

『**球陽**』——代々の国王の在位中におこったできごとを年代ごとにまとめた正史。初回は鄭秉哲らによって1743～1745年に編さんされ，以後は系図座で書きつがれ，尚泰

29(1876)年で終わっている。外巻は琉球各地に伝わる伝承をまとめた『遺老説伝』。
『歴代宝案』——琉球王国の外交文書を集成(1424〜1867)。中国を主とした東アジア・東南アジア諸国との交易を知ることのできる貴重な史書。

(法制の整備)

『琉球科律』——1786年に琉球固有の慣習と，日本・中国の刑法を参考に和文で記述した刑律典で，1831年に追加法典として『新集科律』が編集された。1860年には民衆向けの刑法読本『法条』が編さんされた。

各村落でおこる問題は，内法で裁かれた。内法とは共同体の秩序を維持するために定められた不文法で，村吟味(住民会議)で決められた。違反者の罰則には，科銭・科米・科松(植樹)・日晒などがあった。

> 尚泰王二十四年、本年十二月囹圄(牢獄)の内、或は進んで慶賀を行ひ、或は物件を賜ふを蒙る。①一八七一年 『球陽』(読み下し編)巻二十二 ②罪人が皆無 ③諸役人
>
> 牢獄が空になった祝賀

> 国を治めるには法が大切である。そこで唐(中国)大和(日本)及び当邦(琉球)の例も考え合わせて科律を制定した。裁判は公平で正義の実現をはからなければならない。過酷すぎる刑罰をさけること、人から悪を取り去って善に導き無刑の世にしていくことが法の目的である。
>
> 比嘉春潮・崎山秀明翻訳『沖縄の犯科帳』より
>
> 『琉球科律』の序文(要約)

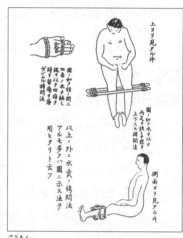

拷問の図
(真境名安興『沖縄一千年史』より)

(学問と文学)

『六諭衍義』——程順則(名護親方)が中国からもち帰り，教訓書および中国官話のテキストとして使用した。薩摩藩島津氏に贈られたものが幕府に献呈され，8代将軍吉宗の命で荻生徂徠・室鳩巣がこれをさらにやさしくまとめた『六諭衍義大意』(和訳)を著した。のちに寺子屋の教科書として普及した。明治期に出された教育勅語にもその影響がみられる。

『混効験集』——1711年にまとめられた琉球の古語辞典。

琉歌——和歌に対する語で，主に8・8・8・6の30音からなる琉球語の叙情歌謡。8音，6音は日本の万葉時代(奈良時代)以前の音の特徴だといわれている。和歌の影響と，14世紀末に中国から伝えられた三線(サンシン)の伴奏によってさかんになった。歌人として，平敷屋朝敏，玉城朝薫，惣慶忠義，本部朝球らが有名。また，女流歌人・恩納ナビーや吉屋チルーの歌は，いまもなお多くの人に親しまれている。

> ### シーブン話　北谷（きたたに）を，なぜ「ちゃたん」とよぶのか
>
> 　ウチナーグチの大きな特徴は，母音が日本語のa（あ）・i（い）・u（う）の3音からなり，本土方言のe（え）はi（い）に，o（お）はu（う）に変化することにある。たとえば，雨（ame＝あめ）は，e（え）がi（い）に変化するので，雨（ami＝アミ），空（sora＝そら）は，「お（o）」が「う（u）」に変化するので，空（sura＝スラ）となる。
>
> 　また，「き・ぎ」の読みを，「ち・ぢ（じ）」に変化させて発音するという特徴もある。たとえば，沖縄の結婚披露宴などで定番となっている「かぎやで風」を，「カジャディフー」と発音したり，「兄弟（きょうだい）」を「チョーデー」，「清ら（きよら）」を「チュラ」，「喜屋武（きゃん）」を「チャン」とよんだりする。
>
> 　この例でもわかる通り，沖縄島中部にある北谷町の呼称も「きたたん」が「ちゃたん」と変化したものである。ちなみに谷は，読谷（よみたん），谷茶（たんちゃ）の呼称にみられる通り，「たん」と発音される。

（芸能）

音楽—琉球の音楽は祭祀芸能から発達した。14世紀末ごろに中国から**三線**（**サンシン**）が伝わり，琉球芸能に大きな影響をあたえた。三線を使った古典音楽をはじめたのは，オモロ歌唱者のアカインコといわれ，その基礎を確立したのが，17世紀なかばに出た**湛水親方**であった。その後，盲目

三線の演奏会（©沖縄観光コンベンションビューロー提供）

の音楽家・照喜名聞覚へ受けつがれ，18世紀には，屋嘉比朝寄が中国の三弦楽譜にならって「屋嘉比工工四」をつくった。その後，知念績高がこれを改良して「知念工工四」を考案し，その弟子の**安冨祖正元**と**野村安趙**によって古典音楽の安冨祖流・野村流がひらかれた。

　野村は尚泰王の命を受け，松村真信，喜舎場朝賢らの協力を得て，新しい工夫を盛り込んだ「野村工工四」を編さんした。この工工四は一行を十二升に区切り，一升を一拍とし，その中に弦音を記すという画期的なものだった。現在の工工四は，すべてその形式を基本としている。

舞踊—琉球舞踊は，首里王府の保護のもとで完成した**古典舞踊**，各地域で継承されてきた**民俗舞踊**，廃琉置県後に庶民の暮らしの中から生まれた**雑踊**，戦後の伝統芸能の活動から生み出された**創作舞踊**の四つに大別することができる。

　古典舞踊は，老人踊・若衆踊・女踊・二才踊・

かぎやで風

打組踊の5つに分類される。「かぎやで風」は，長寿と子孫繁栄を願う老人踊で，現在でも結婚披露宴などの座開きには欠かせない演目となっている。

　民俗舞踊には，沖縄諸島の農漁村でおこなわれるシヌグやウンジャミなどで踊られるウシデーク，盆踊にあたるエイサー，宮古諸島で雨乞いや豊年祭で踊られるクイチャー，八重山諸島の豊年祭で踊られる巻踊りなどがある。

　雑踊は沖縄芝居からできた舞踊で，古典舞踊と民俗舞踊のそうほうをもとにしながら，身のこなしやリズムに工夫が凝らされている。

　創作舞踊は，戦後生まれた各流派によって様々な工夫が凝らされ，現代的要素をとりいれた舞踊が盛んに作られている。

　琉球舞踊には，南方諸国やインドの舞の手が取り入れられているといわれているが，日本芸能から受けた影響がもっとも大きい。

花風

組踊——組踊は，中国皇帝の使者である冊封使を歓待するために，踊奉行であった玉城朝薫が創作した歌舞劇である。琉球古来の芸能や故事をもとに，日本の能・歌舞伎や中国の演劇などを参考に，せりふ，音楽，演技，舞踊によって構成されているのが特徴である。1719年，尚敬王の冊封儀礼の際に初演された。組踊の担い手は，王府に勤務する士族とその子弟（すべて男性）であった。

　そのほか，平敷屋朝敏の作といわれる「手水の縁」，田里朝直の「萬歳敵討」，高宮城親雲上の作といわれる「花売りの縁」などがある。

人物に観る琉球・沖縄　玉城 朝薫 (1684～1734)
～どのようにして組踊を創作したのか～

　玉城朝薫は，首里儀保に生まれた。玉城間切の総地頭家で，尚真王の血筋をひく名家であった。生後まもなく母と生き別れ，4歳のときに父を亡くすという不幸に見舞われた。8歳のときには祖父も失い，家を継いで玉城間切の総地頭になった。

　朝薫は12歳の時にはじめて王城で役職を務めることになり，「いつしか，父や祖父のような立派な役人になろう」と心に誓った。家柄がよかったこともあったが，もって生まれた能力を遺憾なく発揮し，とんとん拍子に出世していった。

　王子の付き人や使節として，薩摩へもしばしば派遣された。外交を担当する役人の嗜みであった芸能に，天性の才能を持っていたからであった。26歳のときには，6代将軍・徳川家宣の即位を祝う慶賀使の付き人となり，はじめて江戸へ赴いた。朝薫はそこで，洗練された日本芸能の美しさに魅了された。

「いつか，琉球でもこのような感動的な踊りや演劇を創ってみたい」
　若い芸能家の朝薫の夢は膨らんでいった。
　1714年，朝薫は再び江戸立の使者となり，将軍などに芸能を披露する座楽主取という重要な役職を勤めた。
　芸能にすぐれていたとはいえ，朝薫は王府に仕える役人である。首里城内での事務的な仕事や那覇港の浚渫工事をとりしきるなど，たいへん有能な行政官でもあった。玉城間切の総地頭としても功績をあげ，王府から褒書を得ている。
　1718年，朝薫は2度目の踊奉行となり，今までにない大きな仕事をまかされた。尚敬王を冊封する使者をもてなすため，琉球独特の創作劇を演じることになった。弱小国の琉球を中国に認めさせるには，王国の名にふさわしい豊かな文化を示す必要があったからである。
　「昔話をテーマにした独自の創作劇か・・。台詞だけでは単調だし，音楽や踊りだけでは表現が難しい。そうだ，大和芸能の能や歌舞伎，中国の演劇などを参考に，琉球独特の音楽と舞踊で全体を構成してみよう」
　こうして生まれたのが，琉球版オペラともいえる「組踊」であった。
　翌年，冊封使をもてなす重陽の宴で『二童敵討』『執心鐘入』を演じ，大喝采をあびた。上演前に「踊りが物言うことがあるか」とあざ笑っていた人たちでさえ，感動のあまり涙したという。長年の夢であった，琉球独自の新しい芸能が完成したのである。
　その後，『銘刈子』『女物狂』『孝行の巻』が書き加えられ，組踊五番として高く評価された。
　2010年，組踊はユネスコ世界無形文化遺産リストに登録された。

組踊「二童敵討」の一場面（仲村顕氏提供）

工芸

陶芸—1616年に薩摩から朝鮮人陶工（→p.46）を招いたころから，本格的な陶芸がはじめられた。1670年に**平田典通**が中国（清）にわたって五色玉や諸焼物の釉薬（うわぐすり）の技術を習得して帰国。1682年に首里城正殿屋根の龍頭棟飾を制作した。この年，知花（美里），宝口（首里），湧田（那覇）の三か所にあった陶窯が那覇の牧志に統合されて**壺屋**がうまれた。1724年，**仲村渠致元**は王命で八重山に陶法を伝え，1730年には薩摩で陶芸を学んで大型製陶に成功した。

漆器—琉球漆器の製作は，15世紀初期にはじまったと考えられている。王府の保護のもとで，螺鈿，蒔絵，沈金などに独自の技法がうまれ，1715年に**比嘉乗昌**が琉球独自の製法である**堆錦**を考案した。

織物—芭蕉布がかなり古くから織られており，16世紀には高度な技術をもっていたと思われる。16世紀末には，宮古・八重山では苧麻を材料にした上布が，久米島では17世紀に養蚕の技術が伝わって紬が織られた。

染物—沖縄で生まれ育った代表的な染物に紅型がある。18世紀には型紙を用いる型染めと筒描きの技法ができあがった。インドやジャワの更紗や日本の友禅の影響を受けているといわれている。朱や黄・藍・紫・緑を基本とした色鮮やかな染物で，王族・士族の衣装として，王府の厚い保護のもとで発展した。

壺屋焼・象嵌色差面取抱瓶
（沖縄県立博物館・美術館蔵）

朱漆巴紋牡丹沈金御供飯
（沖縄県立博物館・美術館蔵）

飛鳥に流水蛇龍菖蒲文様衣装
（沖縄県立博物館・美術館蔵）

芭蕉布
（沖縄県立博物館・美術館蔵）

シーブン話　石敢當・シーサーはいつごろから魔よけのシンボルとなったのか

　沖縄では道路の大きさに関係なく，丁字路のつきあたりに「**石敢當**」と書いた石柱をたてたり，塀に石板をはりつけたりする慣習がある。なかには，中国5岳の第一の名山・泰山に由来するといわれる「泰山石敢當」と書いたものもある。

　石敢當をたてる習俗は，8世紀ごろ中国の福建省ではじまったといわれている。沖縄には，15世紀なかばごろに魔よけ・厄返しとして伝わり，16世紀末に日本本土に広まった。石に対する信仰が起源だといわれているが，沖縄では祈願の対象にはなっていない。中国東南部地方の農村でも「泰山石敢當」がたてられているが，やはり祈願の対象とはなっていない。

　沖縄の民家の屋根や公共の建築物には，魔よけや悪霊返し・火返しとして**シーサー**が据えられている。獅子を魔よけ・守護神とする習俗はオリエントが起源で，紀元前2世紀ごろ中国に伝わった。琉球へは15世紀ごろに伝えられ，寺社の門前・城門・墓，村落の入口などに据えられた。明治期に瓦葺の建築がさかんになると，屋根の上に据えられるようになった。沖縄の民間にこのような風習が広まったのは，戦後のことである。近年はコンクリート建ての住宅が多くなり，門柱の両脇に阿吽の一対の獅子を置くようになった。石敢當と同様に，祭祀の対象にはなっていないが，八重瀬町富盛では石彫大獅子を設置し，旧暦10月1日に防火儀礼の行事をおこなっている。

石敢當

富盛の石彫大獅子
（八重瀬町東風平）

> 医学・空手・農民が使った文字と算数

医学——魏士哲（高嶺徳明）は，中国で麻酔術と補唇手術（口唇形成術）の技術を学んだという。帰国して1689年に佐敷王子（1710年に国王となる）の補唇手術を成功させ，薩摩の医師にもその秘法を伝えたといわれている。また，伝承によると医師の**仲地紀仁**はベッテルハイム（→p.94）からひそかに牛痘種痘の技術を学び，1848年，接種に成功したと伝えられている。

人物に観る琉球・沖縄

魏士哲（高嶺徳明 1653～1738）
～華岡青洲より早かった麻酔による手術～

魏士哲（高嶺徳明）顕彰碑
（仲村顕氏提供）

　魏士哲（高嶺徳明）は，中国との進貢業務にたずさわる久米村の役人であった。

　1688年，福州の琉球館に滞在していた魏士哲に，「補唇の医術（口唇形成術）を習得するように」との命令が出された。国王の孫・佐敷王子（のち12代尚益王）の口唇裂を治療させるためだった。士哲は医学の心得が無いことを理由に固辞したが許されず，やむを得ず補唇手術の名医・黄会友を探し出し，その医術を教えてくれるよう頼み込んだ。しかし，黄は「これは一世一伝の医術で，たとえ親友でも教えるわけにはいかない」と断った。

　とはいえ，大事な王命である，そのまま帰るわけにはいかない。何度も家を訪ね，誠意をもって嘆願した。さすがの黄も根負けし，「一世一伝」を条件に聞き入れた。士哲は黄と寝食を共にし，その秘術をマスターした。

　琉球に帰国した士哲は，1689年に佐敷王子の補唇手術を執刀した。その結果，「三昼夜にして全く癒えて痕なし」の大成功だった。医学的な確証は得られていないが，華岡青洲が日本ではじめて全身麻酔による乳がん摘出手術を成功させた115年も前のことだった。

　1690年，麻酔法と補唇医術は薩摩の医師に伝えられ，その後，全国に広められたという。黄との約束では他には伝えないことになっていたが，薩摩の命令にそむくことはできなかったのである。

　魏士哲はこの功績が認められ，豊見城間切高嶺の地頭となり，高嶺親方を称した。ところが，彼自身は医師としての道はあゆまず，久米村の最高位である紫金大夫となって進貢貿易の仕事に従事した。

空手—空手は琉球古来の武術であった手に，中国から伝わった拳法を取り入れてうみ出された。空手とは，文字どおり素手のことで，武器をいっさい持たず，手・足のみで身を護る武道である。それに対し，棒や鎌またはヌンチャクなど身近にある道具を利用して武器として戦う武道を，**古武術**とよんでいる。

空手

空手は船越義珍によって20世紀はじめに本土にひろめられ，現在では国際的スポーツとして普及している。

農民が使った文字と算数—学問を身につけることは士身分の特権で，農民が学問を学ぶ機会は限られていた。しかし，割り当てられた租税を記録したり，田畑からの収穫量を計算したり，所有物を証明するための印など最低限の教養は必要であった。こうした生活の必要に応じてつくられたのが，スウチュウマという数字や藁算（ワラザン）という計算方法，カイダー字とよばれる象形文字，屋判（ヤーバン）という各家を表示する一種の家紋などであった。

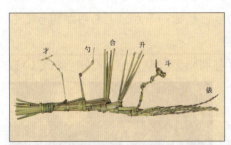
藁算（わらざん）

主な屋判の例
上勢頭亨「竹富島誌」より

すうちゅうま
須藤利一『沖縄の数学』より

もっと知りたい 琉球・沖縄のこと

沖縄の三大伝統行事
～今に伝えられる伝統行事の魅力～

ハーリー 旧暦5月4日（ユッカヌヒー）には，県内各地で航海安全や豊漁・豊作を祈願する，ハーリー（糸満ではハーレー）とよばれる船漕ぎ競争がおこなわれる。中国から伝わった行事で，その語源も竜の姿をかたどった爬竜船に由来する中国音の爬竜（ハーリー）

からきているといわれている。沖縄では糸満をはじめ，ほとんどの地域がサバニで競漕(きょうそう)するが，那覇ハーリーでは竜を模した爬竜船でおこなっている。ハーリー行事は，競漕前に村落の拝所で祈願をすませてからはじめられる。最初に，海の神へ祈願する御願(ウガン)バーリーが厳(おごそ)かにおこなわれ，そのあとに各字や各種団体によるハーリーが開催される。

　また，ユッカヌヒー以外におこなわれる船漕ぎ競争もある。沖縄島北部のウンジャミ（海神祭）や八重山のプーリィ（豊年祭）などでおこなわれるもので，中国伝来のハーリーとは異なる儀式だといわれている。

綱引き　綱引きは「豊年を引き寄せる」ための祭事で，勝負の結果によって吉凶(きっきょう)を占うものである。沖縄の綱引きの特徴は，一本の綱ではなく雌雄(しゅう)二本の綱をカヌチ棒で繋(つな)ぎとめて引きあうことにある。

　男女に見立てた綱を結合することで，農作物が豊かに実ることを予祝(よしゅく)した。そのため，綱引きに参加すると子孫繁栄と家内安全の御利益(ごりやく)があると伝えられている。旧暦の6月から8月におこなわれる地域が多いことから，雨乞(あまご)いや害虫除けの意味合いをもった豊作祈願だったと思われる。勝敗で吉凶を占うとしているが，どちらが勝っても豊作や豊漁，平穏無事になる場合が多い。

　沖縄三大綱引きとして，「那覇大綱挽」「糸満大綱引」「与那原大綱曳」がよく知られている。

エイサー　エイサーは，旧盆の最終日(旧暦7月15日)に祖先の霊をあの世へ送り出す際の念仏踊りである。その由来は，琉球古来の「エサオモロ」という集団舞踊に，袋中上人(たいちゅうしょうにん)が伝えた念仏踊りが加わって出来たものといわれ，その呼称も踊る際の囃子(はやし)ことば「エイサー　エイサー」からきている。

　本来，エイサーは祖先の霊を供養(くよう)するための踊りであるが，近年は音楽や衣装，踊りに様々な工夫を凝(こ)らしたエンターティメント的なエイサーも創作され，祝いの場や運動会などで踊られている。

　旧盆が終わると沖縄島の各地でエイサー祭りがおこなわれ，サンシンの音と太鼓の響きに合わせて踊る若者の姿は，沖縄の夏の風物詩となっている。

第4章 近代の波に揺れる琉球王国

学習テーマ 17 欧米諸国は何を求めて琉球にやってきたのか

欧米諸国のアジア進出

西洋諸国はルネサンス以後，科学技術の進展と新航路発見により，さかんに東洋へ進出してくるようになった。はじめ，ポルトガル・スペインが優勢だったが，1588年にイギリス海軍がスペインの無敵艦隊を破って海上権をにぎると，フランスやオランダもこれに続いた。

18世紀になると，植民地を拡大して商工業を発展させていたイギリスで，紡績機や力織機・蒸気機関などが発明され，大量生産・短期輸送を可能にした**産業革命**がおこった。

19世紀には，西ヨーロッパや北アメリカにも産業革命が波及した。これにより，大きな利益を追求するための大規模工場の建設と海外への市場拡大が進められ，資本主義社会がうみだされた。イギリスをはじめ，フランス・ドイツ・アメリカなどは，原料供給と商品販売の市場を拡大するため，はげしい植民地獲得競争を展開した。

19世紀なかばに，欧米諸国がひんぱんに日本に来航するようになったのも，こうした国際情勢が背景にあったからであった。

日本では，17世紀のなかばに江戸幕府が「鎖国」体制（貿易制限策）をしいてからは，オランダ以外の西洋諸国との交易はなかった。しかし，18世紀末にロシアが開国を求めて来航してきたのをかわきりに，19世紀にはいると，イギリス・フランス・アメリカなどの船舶が，しばしば日本近海にあらわれるようになった。また，琉球近海にも欧米の船がひんぱんに姿を現すようになり，王府はその対応におわれた。

琉球への主な欧米船の来航

1797	英国測量船プロビデンス号（艦長ウィリアム・ブロートン），宮古の池間島沖で難破。同年那覇に寄港。ウィリアム・ブロートン著『北太平洋航海踏査録』刊行（1804年）
1803	英国船フレデリック号那覇に寄港。
1816	英国艦船ライラ号・アルセスト号那覇に来航し42日間滞在。バジル・ホール著『朝鮮西沿岸及び大琉球島探検航海記』刊行（1818年）。
1827	英国船ブロッサム号（艦長フレデリック・ビーチー）那覇に来航。フレデリック・ビーチー著『ビーチー太平洋航海踏査録』発行（1831年）。
1832	英国船ロードアーマスト号那覇に来航。
1840	英国船インディアン・オーク号北谷海岸に漂着。
1843	英国軍艦サマラン号，宮古・八重山の土地測量。『サマラン号航海記』刊行（1848年）
1844	仏国軍艦アルクメーヌ号那覇に来航。修好・貿易を求める。回答は後来する艦船にするよう託し，宣教師フォルカードを残して中国へ向かう。

1846	英国船スターリング号那覇に来航。英国宣教師ベッテルハイム来琉(以後九年間滞在)。仏艦船サビーヌ号がフォルカードの後任者ル・テュルデュを伴い那覇に来航，その後クレオパートル号・ビクトリューズ号とともに運天港に集結し，44年に要求した修好・貿易の回答を求める。琉球側，これを拒否する。英艦隊3隻那覇に来航。薩摩藩，仏との交易許可の内諾を得る。
1847	西洋船，久米島・宮古・八重山・粟国島へ来島。
1849	米・英船那覇に来航し通商要求。久米島・宮古島に異国船来航。
1850	英国船レナード号那覇に来航。
1851	ジョン万次郎，米国船からボートで糸満の大度海岸に渡る。異国船の来航しきり。
1852	清国人苦力(クーリー)を乗せた米国船ロバート・バウン号が石垣島に漂着。
1853	米海軍提督ペリー，サスケハナ号ほか3隻で那覇に来航。自由交易など要求。
1854	『琉米条約（琉米コンパクト）』調印。パルラダ号でロシアのプチャーチン那覇に来航。ペリー監修『日本遠征記』刊行(1856)。

英国人の見た琉球

1816年にイギリスの艦船2隻が，東南アジアの調査途上，琉球に寄港して那覇に40日ほど滞在した。このときは，イギリスが貿易やキリスト教の布教を求めてきたわけではなかったので，大きな摩擦はおこらなかった。それどころか，ライラ号の艦長**バジル・ホール**の航海記録には，琉球人と乗組員との心温まる交流が描かれている。特に通事(通訳)の真平房昭は，英語を学ぶために積極的に彼らと接触しており，「彼は，我々の習慣を一種の直感的な敏速さで会得した。食卓にすわり，ナイフやフォークを使い，我々と語り，我々と一緒に散歩した。(中略)我々をして，彼を英国へ連れて行こうという考えをおこさせた。彼にそのことを提案すると"I go Injeree father, mother, childs, wife, house, all cry！ not go, no, no, all cry!"と答えた」と記されており，彼らが親しく交わっていたことがわかる。

琉球側も，彼らの来航を一過性的なものと考え，おおらかな対応をしていたからだった。

琉球王子の招宴後の見送りの情景
（那覇市歴史博物館提供）

19世紀なかばになると，英・仏船の琉球への来航目的が，修好・通商に変わったことで状況は一変した。彼らの本当の狙いは，日本への進出にあったので，琉球がその防波堤にされたのである。とはいえ，首里王府には異国船(外国船)の来航を拒む力はなく，薩摩の指導を仰ぎながらその場しのぎの対応をするしかなかった。

シーブン話　英語を話す琉球の少年

バジル・ホール来琉
200周年記念碑(那覇市泊)

　イギリス人たちが交流したのは，王府の役人だけではなかった。一般の人びととも触れ合っており，航海記録には次のようなほほえましいエピソードが記されている。
　「私が写生をしていたとき，一人の少年がやってきて色んな仕草をして注意を引こうとした。私はしばらく知らんぷりしていたが，笑顔で少年を見上げると，完全な英語でこう叫んだ。
　　How do you do? Very well I thank you
　そう言って，自分の英語の上達ぶりを見せることができて，喜びながら走り去ったのだ。」

須藤利一訳『バジル・ホール 大琉球島航海探検記』参考

シーブン話　西洋人にティッシュペーパーの使用をすすめた琉球人

　1827年5月に来航したイギリス船ブロッサム号の来琉記には，次のような面白い記録がある。
　「アニヤ（安仁屋）は，ときどき私に向って，ハンカチを幾度も使って一日中持ち歩くことは気持ちの悪い習慣だ。むしろ，私たちのように数枚の四角の懐紙をポケットに入れておいて，使用した紙は捨て去るほうが良い」
　懐紙とは，今でいうティッシュペーパーのようなもので，西洋人に対し，ハンカチは不衛生だからそれを使用するようすすめていたのだ。

大熊良一訳『ブロッサム号来琉記』参考

日本史探求 と 琉球・沖縄　アヘン戦争と琉球

東書日探701	実教日探702	実教日探703	清水日探704	山川日探705	山川日探706	第一日探707
アヘン戦争 p.182.188	アヘン戦争 p.207.222	アヘン戦争 p.132	アヘン戦争 p.137.149	アヘン戦争 p.221	アヘン戦争 p.165	アヘン戦争 p.164.170

アヘン戦争

　中国（清）は朝貢貿易を原則としていたが，18世紀以降は制限つきながら広州で対外貿易を認めていた。
　イギリスはヨーロッパ諸国の対中国貿易をほぼ独占し，**茶**をはじめ生糸・絹織物・陶磁器などを輸入していた。しかし，産業革命の進展によって大量生産された綿製品は中国では売れず，輸入超過による銀の流出に苦しんだ。
　そこで，イギリスは中国の**アヘン**吸引の習慣に着目し，イギリスの機械製綿製品をインドへ，インド産アヘンを密輸で中国へ持ち込み，見返りに茶や絹などを輸入する**三角貿易**をはじめた。これによって，イギリスは大量の銀を中国から回収したが，逆に中国では銀貨の流出が経済を混乱させ，アヘン吸引のひろまりが深刻な社会問題となった。
　清はこの事態を解消するため，林則徐を広州に派遣してアヘンの取り締まりにあたらせた。

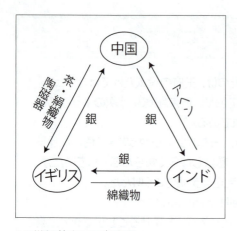

19世紀前半の三角貿易
イギリスは麻薬の一種アヘンを密貿易で中国へ持ち込み，銀を回収した。

林は密輸入されたアヘンを没収して廃棄し，アヘン貿易を厳禁した。イギリス国内でもアヘン貿易に対する批判は強かったが，イギリス政府はこれを機に自由貿易を実現させようと，1840年，海軍を派遣して**アヘン戦争**をおこした。このことは，福州の琉球館から進貢使節を通して琉球にも伝えられた。

1842年，清は軍事力にまさる英艦隊に惨敗して**南京条約**を結び，上海など5港の開港，香港島の割譲などを認めた。また翌年には，領事裁判権，協定関税などを承認する不平等条約を結び，1844年にはアメリカ，フランスとも同様の条約を結んだ。

インディアン・オーク号事件

アヘン戦争は琉球にとって，対岸の火事ではなかった。

1840年8月，英国船籍東インド会社の**インディアン・オーク号**（以下，オーク号）が台風で漂流し，北谷村沖合のリーフに座礁した。オーク号は，アヘン戦争に参加していた輸送船だった。琉球側の救助活動で，乗組員67人は全員救出され，46日間にわたって手厚くもてなされた。オーク号には大砲二門を含む武器弾薬なども積み込まれていたが，王府は住民を動員してこれらの積荷も陸揚げし，火薬を保管する倉庫も建設した。

王府は輸送責任者のボーマンと彼らの帰還方法について協議し，送還用のジャンク船を建造することにした。また，イギリス側も救援を要請するため，オーク号に備えていた大型ボートに兵士を乗り込ませて占領地の舟山島へ送った。

それから16日後，イギリス艦隊から救助船が派遣され，オーク号の遭難者は9月末に英艦船と琉球が建造したジャンク船（琉球丸）に分乗して，戦場へ送り返された。これをきっかけに，イギリス船はしばしば琉球を訪れ，牛・山羊・鶏・野菜・芋などの生鮮食料品を調達するようになった。

インディアン・オーク号を摸した遊具
（北谷町安良波公園）

> **Side Note**
>
> **通訳・安仁屋政輔の活躍**
>
> 安仁屋は1816年にバジル・ホールらが来航した際，真栄平房昭とともに熱心に英語を習得（→p.82）。次々に来航する英米船の通訳をつとめながら，英語力にも磨きをかけていた。
>
> インディアン・オーク号の漂着では，送還するまでの煩わしい交渉を無事こなし，王府から褒賞されている。ペリー来航時の通訳・牧志朝忠（→p.93）に英語を指導したのも安仁屋だった。

> **ここに着目**　琉球はなぜ清の敵国船を救助したのか

　琉球にとってイギリスは宗主国・清の敵国である。首里王府は，なぜ敵国人を救助して手厚くもてなすという背信行為をとったのだろうか。また，国策として異国船打払令（無二念打払令）を実施する立場にあった薩摩は，なぜこのような琉球の外交策を黙認したのだろうか。

　弱小国琉球にとって，当面の対外危機から国をまもるためには，遭難した英国人に礼を尽くし，信頼を得る必要があった。宗主国への対応は，その後の状況に応じて練ればよい事であった。薩摩にとっても，イギリスの不興を買って国難を招くよりは得策だった。

　琉球は，インディアン・オーク号事件を清へ報告しなかった。江戸幕府は，アヘン戦争で清がイギリスに敗れたことを知ると，異国船打払令を**薪水給与令**にあらためた。

学習テーマ 18　フランスの開国要求にどのような対応をしたのか

フランスの開国要求

　1844年，フランス艦船**アルクメーヌ号**が遭難をよそおって那覇に来航した。艦長デュプランは，船舶修理と食糧補給を口実に琉球側と接触し，たくみに**修好・貿易**（のちに布教も加わる）を求めてきた。琉球は「島国で大国と通商するほどの資源や産物がない」ことを理由に，この申し入れをことわろうとしたが，回答はあとからやってくる艦船に申し渡すようにと，宣教師フォルカードと中国人通訳を残して中国へ向かった。アヘン戦争でイギリスに敗れ，開国を余儀なくされた清と通商条約を結ぶためだった。宣教師を残したのは，日本との交渉にそなえ，琉球で日本語を習得させるためだった。

　1846年，フランスは予告通り琉球に艦船を派遣した。司令官セシーユ提督は，三隻の艦船を沖縄島北部の運天港に集結させ，清との通商条約を示し，あらためて修好・貿易・布教を求めた。琉球はあらかじめ準備していた交易拒否の返事を伝えた。ところが，フランスは琉球が黒糖・焼酎・硫黄などを産し，清や日本と交易していることを見抜いており，その回答に納得しなかった。それどころか，日本の支配からのがれるためにも，フランスの保護国となるよう，王府を説得した。

1846年，フランスは三隻の艦船を運天港に集結させ，この地で王府の高官と修好・通商などの交渉をおこなった。琉球側は彼らの要求を拒絶したが，フランス側は執拗に条約の締結を迫った。

ここに着目　フランスの開国要求に対する幕府と薩摩の対応

　薩摩や幕府は、琉球に対するフランスの開国要求をどのように対処しようとしていたのだろうか。

　薩摩藩は老中・阿部正弘のもとに使者を送り、「海外貿易は国禁ではあるが、フランスの要求を拒み、戦乱にでもなったら薩摩が危機におちいるだけでなく、日本にとっても大変な災いとなる。この際、琉球にかぎり通商を許すのが得策であろう。琉球を異国として考えれば開国も矛盾しない」という意見を伝えた。これに対し阿部は、「もとより琉球は異国であり、その政策についても、いちいち幕府の指示を受けることなく薩摩の判断にまかせる。やむをえない場合は、フランスにかぎって交易を許してもよい」と答え、この問題を薩摩藩に一任した。

　薩摩藩は、琉球でフランスとの交易をくわだてたが、首里王府は薩摩との関係が清に知られ、王国体制に支障をきたすのではないかと恐れて消極的だった。

　結局、この問題はフランスの国内事情もあって進展せず、うやむやに終わったが、引き続きイギリスが交易を求めてくるなど、欧米諸国のアジア進出のうねりは確実に琉球へも押し寄せてきた。

シーブン話　オランダ墓に葬られた二人のフランス人

オランダ墓
1846年になくなった2人のフランス人水兵が葬られている（名護市）

　1846年にフランス艦隊が交易を求めて運天港にやってきた。王府と交渉しているあいだに、二人の乗組員が病気で亡くなった。その時に葬られたフランス人の墓が、ウランダ（オランダ）墓である。王国時代は西洋人をウランダー（オランダ人）とよんでいたので、その名称がつけられた。

　フォルカードの日記(注)には、そのうちの一人の葬儀について、「この悲しい儀式はすべて定められた通りおこなわれた。埋葬の場所は岬の突端で、たいそう見晴らしの良い所が選ばれ、墓には木の十字架がたてられた」と記されている。

　また、この日記には「素朴な住民たちと友達になるのは難しい事ではない。水兵たちはここの住人達と深い友情で結ばれ、どの家にも出入りが許されている」と、琉球の住民がフランス人と親しく交わっている様子も描かれている。

　オランダ墓の管理は、今帰仁間切に託されていたが、現在は地元・運天原（名護市）の人びとが毎年12月24日に清掃と供養をおこなっている。

（注）中島昭子・小川小百合訳『フォルカード神父の琉球日記　幕末日仏交流記』

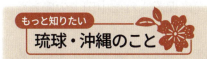

石垣島に建立された唐人墓の由来
～ロバート・バウン号事件～

唐人墓

　石垣島の観光名所の一つに、**唐人墓**がある。

　1852年3月、米国船**ロバート・バウン号**（以下、バウン号）が、厦門港で**苦力**とよばれる貧しい中国人労働者400人あまりを乗せて、カリフォルニアに向けて出港した。しばらくして、船長や船員（イギリス人）たちは、中国人労働者を甲板にあつめて裸にし、彼らのシンボルである辮髪を切り落とし、病気で動けない2人の苦力を海に突き落とすという乱暴を働いた。これに怒った中国人たちは、船長ら7人を殺害して船を奪い、台湾に進路を変えさせた。その途上、バウン号は石垣島崎枝近海で座礁した。

　中国人約380名と米人1人が石垣島に上陸し、蔵元から派遣された役人に保護されて仮小屋に収容された。衣服や食料をあたえられ、医者がよび寄せられて病人の手当がなされるなど、彼らは丁重に扱われた。

　そのうち座礁したバウン号は、自力で離礁して船中に留まっていた中国人を乗せて厦門へ引き返した。事件の通報を受けた米・英領事は、苦力を捕らえるためにイギリス船2隻を石垣島に向かわせた。武装兵200人余が上陸すると、米人は救出され、中国人たちは山野に逃れた。苦力の捕縛作戦は1週間つづけられ、3人が銃殺され30名余が捕らえられ、または自首した。なかには絶望のはてに自殺する者もいた。イギリス船が去った後、今度は米国船サラトガ号（翌年、ペリー艦隊と合流）がやってきて、50人余の苦力を捕まえた。

　捕縛を免れた中国人は、再び蔵元に保護されたが、収容所の衛生状態が悪かったこともあり、病死や行方不明で生存者は172人にまで減少していた。石垣島から事件の知らせを受けた首里王府は、清に使者を派遣して保護した中国人の送還について指示を仰いだ。福建当局からは、「石垣島から連行されてきた苦力たちは裁判にかけられ、ある者は有罪、ある者は無罪となって釈放され、この事件は決着した。よって石垣島に保護されている苦力の罪も不問に付す」との連絡があり、彼らをすみやかに福州へ護送することになった。

1853年10月，こうして1年7か月のあいだ八重山の蔵元に保護された中国人労働者たちは，王府の使者によって福州へ送り届けられた。

1971年，石垣市は各地に埋葬されていた中国人犠牲者(128人余)の合祀慰霊をするため，台湾政府と在琉華人の支援を受けて，石垣市の観音崎に中華風の墓を建立した。これが現在，唐人墓とよばれている史跡である。

ここに着目 ロバート・バウン号事件がおこった時代背景

19世紀なかばごろ，アメリカの領土は太平洋岸まで達し，カリフォルニアでは金鉱が発見されてゴールドラッシュでにぎわった。しかし，北米大陸横断鉄道の建設工事や**奴隷解放運動**がおこるなどして，労働力不足をきたしていた。そこで注目されたのが，クーリーとよばれたインドの下級階層や清の貧しい労働者だった。中国人の貧民には「苦力」の文字が当てられ，10万人以上がカリフォルニアに送られたといわれている。この時期，中国を出て行ったのは苦力だけではなく，新天地を求めて旅立った知識階級のものもたくさんいた。

1852年に石垣島でおこったロバート・バウン号での苦力の蜂起は，このような国際情勢が背景となっており，中国の厦門ではこの事件がきっかけとなって，大規模な「苦力貿易」の反対運動がおこっている。

一方，アメリカでは低賃金で働く苦力と白人労働者とが競合するようになり，中国人排斥の動きが高まった。1880年に中国人移民が制限され，1902年には恒久的に禁止された(1943年に解除)。

Side Note

中国人排斥の背景

この時期，カリフォルニアでは人口の約1割を中国人移民が占め，白人労働者の就労を圧迫していた。

日本人移民は，1868(明治元)年のハワイへの出稼ぎ労働者からはじまり，そこから北米へ移住するものも増えていた。20世紀に入って，アメリカの市民権を獲得して農園主となるものが増えると排斥運動が活発化し，1924年の移民法で日本人移民は認められなくなった(1952年解除)。

アジア太平洋戦争がはじまると，日系人は敵性外国人として収容所に強制収容された(→ p.154)。

シーブン話 石垣に来襲した黒船がペリー艦隊に！

漂着した苦力を捕まえるために石垣島にやって来た米国艦船が，ペリー艦隊の一隻サラトガ号だった。サラトガ号は翌年，香港でペリー艦隊と合流し，那覇へやってきた。石垣島での出来事は逐一，王府に報告されていたので，ペリー艦隊に石垣島に来襲した黒船がいたことを知った王府は，きっと脅威を感じたことだろう。

88

学習テーマ 19 ペリーは，なぜ琉球を経由して日本へやってきたのか

日本史探求 と 琉球・沖縄

ペリー来航
〜琉球を足がかりにした日本の開国〜

東書日探 701	実教日探 702	実教日探 703	清水日探 704	山川日探 705	山川日探 706	第一日探 707
ペリーの来航 琉米修好条約 p.189	ペリーの来航 p.223	ペリーの来航 p.144	ペリーの来航 p.148	ペリーの来航 p.221	ペリーの来航 p.164.165	ペリーの来航 琉米条約 p.164.165

琉球国の那覇を拠点に日本に開国迫る

1853年　　　　　　（注）年月日は西暦を使用

- 5月26日　ペリー艦隊，琉球に来航（**第1回**）
- 6月6日　ペリー，首里城を訪問
- 9日　小笠原諸島の調査へ出港
- 30日　小笠原から帰港（**第2回**）　　日本へ行く準備
- 7月7日　ペリー艦隊，日本へ向け出港。
- 8日　浦賀に到着，開国要求→翌年，回答の約束
- 25日　江戸湾から那覇に帰着（**第3回**）
- 8月1日　ペリー艦隊，香港へ向け出港

1854年
- 1月20〜24日　ペリー艦隊那覇に集結（**第4回**）
　　　　　　　日本に開国を迫る準備
- 2月1〜2日　ペリー艦隊，江戸へ向け出港
- 3月31日　**日米和親条約締結**
- 6月12日　琉球で米水兵殺害事件おこる
- 7月1日　ペリー艦隊，日本遠征から那覇に戻る（**第5回**）
　　　　　米水兵殺害事件の裁判
- 11日　**琉米条約**(琉米コンパクト)締結
- 7月17日　ペリー艦隊，那覇を去る

ペリーの肖像画

アメリカのアジア進出

アメリカは19世紀になると，北太平洋で操業していた捕鯨船への補給や，中国貿易の航路開設にともなう寄港地として日本に着目した。
1846年，まず東インド艦隊司令長官ビッドルを日本へ派遣して開国を要求したが，幕府はこれを拒絶した。その後，カリフォルニアで金鉱が発見され，太平洋岸が急速に開拓されると，アメリカは以前にもまして日本の開国を望むようになり，あらためて同司令長官**ペリー**を派遣した。

ペリーの琉球来航

1853年5月，ペリー率いるアメリカ艦隊が那覇に来航した。日本へ向かう前に，燃料・食料などの補給基地にするためであった。アメリカは，琉球が日本の支配下にあることをよく知っていて，日本との交渉が失敗した場合は琉球を占領する計画だった。それによって，窮乏した琉球の農民を薩摩藩の支配下から解放し，アメリカの経済力で生活を向上させることができるとさえ考えて

89

いた。
　ペリー艦隊が那覇に入港すると，首里王府は彼らを早々と立ち去らせるため，総理官・布政官という架空の役職を作って交渉にあたらせた。通訳は英語の知識もかねそなえていた板良敷里之子親雲上（牧志朝忠→p.93）であった。王府は和親・通商を求めるアメリカに対し，小さな島国で貿易をするほどの資源がないことを理由にこれを断ろうとしたが，そう簡単にことは運ばなかった。
　ペリーは来航して10日ほどすると，王府の抵抗をおしきって総勢200人余の兵隊や軍楽隊を率いて首里城を訪問した。国王は皇太后（母親）の病気を理由に面会をさけたが，柔軟な対応を主張した板良敷らのはからいもあって，城内で王府と交流することに成功した。
　ペリーは，しばらく滞在したあと小笠原へ行き，父島に貯炭地を設けて那覇にもどってきた。7月になると，いよいよ幕府への開国要求の準備をととのえ，江戸へ向けて出港した。

ペリー提督の首里城訪問　（『ペリー提督沖縄訪問記』より。沖縄県立博物館・美術館提供）

日本の開国と琉球

　浦賀にペリー艦隊が姿をあらわすと，江戸市中は騒然となった。幕府もオランダからの情報で予測はしていたものの，狼狽の色を隠すことはできなかった。
　ペリーはフィルモア大統領の国書を提出して，日本の開国を要求した。幕府は，はっきりした対策を打ち出せないまま国書を受け取り，翌年に回答することで日本を去らせた。
　那覇にもどったペリーは，王府に対し，(1)貯炭地を設けさせること，(2)乗組員に尾行をつけさせないこと，(3)乗組員に必需品を自由に売ることなどを，有無を言わさず認めさせ，香港へむかった。
　1854年2月，ペリーは日本の回答を得るため，琉球を経由して軍艦7隻を率いて再び江戸へ向かった。幕府は強硬に条約締結をせまるアメリカの圧力に屈し，同年3月，**日米和親条約**を結ぶことになった。条約の内容は，(1)合衆国船舶が必要とする燃料や食糧を提供すること，(2)難破船や乗組員を救助すること，(3)下田・箱館の2港を開くこと，(4)合衆

> **Side Note**
>
> #### 首里の美しさを賛美
>
> ペリーは，首里城を訪問した際，首里の町の美しさを次のように表現している。
> 「私はこの町より高度の清潔さを示す大都市や町をまだ見たことがない。一片の汚物やチリさえも見なかった。この町は，中国のすべての都市の汚さとは全然異なっている。」

> **Side Note**
>
> #### 料理は琉球に軍配
>
> ペリーは日本で何度か会食に招かれているが，料理の評価については「ご馳走や料理の仕方はいつも同じで，全体的にみて，その豪華さと美味しさにおいては，日本人や中国人よりも琉球人の方に，私は決定的に軍配をあげる」と記している。

国に対し，最恵国待遇を与えること，などであった。幕府は，ついでイギリス・ロシア・オランダとも同様の条約を結んだ。

　日本の開国に成功したペリーは，同年7月，琉球とも米人の厚遇，必要物資や薪水の供給，難破船員の生命・財産の保護，米人墓地の保護，水先案内の提供などを規定した**琉米条約（琉米コンパクト）**を結んだ。琉球は，オランダ・フランスとも同様の条約を締結した (→ p.98)。

　1858年7月，日本は自由貿易や領事裁判権（治外法権）・協定関税制などをふくんだ，**日米修好通商条約**にも調印した。これは日本が自主的に改正することのできない不平等条約で，オランダ・イギリス・フランス・ロシアとも結んだ (**安政の五か国条約**)。

　江戸幕府は，こうして欧米諸国の圧力に押し切られ，200年余の「鎖国」政策 (貿易制限策) に終わりをつげた。やがて幕府は崩壊し，日本は近代国家形成への道のりを急ぐことになった。その道程には "**琉球王国の解体**" も内包されていた。

ここに着目 ☞ 琉米条約 (琉米コンパクト) に効力はあるのか

琉米条約(琉米コンパクト) 〈要約〉

　　　　　　　　　　　　　　　　　　　　　　　1854年7月11日　那覇にて調印

一　米国人が来航した際は手厚くもてなし，彼らが必要とするものは適切な価格で販売すること。

二　米国の船舶が琉球の港に入ってきた際は，薪・水を適切な価格で供給すること。

三　米国船が難破したときには，王府は役人を派遣して救助活動を行い，生命財産を守るよう努め，引き揚げた物品は保管すること。

四　米国人が琉球に上陸した際は，妨害などをせず自由に行動させること。ただし，彼らがかってに民家に押し入ったり，女性にたわむれたり，住民からむりやり物品を買い取ったり，不法行為を犯した際には，琉球の地方役人の手で逮捕すること。なお，暴力をふるってはならず，彼らが所属する船の船長に報告し，彼に処罰させること。

五　泊村にある米国民の墓地を保護し破損しないこと。

六　琉球国政府は熟練した水先案内人を任命し，那覇に入ってくる船舶を安全な場所まで誘導すること。その労役にたいして，船長は水先案内人に定められた金額を支払うこと。出港の際も同様にすること。

七　船舶が那覇港にやってきたとき，地方役人は薪・水を定められた金額で供給すること。

　　　　　高良倉吉/玉城朋彦・編『ペリーと琉球』，外間政章・訳注『ペリー提督 沖縄訪問記』を参考に要約

　ペリーは琉球が日本と清への二重朝貢的な国で，実質的に日本に支配されていることをよく知っていた。そのため，条約交渉では**那覇港の開港**も要求に入れていた。しかし幕府は，琉球は遠隔の属領で，支配が充分に及んでいないことを理由に提案を拒否したため，琉球とは個別に条約を結ぶことになった。これが琉米条約 (琉米コンパクト) である。日本と琉球から条約の締結を拒否されたため，苦肉の策で結んだ国際規約だった。

　琉米条約は英語で，「Compact between the United States and the Kingdom of Lew Chew」となっており，直訳すると「合衆国と琉球王国との間の規約」となる。ちなみに，英語の国

家間の取り決めには対等国間で使用される **Treaty**(条約)と主権国家以外の国や地域に使われる **Compact**(規約)がある。日本とは Treaty，琉球とは Compact を使用しているが，米国政府は「琉米条約(琉米コンパクト)」に批准しており，外交規約としての効力を有していた。ただし，琉球側の調印は架空の役職である総理大臣と布政大夫の名でおこなわれ批准書も交わしていないため，その効力については検証する必要がある(→ p.98)。

Pick Out!　アメリカ水兵殺害事件の真相

泊に建てられた外人墓地

　ペリー艦隊の水兵たちのなかには，厳しく長い航海生活の反動のためか，琉球に上陸すると酒を求めて民家に押し入ったり，女性を見つけてはからかったりして住民の顰蹙を買うものもいた。
　1854 年，ペリーが日米和親条約を結んで日本に滞在していたころ，心配していた事件がおこった。6月12日，琉球に残っていた艦船の乗組員(水兵)3人が，那覇の町を散策しながら酒を求めて民家に押し入り，騒動をおこしていた。そのうち，ウイリアム・ボードという水兵は，酔っぱらって町中をさまよったあげく，またもや民家に入り込み，機織りをしていた女性に乱暴をはたらいた。ところが，今度はボードの方が騒ぎを聞いてかけつけてきた住民に石をもって海岸まで追われ，ついには海に突き落とされて溺死してしまった。
　7月，那覇にもどってきたペリーは，この事件を知って大層怒り，王府に対し真相究明と犯人の処罰を求めてアメリカ側立ち会いのもとで裁判をひらかせた。その結果，主犯の渡慶次カマは八重山へ一世流刑，従犯の6人は宮古へ8年の流刑となった。しかし，刑は執行されなかった。真相は別だったからである。ペリーも琉球側の証言を疑ってはいたが，この事件を利用して琉米条約(コンパクトによる)を結ぼうと考えていたので，深く追求することはなかった。
　ペリーが琉球を離れた後，王府は真相究明にもとづいた判決を出して薩摩藩へ報告した。その内容によると，主犯は松永という人物で，彼は米人のおこした事件を知って憤り，逃げるボードの頭に石を投げつけて殺害した，というのが真相だった。王府は真犯人の松永を八重山へ15年の流刑，共犯の渡慶次らを金武の観音寺へ90日の寺入りに処している。これでボード殺害事件は一件落着となった。
　米国は琉米条約を結ぶことに成功したが，琉球も自国の裁判権を守り抜いたのである。

シーブン話　中城湾を臨む「ペリーの旗立岩」

首里城から中城へは、西原町幸地グスクを経由して崖沿いの道を通って行く。王府時代のこの道を、**中城ハンタ道**（崖の道）という。

ペリー艦隊が派遣した島内探検隊も、この道を通って中城城へ向かっている。新垣グスクの北側に、地元でターチイシ（二つ岩）とよばれる二つに割れた琉球石灰岩の岩があり、頂上からは中城湾がよく見わたせる。ペリーの探検隊もこの岩に興味をもったらしく、その周辺で休憩をとっている。

『ペリー提督沖縄訪問記』（外間政章訳）には、「我々は、松林から高く聳えている一つの不思議な岩に出会った」と記され、Banner Rock（旗岩）と名づけたことが記されている。

彼らは岩の頂上に星条旗を立てて、祝砲を打ち鳴らした。その様子が、同行の画家ハイネによって描かれ、『訪問記』に挿絵として掲載されている。

「ペリーの旗立岩」（中城村）

人物に観る琉球・沖縄　牧志朝忠（1818～1862）
～通訳として平士身分からから高級官吏へ～

牧志朝忠
（仲村顕氏提供）

牧志朝忠は首里の平士身分の家に生まれ、はじめ板良敷を名乗っていた。国学に学んだあと、21歳のとき清（中国）に渡って学問を修めた。

清から帰国した朝忠は、英国人と交流のあった安仁屋親雲上（→p.84）から英語を学び、異国通事（通訳）に抜擢された。

1853年のペリーの来航では、「中国語で話していた朝忠が、突然、Gentlemen,・・・I have read of America in books of Washington － very good man,・・・と、英語で話しだしてわれわれをびっくりさせた」、というエピソードもある。1846年に来航した、イギリス人宣教師ベッテルハイムとの接触で、英語力に磨きをかけたものと思われる。

朝忠の人生を大きく変えたのは、薩摩藩主・島津斉彬の登場だった。斉彬は富国強兵策をおしすすめるため、琉球を介してフランス・オランダとの貿易を計画した。そのため、これに消極的だった座喜味親方を三司官の座から追放したり、朝忠を高官に取り立てたり、王府の人事にも介入した。朝忠は通事として活躍し、真和志間切牧志村の地頭に任じられるなど、異例の出世をした。それから牧志という家名を名乗った。

ところが、1858年に斉彬が急死すると、反対派勢力のまき返しで、朝忠も座喜味親方の更迭とその後任人事で不正をはたらいた罪に問われ、物奉行・恩河親方らとともに

投獄された。

　1862年，朝忠はその語学力をかわれて薩摩に身柄をひきとられたが，伊平屋島沖で自ら海に身を投じた。反対派に殺害されたともいわれている。激動の時代を生きた，波乱にみちた45年の生涯だった。

ペリーの見た琉球 ～ホール大佐に対するの批判～

　バジル・ホール大佐は，琉球に関する興味深い，しかし，あまり信頼できない記事のなかで，琉球人は戦争を知らないと述べている。そして，セントヘレナ島でナポレオンとの会見中に，琉球人のこの無類の特色を話して，あの偉大な皇帝を驚かせている。これを聞いたナポレオンは，肩をすくめながら「戦争がない？　それは不可能だ」という言葉をもらしたという。

　琉球には，一見，武器・弾薬どころか弓矢のような原始的な武器すらないので，ホールの話は真実だと思われるだろう。しかしながら，各地の城跡や累々と石垣を連ねた首里城の城壁は，沖縄がずっと平和を享受していたわけではないことをしめしている。また，日本の歴史書にも，琉球の古代の内乱や外国との戦争のことが記録されている。

外間政章訳『ペリー提督沖縄訪問記』参照

シーブン話　宣教師ベッテルハイムの派遣　～琉球人の手厚いもてなしへの返礼～

ベッテルハイム

　1846年，イギリスの宣教師で医師のベッテルハイムが，家族同伴（妻，長女，長男，中国人通訳，犬2匹）で琉球にやってきた。バジル・ホール（→p.82）とともに琉球を訪れた英国海軍大尉クリフォードらが，琉球人の手厚いもてなしへの返礼として設立した「琉球海軍伝道会」からの派遣だった。

　彼は波之上の護国寺を本拠に，約8年ものあいだキリスト教の布教と医療活動をおこなったが，王府の厳しい妨害でキリスト教を普及させることはできなかった。それでも無料診療所は人気があり，その患者とのふれあいからか，数名の信者を得ることができたという。王府の医師・仲地紀仁も，ひそかにベッテルハイムから牛痘種痘法を学び，接種に成功したと伝えられている。

　ペリーが来琉した際，ベッテルハイムは琉米の仲介役となり，1854年にペリー艦隊とともに琉球を去った。彼は語学にも優れ『琉約聖書』も著している。また，琉球で産まれた2人目の娘には，Loo choo(琉球)(注)という名前をつけている。

(注) 名前は，Lucy Fanny Loo choo（ルーシー・ファニー・ルーチュー）

🔍Pick Out！　日本の開国を促した陰の立役者・ジョン万次郎 (1827～1898)

　ジョン万次郎こと中浜万次郎は，1827年，現在の高知県土佐清水市の貧しい漁師の家に生まれた。

　1841年，14歳の時に4人の仲間とともに漁に出て遭難し，無人島（鳥島）に漂着した。140日余の過酷な無人島生活ののち，アメリカの捕鯨船ジョン・ホーランド号に救助された。船長のホイットフィールドは万次郎を気に入り，ハワイで4人の仲間を降ろした後，そのままアメリカ本土へ連れ帰った。それが万次郎の望みでもあった。この時，船名にちなんだ**ジョン・マン**の愛称が

万次郎が上陸した糸満市大度海岸に建てられた記念碑

つけられ，のちにジョン万次郎とよばれるようになった。

　アメリカ本土に渡った万次郎は，ホイットフィールド船長の養子となり，地元の学校で教育を受けた。学校を卒業すると捕鯨船の乗組員となって働き，副船長にまでなった。そのとき，彼らの日本人観が，鎖国政策(貿易制限策)で異国船を撃ちはらう「漂流民を鳥や獣と同じように扱う残虐な人びと」と知って愕然とした。万次郎は，日本も早く開国して国際社会に認められるようにならなければいけないと考え，帰国を決意した。

　旅費を稼ぐためカリフォルニアの金鉱で働き，ハワイに渡って仲間と共に帰国の準備を整えた。そして1850年，上海行きの船に乗り込み，翌年の正月，沖縄島近海でボートに乗り換えて大度海岸(現・糸満市)に上陸した。万次郎らは琉球で7ヶ月ほど保護された。その間のことはよくわかっていないが，伝承によると，綱引きなど地域の行事に積極的に参加するなど，住民と友好的な関係を持っていたようである。

　万次郎らは薩摩で尋問を受けたあと，長崎に送られてそこでも漂流から帰国までの経緯を取り調べられた。最後に絵踏の取調べでキリシタンではないことがわかると，故郷の土佐藩へ引渡されることになった。家を出て12年後，無事に母親のもとへ帰ることができたのである。

　1853年7月，ペリー艦隊が那覇を経由して浦賀に来航し，日本の開国を求めた。幕府はペリーの強硬な態度に押し切られ，翌年，回答することを約束してひとまず日本を去らせた。そして，急きょ米国帰りの万次郎を呼び寄せたのである。

　万次郎は，老中首座の阿部正弘に謁見してアメリカの実情をくわしく話し，彼らが日本に対して敵意をもっていないこと，その目的が我が国とよしみを結ぶためであること

を話した。万次郎の話を聞いた阿部は、開国の方向で交渉することを決めた。幕府は万次郎に中浜の名字を与えて幕臣に登用し、交渉の通訳に抜擢した。

ところが、水戸藩・徳川斉昭の意見で通訳から外されてしまった。アメリカのスパイと疑われたのである。しかし、幕府の開国の方針は変わらず、1854年3月31日に**日米和親条約**が結ばれた。

公式な記録ではないが、『ペリー提督伝』に「万次郎は開国の交渉をしている部屋の隣室で通訳を務めていた」と、条約をめぐる折衝の陰で一役買っていたことが記されている。日本側にはそのような資料はないが、万次郎が何らかの働きをしていたことは想像に難くない。万次郎が帰国を決意したのは、単に望郷の念にかられたからではなかった。開国によって日本の近代化を促すという、理念あってのことだったからである。

その後、**日米修好通商条約**が結ばれ、万次郎が批准書交換の使節通訳として、アメリカへ派遣された。帰国後は英語の普及に努め、1869年には開成学校（現・東京大学）の英語教師に任命された。

「ジョン万次郎記念碑」万次郎らが琉球で滞在した豊見城市に建てられた記念碑

シーブン話　日本人の証　〜母が縫ってくれた半纏（はんてん）〜

1851年、ジョン万次郎は琉球を経由して帰国した。琉球の役人たちは、洋服姿の万次郎を見て、すぐには日本人だと認識できなかった。

万次郎には、帰国まで肌身離さず持っていたものがあった。母が縫ってくれた半纏だった。琉球の役人もこれを見て、万次郎が日本人だということを確信した。

第5章 琉球王国から沖縄県へ

学習テーマ 20 琉球併合（琉球処分）はどのようにおこなわれたのか

日本史探求 と 琉球・沖縄　「琉球処分」による沖縄県設置

東書日探701	実教日探702	実教日探703	清水日探704	山川日探705	山川日探706	第一日探707
琉球処分 沖縄県設置 p.212	琉球処分 沖縄県設置 p.240	琉球処分 沖縄県設置 p.157	琉球処分 沖縄県設置 p.165.167	琉球処分 沖縄県設置 p.245	琉球処分 沖縄県設置 p.184	琉球処分 沖縄県設置 p.183

明治政府の成立と琉球併合への道

　開国によって目覚めた日本が，新しい時代のうねりとともに新政府を誕生させようとしていたころ，琉球では清朝から冊封使をむかえ，尚泰の即位承認式をおこなっていた。これが琉球国王の最後の冊封になろうとは，誰一人として知るよしもなかった。西欧諸国に侵食され，弱体化していた清にとっても，宗主国としての威信をかけた外交儀礼であった。

　1867年12月，明治天皇により王政復古の大号令が発せられ，天皇を中心とする新政府が誕生した（**明治維新**）。これによって1871年に廃藩置県が実施されると，琉球はひとまず鹿児島県の管轄下におかれた。

　1872年，明治政府は鹿児島県を通じて琉球に使者を送るよううながした。首里王府は，これを維新政府へ祝福を述べる使節（慶賀使→p.48）としてうけとめ，伊江王子朝直を正使に，三司官・宜野湾親方朝保を副使として東京へ派遣した。明治天皇は，琉球の使節に対し，尚泰を**「琉球藩王ト爲シ叙シテ華族ニ列ス」**という詔書を交付した。伊江王子らは困惑したものの，尚泰が藩王として直接，天皇から任命（冊封）されたことで，日清両属的な体制を新政府が認めたものと解釈し，ひとまず安心した。

　廃藩置県がおこなわれていた時代，明治政府はなぜ尚泰を藩王としたのだろうか。近世琉球は日本と中国に従属する二重朝貢的国（**日清両属**）だった。尚泰は清朝から冊封を受けたばかりであり，維新政府も新たに天皇と君臣関係を結ばせる必要があったからである。また，そのことで琉球を日本の領土とする拠り所もできた。注目すべきことは，詔書に琉球国の廃止や「琉球藩」設置は明示せずに「尚泰を藩王とする」としており，明治政府の巧妙な**琉球併合**への布石であったことがわかる。

明治維新の慶賀使一行（那覇市歴史博物館提供）

ここに着目　琉球の外交権を奪う
～3外交文書（琉米条約(→p.91)・琉仏条約・琉蘭条約）提出を強要～

　1872年，尚泰を藩王とした政府は，琉球の内国化をすすめるために那覇におかれていた薩摩の在番奉行所を廃止して，外務省出張所を設置した。翌73年には，久米島・石垣島・宮古島・西表島・与那国島に日の丸を掲揚するよう命じ，独自国家の証である3外交文書（琉米条約・琉仏条約・琉蘭条約）(注)と国王印・三司官印の提出などを求めた。

　琉球はこうした日本政府の対応に危機感を抱き，東京在勤の与那原良傑は外務卿・副島種臣を訪ね，日清両属による王国体制が存続できるよう強く訴えた。これに対し，副島外務卿も「国体政体永久に変わらず，清国交通もこれまで通り」だから安心せよと約束し，渋々ながらこれを文書にすることも承諾した。そして1874年3月，外務官僚から「国体政体永久に変わらず」の確約文書を受け取ることに成功した。

　どうやら琉球はこれを担保に，政府から求められていた米・仏・蘭と結んだ3条約書等を提出したのではないかと思われるが，確約文書は琉球を説得するための空手形であった。

　(注) フランス，オランダは琉球を主権国家と認めず，批准しなかった。しかし，条約を結んだのは琉球が東アジアで独自の国家(王国)として存立していたからであり，日本政府にとっては不都合な文書であった。

シーブン話　琉球王国の最後の国王・尚泰 (1843～1901)
～なぜ，冊封に18年もかかったのか～

　1848年，尚泰は父・尚育が亡くなったあと5歳で王位を継いだが，冊封を受けるまでに18年もかかっている。その理由は，まだ尚泰が幼かったこと，外国船が頻繁に来航するようになり，その対応に追われていたこと，清国で太平天国の乱(1851～64年)やアロー号事件(1856～60)がおこったこと，などであったが，もう一つ重要な問題があった。王府財政の逼迫である。

　当時，琉球は清への進貢や尚泰即位の江戸立(謝恩使)派遣などで財政難におちいっており，冊封をおこなうには大変厳しい状況にあった。そのため，薩摩藩から借金せざるを得ず，王府財政をさらに圧迫させた。尚泰を藩王とする詔書を拒否できなかったのも，明治政府から財政支援を受けざるを得なかったからであった。皮肉なことに，「琉球王国」の証である尚泰の冊封が，王国の財政基盤をゆるがし，王国そのものを解体へと導くことになったのである。

尚泰王
（那覇市歴史博物館提供）

　1872年，尚泰は琉球藩王として華族に列せられ，1879年に廃琉置県（琉球併合）が強行されて王位を廃された。そして同年5月，強制的に東京へ移住させられた。麹町富士見町に邸宅をあたえられ，経済面では侯爵として40万石の大名に相当する待遇を受けた。

　1901年に58歳で亡くなり，首里の玉陵に葬られた。

台湾漂着琉球人殺害事件と明治政府の台湾出兵の意図

近代国家をめざす明治政府の琉球に対する方針は，清朝を宗主国とする王国を解体し，名実ともに日本の領土に位置づけることであった。そのためには，清と琉球そうほうの了解を取り付けなければならなかった。そんなおり，日本にとって格好の事件がおこっていた。

1871年暮れ，那覇に年貢を運んだあと帰路についた宮古船が暴風で遭難し，台湾に漂着した。そこで乗組員66人のうち54人が地元住民に殺害されるという事件がおこった（**台湾漂着琉球人殺害事件**）。明治政府はこの事件を利用して，琉球の日本領有と台湾への進出をくわだてた。

1873年4月，日本は**日清修好条規**が成立すると，日本の藩属である琉球人が台湾で殺害された事件の責任について，清政府に問いただした。清側は，琉球人は日本人ではないとの認識をしめしたうえで，「台湾は蕃地で，清政府の政令・教化のおよばない化外の遠地である」として，この事件にとりあおうとしなかった。

宮古船の台湾漂着地

明治政府はこの発言を逆手に取って，**台湾出兵**を計画した。国際法では，どの国にも属していない無主の地は，先に支配した国の領土とすることができたからであった（**無主地先占論**）。

明治政府は先に琉球藩（日本帰属）を設置していたので，琉球人（日本人）殺害の報復として，中国の政令・教化のおよばない無主の地への出兵は正当だと解釈した。これは新政府に不満を抱いていた士族の目を海外へそらすためにも，都合のいい口実となった。しかし，明治政府は欧米諸国からの批判を受け，いったん台湾出兵を中止した。ところが，1874年5月，総司令官・西郷従道は独断で出兵を強行し，牡丹社などを平定した。

清政府は衝撃を受け，日清修好条規に違反する行為であると，激しく明治政府に抗議した。政府は「公法上ニ於イテ政権及ハサル地ハ版図（領土）ト認メスト云ヘリ」と，先の清政府の台湾に対する答えを理由に，出兵の正当性を主張した。

日清間の交渉は平行線をたどったが，イギリスの調停で清が日本に50万両の賠償金を支払うことで決着した。台湾は無主の地ではなく清の領土であると，清の主張を認めるとともに，蛮行をはたらいた生蕃（先住民族に対する蔑称）の責任は清にあり，日本の軍事行動は正義であった，という理屈だった。

台湾遭害者之墓（那覇市）
（仲村顕氏提供）

政府はこの条約(北京議定書)が成立したことで，清が琉球人を日本人とみなしたと解釈し，「琉球処分」にのりだした。

ここに着目 琉球人を日本人としたカラクリ

日本は出兵の理由を，「台湾の生蕃が，かつて日本国の属民等に妄りに害を加えたため，日本国政府はこの罪を問わんとして遂に兵を派した」と記した。日清交渉の場で，琉球の帰属問題について論じられることはなかったが，明治政府はここに記された「日本国の属民等」に琉球人を含めていたので，条約の成立で清が琉球の日本帰属を認めたと解釈したのである。

実は，台湾出兵に際し，1873年に小田県(現在の岡山県西部，広島県東部)の佐藤利八ら4人が，台湾で衣類・器材を略奪される事件がおこっており，政府はこれを出兵理由の一つとしていた。1872年に「琉球藩」を設置して，琉球が日本領土あるという国内措置をとっていたが，琉球の宗主国である清朝の了解を得ていなかったため，琉球が日本領であるという明確な論拠を示すことができなかったからである。そのため，「日本国の属民等」という複数を意味する用語に，小田県人と琉球人を含めて清との交渉にあたった。

つまり，「日本国の属民等」を清が認めたということは，琉球人が日本人であることを容認したと解釈したのである。もちろん，清側にはそのような認識はなかった。交渉の当事者であった大久保利通も，必ずしもこれで琉球の帰属問題が解決したとは思っていなかった。

明治政府は，台湾への進出こそ実現できなかったが，琉球が日本の領土であるという言質を間接的に引き出したのである。

シーブン話 台湾と宮古島の「愛と和平」の石像

「愛と和平」の石像
(台湾牡丹郷にある記念公園の石像のレプリカ) 宮古島市

2005年6月，台湾から宮古島に訪問団が来島した際，「牡丹社事件(注)」について，そうほうが謝罪し，未来志向の友好を築いていこうと和解が成立。石像はこのことを記念して，2007年に台湾の牡丹郷から寄贈された。当初，台湾と交流のある下地中学校の「台湾の森」に設置されたが，友好の証を後世に伝えるため，2023年3月に市民が自由に見学できるようカママ嶺公園に移設された。

(注)台湾に漂着した宮古船の乗組員が殺害された事件と，それにともなう日本の台湾出兵による牡丹社平定の事件をいう。
石像は肩を組む琉球と台湾の若者が，パイワン族伝統の「連杯」(つながった盃)で酒を酌み交わしている姿を模している。

「廃琉置県」に対する王府の動揺

1875年春，明治政府は琉球王国を廃止する方針をかためると，琉球藩の高官を上京させ，台湾出兵の顚末を説明するとともに，王国を解体して日本の一県となるよう説得した。しかし，琉球側がこれを受け入れるはずはなく，強く拒否した。

同年7月，政府は琉球処分官・松田道之に琉球使節の池城親方らをともなわせて琉球に派遣した。松田は首里城に乗り込み，今帰仁王子や摂政・三司官らに対し，次のような命令を言いわたした。

(1) 清国との冊封・朝貢関係を廃止し，中国との関係をいっさい断つこと，(2) 明治年号を用いること，(3) 日本の刑法を施行すること，その調査のために役人を派遣すること，(4) 新制度や学問を研究させるための若手官吏を派遣すること，(5) 藩の制度を日本の府県制度にならってあらためること，(6) これらの改革を混乱なく実施するため，鎮台分営(軍事施設)を設置すること，などであった。

これを受けた首里王府は，国家存亡にかかわる大事件と認識し，これまでの日清両属的な状態を保持してもらうよう嘆願をくりかえしたが，松田の強行姿勢はかわらなかった。明治政府の琉球に対する政策は，266年前の島津の侵攻(→p.43)を想起させた。

やがて高官のなかにも，松田の説得に応じるべきではないかと意見を述べるものもあらわれた。明治政府の命令を拒んで禍を招くより，日本に従属しながら王府の存続をはかるべきではないかとの考えだった。しかし官吏の多くは，清との関係を断って日本に専属すると，王国はただちに廃滅すると受け止め，あくまでも日清両属を堅持すべきとの意見でまとまった。頼むは清の救援だった。

1875年9月，王府を説得できなかった松田道之は，ひとまず東京に引き上げることにした。その際，王府は政府へ「琉球藩」存続を訴える陳情使節として，三司官の池城安規をはじめ与那原良傑，幸地朝常らを同行させた。

清へ渡り琉球救国運動を展開

上京した池城らは，琉球藩邸を拠点に清との関係断絶の命令を撤回するよう政府要人に請願書を提出した。彼らは，同年10月から十数回にわたって請願書を提出し続けたが，聞き入れられることはなかった。

それでも，琉球救国運動に理解を示す人びとも現れ，琉球藩邸に激励文書が届けられることもあった。しかし，明治政府はこうした動きが活発化しないよう，池城らに退去命令を出した。だが，池城はこれを無視して，粘り強く救国請願を続けた。

1876年12月，幸地朝常(向徳宏)は池城の指示を受け，蔡大鼎(伊計親雲上)，林世功(→p.108)らをともなって密かに清へわたり，日本への併合が強制的におこなわれようとしていることを訴えた。翌年1月，これを知った政府は，池城らを厳しく責め立てた。4月末，池城安規は心労が重なって病に倒れ，東京の藩邸で亡くなった。

第5章

明治政府による強権的な「琉球併合」

明治政府は，説得による「廃琉置県」が困難であることを知ると，藩王の逮捕権をおりこんだ武力を背景とした処分案を決定した。

1879（明治12）年3月，政府の強硬な処分案をうけた松田は，約400人の軍隊と160人余の警察隊をひきいて三度来島し，首里城内で尚泰王代理の今帰仁王子に，琉球藩を廃し沖縄県を設置する**廃藩置県**（琉球併合）を通達した。

これにともない，藩王・尚泰は華族として東京に居住を命じられ，琉球の土地・人民及びそれらに関するすべての書類は，政府に引き渡されることになった。松田は反対派の嘆願にはいっさい耳を傾けず，「**琉球処分**」を断行した。琉球は，強権的に日本の一県に位置づけられたのである。

こうして，第二尚氏王統は19代410年で滅び，察度王統から500年余も続いた「琉球の王国時代」は終わりをつげた。

しかし，これで琉球の帰属問題は解決したのではなかった。王府内の反対運動は根強く，清も明治政府のとった行動をそのまま認めていたわけではなかった。琉球の帰属問題は，やがて国際的な領土主権の問題としてクローズアップされることになる。

首里城の正門「歓会門」前に立つ明治政府の兵士

シーブン話　「琉球処分」後の松田道之（1839〜1882）の苦悩

松田道之（那覇市歴史博物館提供）

松田道之は鳥取県出身。1875年3月，内務卿・大久保利通のもとで内務大丞に抜擢され，琉球処分官としての重責をあたえられた。

1879年，「琉球処分」を断行した松田道之の精神的負担も，相当大きかったようである。帰京後，知人あてに送った書簡には，「病にかかり，吐血や半面痛に襲われ，医者からは精神的なことはすべて忘れるよう強く言われた」ことが記されていた。

その後，東京府知事となり，防火対策や水道敷設，ガス灯設置など，東京の近代都市づくりに精力をかたむけた。しかし，体調は完全には回復していなかったらしく，在職中の1882年に43歳の若さで亡くなった。「琉球処分」から3年後のことであった。

| 学習テーマ | **21** | 明治政府はなぜ宮古・八重山を中国（清）にあたえようとしたのか |

日本史探求 と 琉球・沖縄　宮古・八重山の帰属問題

実教日探 702	実教日探 703	清水日探 704
宮古・八重山の帰属問題 p.240	宮古・八重山の帰属問題 p.157	宮古・八重山の帰属問題 p.157.167

琉球の帰属をめぐる日清の交渉

　明治政府によって琉球王国が解体され，沖縄県が設置されても，清朝がこれを認めたわけではなかった。また，琉球の親清派（ひそ）も清に密かに使いを送り，救援してくれるよう請願をくりかえしていた。

　清はこの問題の調停を，おりよく世界旅行の途上で中国に立ち寄った，アメリカの前大統領**グラント**に依頼した。国内情勢が混乱していた清にとって，琉球の帰属問題は気の重い外交問題でもあった。

　清の要請をうけたグラントは，日本を訪ねて伊藤博文ら政府高官と琉球問題について会談し，日清交渉が開かれるよう了解をとりつけた。明治政府は 1880（明治 13）年 3 月，密かに清に使いを送り，琉球問題で事を荒立てるより，清の要求を考慮（こうりょ）にいれ，中国大陸の豊かな資源に目を向けたほうがよいというグラントの助言をくみいれ，清の高官・**李鴻章**（りこうしょう）に次の案を提示した。

　一．沖縄諸島以北を日本の領土とする。

　二．宮古・八重山諸島を清の領土とする。

　三．上記のことを認めるかわり，1871 年に結ばれた日清修好条規に，日本商人が中国内地で欧米諸国並みの商業活動ができるよう条文を追加（改約）する。

　この条約案のことを，清に宮古・八重山を分け与えるかわりに，今までの条約に日本の有利になる条文を追加（改約）するよう要求したことから，**分島・改約案**という。

　日本側に都合のいいこの案を，清がすんなり受け入れるはずはなかった。そこで李鴻章は，逆につぎの「琉球三分割案」を提示した。

　一．奄美諸島以北を日本の領土とする。

　二．沖縄諸島を独立させ，琉球王国を復活させる。

　三．宮古・八重山は清の領土とする。

　この案を日本が即座に拒否すると，清はやむをえず日本案をもとに話し合うことに同意した。清はロシアとの国境紛争もかかえており，内実は琉球問題の早期解決を望んでいたのである。

　こうして 1880 年 8 月，北京で正式な交渉がおこなわれ，同年 10 月，分島・改約案に両国が合意した。清は宮古・八重山諸島に王国を復活させればよいと，安易（あんい）に考えていたのである。

第 5 章

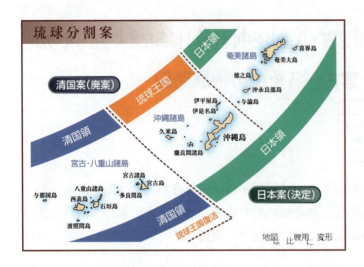

ところが、いざ調印の段階になると、清側は日清修好条規の改約による国内市場の混乱と、そのことが台湾・朝鮮への日本の進出を招くのではないかとおそれ、調印をためらった。天津に滞在していた李鴻章からは、王位を打診した向徳宏（幸地朝常）がかたくなにこれを拒絶し、琉球二分割にも断固反対しているとの書簡が届けられた。また、亡命琉球人からも、「日本への帰属反対」「琉球二分割反対」の請願が、再三にわたって届けられていた。とりわけ、林世功の抗議の自決は清政府に衝撃をあたえ、条約の調印は棚上げのままとなった。

翌年１月、日本の交渉担当者らが帰国したことで交渉は決裂した。

その後、国際情勢の変化とともに日本が朝鮮に進出してくると、こんどは朝鮮をめぐって日本と清が対立し、ついに**日清戦争**（1894～1895）を引きおこした。この戦争で日本が勝利すると、琉球の帰属問題も自然解決のかたちで収められ、琉球は完全に日本領土となった（→P.118）。

「分島・改約」条約案の附単稿
・附単稿（付属書案の意で、調印されてはじめて成立する）

一　大清国は応さに官弁（役人）を派し、光緒七年正月＝明治十四年二月、八重山地方に至らしめ、大日本国の派するところの官弁（役人）と、おのおのの証明書を示しあい、宮古・八重山群島の土地・人民を将って一括して受けとる。

一　宮古・八重山群島の人民については、交付の際、大日本国の官弁が応さに期に先んじて（前もって）、よくよくいましめさとし、それ（人民）を納得させ、騒ぎをひきおこさないようにする。交付後は、両界（清国と日本）の人民は、その国の法律にしたがって、たがいに干渉しないようにする。

『沖縄県史』15　雑纂所収から（本文は漢文）
金城正篤訳を参照

ここに着目　琉球併合の問題点

　明治政府による「琉球処分」は、琉球の国家権力を強権的に接収した**琉球国併合**だった。清政府は琉球の救国運動を受け、日本政府に王府の請願を受け入れるよう厳しく抗議した。明治政府は、琉球の藩政改革は内政問題であるとして清の訴えを退けたが、前米国大統領グラントの仲介案を受け入れた。

　その日清交渉の場で「琉球の分割と修好条規改約」（分島・改約案）を提案し、かつ、その実現にもっとも熱心だったのは日本だった。交渉は妥結したが、亡命琉球人の抗議や清内

の批判もあって，調印には至らなかった。もし，調印され，批准されて発効していたら，宮古・八重山諸島は住民の意思を問うことなく，中国内地における日本の通商権とひきかえに清へ売り渡されていたであろう。

条約の付属文書には，1881年2月に日清両国の役人立ち合いのもと，宮古・八重山諸島の引き渡しをおこなうことが記されていた。「分島・改約」案は，琉球を利用した明治政府による利己的な国家政策であった。

いっぽう，近代国家の形成をビジョンとして描けず，日清両国に依存して王国体制の維持をはか

Side Note

琉球処分と琉球併合

1872年の琉球藩設置から，1879年の沖縄県設置をへて，1880年の分島・改約問題までの明治政府による一連の政策を，「琉球処分」とよんでいる。明治政府の琉球に対する姿勢を如実に表した用語である。そのことから，近年では客観的な歴史事実を示す「廃琉置県」「琉球併合」などの用語も使用されている。

ろうとした琉球の為政者にも問題はあった。松田道之は，「琉球処分」に対する琉球人の反応として，「一般の人びとは平穏に生活しており，騒いでいるのは役人・士族だけである」と認識している。農民の反応についても，これまでは上納のほか役人による米・雑穀・野菜等の取り立てがあったが，そのような取り立てがなくなるだけで「百姓共ノ喜ヒ一方ナラス候事」とみている。もちろん，これを鵜呑みにすることはできない。清の救援のないなか王国の復活は望めず，多くの農民が日本化を受け入れざるを得ない状況に置かれていたからである。ただし，大湾朝功 (→p.109) の行動にもみられように，首里王府の官僚制度の硬直化と農村社会の窮乏は深刻な事態におちいっており，藩政改革に対する農民の一定の期待があったことも事実だろう。

実は，「琉球処分」のおよそ20年前，王府の変革を予見させる事件が宮古島でおきていた。王国統治を否定し，薩摩藩への帰属を直訴した落書事件である。1860年，元・島役人の波平恵教は，薩摩商人に次のような内容の密書を託し，那覇の薩摩在番奉行に訴えた。

(1) 琉球は小国で常に財政が窮乏しており，農民は納税に疲れはてている。一日も早く大国に帰属することを願っている。(2) 宮古は14世紀ごろから中山に服属したが，先祖は大和でありこれに帰属することを望んでいる。(3) 王府と交渉して，悪政に疲れはてている島民を救出してもらいたい。

王府はこれを重大な叛逆罪とみなし，役人を宮古島へ派遣して波平とこれに連動した数人の元・役人を捕らえ，斬首・流刑に処した。

このように19世紀半ばには，王府の地方経営は末期的症状を呈していた。近代化の波が押し寄せる時代，この内部矛盾を打ち崩し，新しい国家秩序の形成を急ぐ必要があったが，日清両国に依存していた琉球には，それを生み出す力がなかった。その琉球を，日本の国家論理のみで解体し，併合したのが「琉球処分」だった。

ⓅickOut! 明治政府は，なぜ日清修好条規と琉球分割を関連付けたのか

1871年に結ばれた日清修好条規は，日本が最初に締結した対等条約で，協定関税制・領事裁判権を相互に承認していた。領土についても互いに侵略しないことが決められた。だが，日本は欧米諸国並みの最恵国待遇や中国内地での通商権を獲得できなかったため，不満であった。そのため，批准は1873年までのばされた。

日本は欧米諸国並みの権利を獲得したかったので，清と琉球の帰属問題の話し合いに応じ，宮古・八重山諸島の清領有と引き換えに，日清修好条規を改定して中国内地での通商権，最恵国待遇を得ようとしたのである。また，そのことで欧米列強との条約改正も有利に進めようと考えていた。

結局，亡命琉球人による抵抗などで実現せず，日清戦争後の下関条約 (→p.118) まで待たなければならなかった。

シーブン話　琉球分割を批判した植木枝盛 (1857〜92)

日本国内では「琉球処分」をどのように受けとめていたのだろうか。新聞等では明治政府の方針を支持し，琉球の抵抗を批判する論調が大勢だったが，小数ながら琉球の主張に理解を示す意見もあった。

自由民権運動の指導者・植木枝盛は，琉球分割案が日清両国で話し合われていた際に，琉球独立論の立場から「琉球を分割して日本と清で分け合うということは，実に残忍である。琉球は一つであり，これを引き裂くことは人の体を両断して殺すことと同じである。人の家族を分断して，その愛を分けることもあってはならないことである」と批判している。

中国では，琉球を清所属とする立場から日本を批判する意見が主流だったが，国際会議を開いて琉球の独立を国際的に保障してあげるべきではないか，との意見もあった。しかし，これらの考えが受け入れられることはなかった。

宮古・八重山の「処分」状況

明治政府によって一方的に琉球藩が廃止され，沖縄県が設置されると，宮古・八重山にも処分官が派遣された。

八重山では役人を中心に，沖縄島の親清派 (頑固党) の影響を受けた人びとによって日本化反対の動きがおこった。だが，いざ処分官が派遣されてくると，在番・頭以下の役人は，処分官の厳しい要求に抗しきれず，「天皇に忠誠をつくす」旨の誓約書を提出させられた。最後の八重山在番となった渡慶次親雲上は，藩王に対する良心の呵責とその責任から，帰沖の船が出港すると海中に身を投じて自殺した。

宮古でも日本化反対の動きが大きく，県政が実施されると「日本政府には絶対に従わない」という血判状がかわされ，役人を中心に多くの島民が署名した。そのため，通訳として日本警察に雇われていた下地利社を，裏切り者として島人が制裁を加え，殺してしまうという事

件がおこった。これを，下地が日本化を受け入れることに賛成（サンシイ）したということで，**サンシイ事件**とよんでいる。しかし，その後かえって日本帰属反対派に対する警察の弾圧は厳しくなり，親清派の運動は衰えていった。

宮古・八重山でも沖縄諸島と同様に，日清戦争の日本の勝利によって日本化反対運動は，時代の波に飲み込まれるように消滅していった。

人物に観る琉球・沖縄　富川盛奎(1832〜90)の救国運動　〜最後の三司官の使命〜

琉球を清と日本で分けあうという分島条約は棚上げにされたが，琉球分割の危機がこれで解消したわけではなかった。日清間の外交問題としてくすぶりつづけていた。

1881年2月，清とロシアとの間で国境問題が落着すると，光緒帝は総理衙門に琉球問題の解決に向けて，日本と再交渉するよう命令を下した。清からの再交渉のよびかけに対し，明治政府は宮古・八重山に王国を復活させることで，問題の解決をはかろうと工作した。場合によっては，元国王・尚泰を清へ引き渡してもよいとさえ考えていた。

1882年2月，清の駐日公使として赴任した黎庶昌は，旧三司官の与那原良傑と面談し，「琉球全域の返還は不可能だが，宮古・八重山に本島南部を加えて王国を復活させる案ならば可能である」と，交渉の打診をした。しかし，在京の尚家はこれを拒否した。与那原らは，清が分島案によって琉球の帰属問題の決着をはかろうとしていることに驚き，すぐさまこのことを北京や琉球現地の士族に伝えた。

沖縄では同じく旧三司官であった富川盛奎を中心に会合が重ねられ，「宮古・八重山に王国を築くことはできない。清へ使者を遣わして全島返還を訴えるべきである」ということが決められた。富川は，沖縄県顧問官となっていたが，1882年3月，家族にさえ一言もつげず清へ渡った。三司官としての最後の勤めだと考えたのだろう。富川は先に清へ渡っていた幸地親方らとともに，「琉球の全面返還による王国復活」の請願をく

県顧問官となった富川盛奎

（仲村顕氏提供）

沖縄県は，旧士族層の役人が県政に不服従・不協力で抵抗したため，警察権力を行使して100人余を勾引し，激しい拷問を加えた。これをみかねた旧三司官の富川親方は，浦添親方らとともに捕縛された旧役人の釈放とひきかえに県政への恭順を表明し，沖縄県顧問官に就任した。これによって，日本政府への士族ぐるみの抵抗も終了した。

り返した。

　李鴻章と天津領事・竹添進一郎の水面下での交渉は，竹添が宮古・八重山での復国案を提示したのに対し，李が首里城返還を追加して復国を求めたため，交渉は暗礁に乗り上げた。その結果，琉球の分割は阻止できたものの，全面返還による王国復活のめどは全く立たなかった。富川は苦しみ悩んだあげく失明し，清で亡くなった。

　ところで，なぜ琉球の士族たちは，もっとも実現困難な「全面返還による琉球王国の復活」を求めたのだろうか。琉球分割による民族の分断を阻止する目的もあっただろうが，宮古・八重山に王国を復活することは，都落ちを意味していたからではないか。それよりは「琉球処分」を受け入れ，これまでの身分と生活を保障してもらったほうが得策だと考えていたからではないだろうか。

　いずれにせよ，彼らには琉球の将来像を描く具体的なビジョンに欠けていた。

人物に観る琉球・沖縄　林世功（1842〜1880）の救国運動
〜「琉球処分」に抗議して自決した情熱の詩人〜

　林世功（名城里之子親雲上）は久米村の生まれで，官生（国費留学生）として清の国子監に学んだ優秀な人物であった。

　世功が留学からもどったのは，「琉球処分」がすすめられているころだった。王府の役人として出世コースを歩んでいたが，明治政府が琉球国を併合する方針を明らかにすると，1876年，王府の命をうけて幸地親方らとともに密かに福州へ渡った。清に助けを求めるためだった。

　世功らの訴えは北京の清政府に届けられ，清の高官が日本政府と話し合うことになった。しかし1879年，明治政府は警察と軍隊の力で強引に琉球国を廃止し，沖縄県を置いたのである。これに驚いた世功たちは，北京へ赴いて直接，琉球を救ってくれるよう嘆願することにした。

　ところが，1880年10月，清政府は琉球を分割する日本の提案をのんだのである。「何，琉球が二分され，王国が宮古・八重山におかれるというのか。これは何としても阻止しなければならない。しかし，どうすれば・・・」。世功は考え抜いたあげく，死をもって訴えるしかないと決断した。福建総督に言われた「琉球のためにどれだけの者が命をかけたか」という言葉が，心のなかに重くのしかかっていたからだった。

　同年11月，最後の官生・林世功は，清政府あてに琉球を救ってくれるよう嘆願書をしたためて同志に託し，自らの命を絶った。38歳の若さであった。琉球国の復活はならなかったが，琉球を日本と清で分け合うという分島・改約案（→p.103）も結ばれなかった。

人物に観る 琉球・沖縄

大湾 朝功の決断 (？～1907?)
～「琉球処分」に協力した不遇の下級士族～

　大湾朝功は首里の下級士族の次男として生まれた。

　明治政府が「琉球併合」を断行したころ，30歳を迎えたばかりの朝功は，役職のない無禄士族だった。一部の特権階層だけが裕福に暮らしている社会のしくみに不満をもっていた朝功は，政府(内務省出張所)に協力することにした。

　「琉球の士族の多くは，役人になって妻子を養うことしか考えていない。国の将来を心配するものは少なく，たとえ高い志を持っていようとも，現在の官僚組織では現状を変えることは不可能である。百姓は奴隷のような生活をしいられており，士族を憎んでいる。国をささえているのは民衆である。その民衆を苦しめて，国家の存続がありえようか。」

　朝功は明治政府による新しい政治制度に期待した。しかし，このような考えをもっていたのはごく少数で，首里士族による家族や親族への嫌がらせは日増しに強くなっていった。一時，政府への協力をやめたが，「古い制度で苦しめられている貧しい民衆を救うには，身の危険をかえりみるいとまはない」と思いなおし，再び政府の役人に仕えることにした。

　朝功のもたらした情報によって，琉球処分官の松田道之らは沖縄の社会情勢を的確につかみ，王国を廃止したあとの政策を適切に進めることができた。

　松田は本土へ引き上げる際，朝功を警視庁雇として東京へ連れて行った。彼の身を案じてのことだった。

　その後の朝功がどうなったかは，よくわかっていない。一説によると，翌年，沖縄に帰って警察に仕えたのち行商をいとなみ，58歳で亡くなったということが伝えられている。

第5章

もっと知りたい 琉球・沖縄のこと

「おきなわ」のよび名
～「琉球」と「沖縄」の呼称の違いは何か～

　「琉球」というよび名は，中国の古い史料にあらわれ，「流求」「琉求」「瑠求」「流虬」の文字があてられている。なぜそうよぶようになったのか，よくはわかっていない。「海に浮かんだ竜神の姿に見えたからではないか」という説もあるが，たしかな証拠があるわけではない。また，古い時代は琉球をさす地域も定まっておらず，607年に隋の煬帝が派遣した「流求」は，台湾だとする見方もある。

　「琉球」の表記は，14世紀後半に察度が明に入朝したころから使用され，その範囲も琉球王国の領土である奄美諸島から宮古・八重山諸島をさすようになった。そのため，明代には，

109

沖縄を大琉球，台湾を小琉球とよんで区別していた。

「沖縄」という名称は，古くから沖縄の人びとが自らの住む沖縄島をさす**ウチナー**という言葉からきており，文献では『平家物語』(長門本)にはじめて「おきなわ」の表現がもちいられた。また，『唐大和上東征伝』に記されている「阿児奈波島」を歴史上の初見とする見方もある (→p.15)。

漢字ではそのほかに，薩摩藩島津氏の侵略後の1646年に作られた絵図帳で，「**悪鬼納**」の文字があてられている。幕府や薩摩に従わなかった鬼の住む島を征服した，という意味が込められているのだろう。

「沖縄」という文字の表記は，17世紀の薩摩の史料にすでにみられるが，新井白石が『南島志』で「沖縄」という字をあててから，一般的に使用されるようになったといわれている。

明治政府による「琉球併合」で，琉球藩が琉球県ではなく沖縄県とされたのも，琉球のよび名が歴史的に中国に属する地域を意味していたからであった。逆に戦後，沖縄に設置された中央政府の名称が「琉球政府」となったのは，琉球列島に政府が置かれたことに由来するが，本土との分断政策をとっていた米国民政府にとっては，琉球独自の歴史を強調し，沖縄を日本から切り離すためにも都合の良い名称だったからだともいわれている。米軍支配時代，琉球大学，琉球銀行，琉球放送など琉球を冠した名称が数多くあらわれた。

ところで，ウチナーの語源は，インドネシア語の「ウチ　ナバ（大いなる漁場）」からきているとか，沖縄という文字は「沖に浮かぶ縄のような形をしている」ことに由来している，などと言われるが，これも琉球のいわれと同様によくはわかっていない。

『正保国絵図』に記された「悪鬼納嶋」
『正保琉球国悪鬼納島絵図写』
（東京大学史料編纂所所蔵）

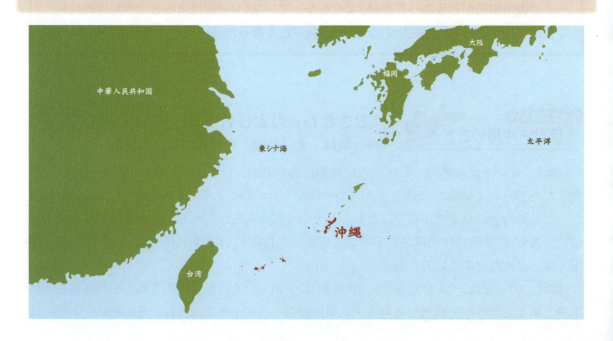

第2部

沖縄県の歴史探究

第6章 沖縄県政と日本への同化政策

学習テーマ 22 沖縄県民は世替わりをどのように受けとめたのか

日本史探求 と 琉球・沖縄 旧慣温存策

実教日探 702	清水日探 704	山川日探 705
旧慣温存策	旧慣温存策	旧制度が温存
p.255	p.165.167	p.245

明治政府の沖縄統治方針

1879(明治12)年4月4日,明治政府は正式に琉球藩を廃止して沖縄県設置の布告を発し,初代県令として鍋島直彬を任命した。沖縄県政のはじめ,いわゆる**大和世**(**ヤマトユー**)への世替わりであった。

県政を統括する県庁は那覇におかれ,県庁職員は他府県出身者で占められた。従来の身分制度も廃止され,王と王子は華族,按司以下の士は士族,百姓は平民に編入された。

県内の行政区は,国頭,中頭,首里,那覇,島尻,伊平屋,久米島,宮古,八重山の9地区に分けられた。旧来の間切・番所・蔵元などの地方行政機関はこれまで通り置かれたが,その監督機関として新たに役所が設置された。

明治政府の沖縄県に対する当面の方針は,「沖縄は日本の国内であっても本土から遠隔の地にあり,おのずから民族の歴史や生活習慣,行事などが異なる」という理由で,古い制度をそのまま残し,急激な改革はひかえるという政策であった。これを**旧慣温存策**という。

初代沖縄県令・鍋島直彬前肥前鹿島藩主
(那覇市歴史博物館提供)

Side Note

他府県人で占められた県庁職員

沖縄県発足当時の県庁職員(定数100人)は,沖縄県24人,長崎県33人,その他の府県が43人となっていた。また,警察は鹿児島県出身者が,行政は長崎県出身者が多かった。

旧慣とは,具体的には土地制度・租税制度・地方制度,そして古い社会習俗のことで,20世紀初頭まで温存されることになる。これを,そのまま残した歴史背景は,第1に,廃琉置県(琉球併合)の断行によっておこった旧支配者層の反発をさけること,とくに亡命琉球人によって刺激された清との対立をさけること,第2に,明治14年の政変による国内の動揺で,明治政府は沖縄統治について具体的政策を打ち出す余裕がなかったこと,第3に,古い税制をそのまま残しておいた方が政府にとっては経済的負担が少なかったこと,などであった。つまり,旧慣をそのまま残して沖縄を統治した方が,明治政府にとっては都合がよかったのである。この旧慣温存策こそが,沖縄の近代化を遅らせた最大の要因だった。

世替わりの混迷のただなかで県政を担当した初代県令の鍋島は，急激な改革は避けつつも，教育と産業の振興には力を入れた。教育については，「言語や風俗を日本本土と同一にすることが，当県の施政上もっとも急務である」として，学校の設立をすすめた。産業では，糖業にもっとも力をいれて保護奨励した。しかし，旧藩支配層の新政への抵抗や藩閥人事への批判，当時，流行していたコレラにかかったことなどもあって，その目的を達成することなく，2年余で県令を辞職した。

🔍**P**ick Out! 　沖縄県民は「土人」！

　新たに誕生した沖縄県の運営には，首里王府の旧支配層の協力が必要であった。しかし，彼らはこれを受け入れようとせず，非協力的だった。たまりかねた琉球処分官・松田道之は，告諭を発して県政への服従をせまった。

　「お前たちが旧態を改めないときは，新たに発足する県庁の職務はみな『内地人』を採用する。ここの土人は一人も県庁に就職できず，あたかもアメリカの土人，北海道のアイヌ等のごとき態をなすにいたるべし。（1879年6月3日）」

　ここでいう「土人」は，単に「現地に住んでいる人びと」を指した言葉で，差別用語ではない，との意見もあるが，明らかに支配者が被支配者を恫喝した言葉と読み取れる。しかし，それでも士族の抵抗は止むことがなかった。それどころか同年8月，中城御殿（世子の居宅）に結集していた旧士族たちは，かってに百姓たちから租税を徴収していた。

　業を煮やした県庁は，警察権力を使って，宮古・八重山を含む100名余の士族を拘引し，県政に従うよう激しい拷問を加えた。喜舎場朝賢の『琉球見聞録』によると，「縄で両手を縛って梁に吊り下げ，木材で強く殴りつけた。苦痛のあまりに発した悲鳴は，那覇じゅうに響いた。これを聞いた人びとも，恐れおののいた（要約）」という。

　これをみかねた旧三司官の富川親方（→ p.107）は，浦添親方とともに捕縛された旧役人の釈放とひきかえに県政への恭順を表明し，沖縄県顧問官に就任した。これによって，日本政府への士族ぐるみの抵抗も終わった。

2代県令・上杉茂憲の見た沖縄農村の実態

　1881年，第2代県令に東北の旧米沢藩主・**上杉茂憲**が任命された。上杉県令は，初期県政において，旧慣の改革を試みた政治家として知られている。

　上杉は，前県令によってすすめられていた旧慣の調査を継続し，着任した年に「新政による県民の生活実態を探り，県政の方策を決める」ことを目的に沖縄島各地を巡回し，翌年には，久米島・粟国島・宮古島・石垣島を視察した。その時の記録が『**上杉県令沖縄県巡回日誌**』として残っており，近代沖縄を知る貴重な資料となっている。

　この視察で上杉が見たものは，重税と貧困にあえいでいる農民の実態と，いっぽうで大きな屋敷を構えて穀倉を一杯にしている富裕な地方役人の存在，さらに農民を不当に搾取している下級役人の姿だった。こうした状況を目のあたりにした上杉は，改革の必要性を痛感し，

上杉県令によって1882年に派遣された第1回県費留学生　前列左より太田朝敷（15歳），岸本賀昌（15歳），高嶺朝教（15歳），後列が山口全述（18歳），謝花昇（18歳）。（那覇市歴史博物館提供）

とりあえず，教育と勧業を重点施策として取り組んだ。

教育面では，教員を養成する師範学校を充実させて小学校を増設し，最初の県費留学生として謝花昇・大田朝敷らを東京へ派遣するなど，人材育成に力をいれた。

勧業面では，サトウキビの作付面積を拡大し，製糖技術の改良をはかるなど，糖業を奨励した。また，人身売買を禁止するなど，社会習俗の悪習を取り除くことにも力をそそいだ。

しかし，疲弊した農村を救済するには，旧慣を抜本的に改革しなければならなかった。1882年3月，上杉は「地方吏員改正」の上申書をたずさえて東京へ赴き，沖縄の旧慣改革が急務であることを政府に訴えた。

　上申書の内容は，「沖縄県の賦税は過重で，吏員（公務員）の数も多くかかえている。このような現状を打開するためには，地方吏員の数を減らし，行政組織を簡素化するしかない。これによって見込まれる吏員給与の減額分を，負債の償却や教育・勧業その他の事業費にまわしたい」というものだった。

　しかし，政府はこの上申を時期尚早だとして受け入れなかった。県政の運営には，旧支配層の協力が必要だった。琉球復国運動がさかんにおこなわれている時期，旧慣を改革して彼らの反発を招くことは得策ではないと考えたからだった。

　政府は沖縄県の民情視察のため，参事院議官補・尾崎三郎を派遣した。尾崎の報告書は，上杉の改革が士族層の反発をひきおこしていることを指摘し，上杉の改革に反対した。

　1883年，政府は会計検査院長・岩村通俊を派遣して上杉を解任し，岩村を沖縄県令に任命した。中央の会計検査院長が地方の県令をかねるという，異例の措置だった。岩村の県政方針は，旧支配層の優遇措置をとり，旧慣制度をそのまま継続することだった。

日本史探求 と 琉球・沖縄　沖縄と教育

東書日探 701	実教日探 702	実教日探 703	清水日探 704	山川日探 705	山川日探 706	第一日探 707
教育の普及 p.229.230	教育の展開 p.274	学制 p.151	国民皆学 p.163	教育の普及 p.289	教育の普及 p.218	教育制度の整備 p.206

学校教育の普及と同化政策

琉球併合後，県は古い制度や慣習を温存する政策をとりながらも，教育の普及と産業の振興には特に力をそそいだ。

初代県令・鍋島直彬は，「言葉や風習を日本本土と同一にすることが，沖縄県政の急務であり，これを改めるには教育以外に方法はない」として，1880年に教員

を養成する**師範学校**を設立した。また、首里の国学を中学校に、平等学校所や村学校を小学校にあらためて新たな教育制度をスタートさせた。

当初の小学校の修業年限は3年で、生徒の年齢も7，8歳から20歳過ぎの妻帯者までいた。服装も髪を結い、着物を着た昔のままの姿であった。教育の内容は、日本人としての自覚をうながすことが主で、標準語と天皇に対する忠誠心を育てることに重きがおかれた（**皇民化教育**）。

教育をうける権利は平等であったが、はじめのうちは、やはり士族の子どもが大部分をしめ、農村では「百姓の子ども、ましてや女には教育は不要」だという封建的な考えが抜けきらず、なかなか入学させようとはしなかった。それは、教育は奨励されたものの、学校の設立費用はもちろん、教師の給与など、その運営費すべてが地域農民の負担としてのしかかってきたことにも原因があった。また、農家にとっては子どもとはいえ、働き手を失うことへの不安もあった。

ともあれ、県の教育に対する強い指導と努力もあって、小学校の増加とともに就学率は順調に伸びつづけた。

20世紀に入ると中等教育もすすみ、女子の高等女学校や農学校、水産学校、工業学校などの実業学校も次々と設立された。また、1885年には医師の養成機関として医学講習所が設立された。

学校教育の普及によって日本への同化がすすみ、沖縄文化の独自性が失われていくいっぽうで、沖縄県民は近代化の遅れと本土からの差別の克服へと立ち上がることになった。しかし、沖縄に高等学校や大学などの高等教育機関は設置されず、県出身の指導者の育成は思うようにはすすまなかった。

『沖縄対話』①
第一章　四季の部
第一回　春（部分）

○今日ハ、誠ニ、長閑ナ、天気デ、ゴザリマス。
チュウヤ。マクトニ。エー。テンチ。デービル。
（⑧）左様デゴザリマス、好キ、天気ニ、ナリマシタ
アンデービル。　イー。テンチ。ナヤビタン。
○アレヘ、見エマス、山ハ、最早、霞ガ、カ、
アマナカヘ。ミイユル。ヤマー。ナー。カスミヌ。カ、
リテハ、ヲリマセヌカ（⑧）成　程　皆
　　　　ウヤビラニ。　ンナ。
テー。　　　　　アンヤ、ビイン。
霞ヲ　帯ビマシタ
カスミヌ。カカトーヤビン

①標準語習得のためのテキスト
（旧漢字は新漢字に改め、文も読みやすく配列）

Side Note

学校は大和屋（ヤマトゥヤ）？

学校の教員は他府県人で占められ、教育内容も標準語と天皇に対する忠誠心に重きがおかれていたので、学校を大和屋（やゆ）と揶揄する人もいた。

就学状況の変化

年度	就学率（%）				事項
	男	女	沖縄	全国	
1880年	1.4	0	0.7	41.1	「廃琉置県」後
1885年	6.1	0.1	3.2	49.6	
1896年	45.0	16.4	31.2	64.2	日清戦争後
1901年	83.1	59.6	71.6	88.0	
1906年	93.4	86.1	90.1	96.3	日露戦争後

『沖縄県史　各論編5　近代』を参考に作成

シーブン話　女の子たちの抵抗，帯の前結び(メームスビ)

学校でシマクトゥバ(方言)の使用が禁じられていたことはよく知られているが，実はもう一つ厳しく指導されていたものがあった。女子児童の帯の前結び(メームスビ)の禁止である。琉装では，帯はすべて前に結んでいた。ところが，学校では帯の前結びは沖縄的で卑しいとされ，大和風に後ろに結ぶよう指導していた。

しかし，慣れない後ろ結びは何となく照れくさいもの。女の子たちは，家を出るときには前結びにし，校門に入る時に後ろ結びに直していた。そして，学校がひけて校門を出ると，いっせいに前結びにして，シマクトゥバでおしゃべりしながら家路についた。

女の子たちは，帯の結び方に良し悪しなんてない。むしろ，前結びの方が美しく便利だと思っており，先生方の理不尽な指導にささやかな抵抗をしていたのだ。

寄留商人に独占された沖縄経済

琉球王国から沖縄県にかわると，県庁職員や警察官・教員・商人など多くの本土人(ヤマトゥンチュ)がやってきた。彼らは内地人または寄留人とよばれた。なかでも商業に携わるものを**寄留商人**とよび，日清戦争(1894〜95)がはじまるころには2000人にも達していた。特に鹿児島県出身者が多く，沖縄経済は彼らが牽引車となって発展していったが，利益の大きな仕事もほとんど独占していた。

寄留人のなかには，沖縄人(ウチナーンチュ)を見下したり沖縄文化に無理解な者もいたりしたため，彼らへの反発も強くなっていった。

寄留商人に対抗する地元勢力としては，尚家一族による「丸一店」があった。尚家は政府の手厚い保護でえた不動産や資金をもとに，貿易・金融・開墾・鉱業開発・新聞社などの経営にのりだした。

また，経済的に優遇された有力士族のなかにも，商業活動に進出するものがでてきた。それでも，多くの士族は職を失ったままで，沖縄経済の主導権は寄留商人ににぎられたままだった。

「琉球併合」十年後の沖縄の状況

内地人ハ殿様ニテ士人ハ下僕タリ内地人ハ横柄ニシテ士人ハ謙遜ナリ肝心ノ表通リハ内地人ノ商店ニテ場末ノ窮巷②ハ土人ノ住居ナリ内地人ハ強ク土人ハ弱ク内地人ハ富ミ土人ハ貧シ畢竟③是レ優勝劣敗ノ結果ニシテ如何トモスベカラサル訳ナレトモ凡ソ亡国ノ民ホドツマラヌモノハナシ…

『琉球見聞雑記』―明治廿一年沖縄旅行記事』沖縄県史第14巻より
①現地人，琉球人　②さびれた場所　③つまるところ，結局

> **人類館事件にみる ゆがんだ同化思想**

1903年3月，大阪で政府主催の第5回内国勧業博覧会が開かれた。会場周辺には営利目的の見せ物小屋が立ち並んだ。

その一角に，「学術人類館」と称する施設がたてられ，アイヌ・台湾の先住民族・琉球人(二人の女性)・朝鮮人・中国人・インド人・アフリカの人びとなどが集められ，見せ物にされていた。これに対し，韓国・清国の留学生から抗議の声があがった。

『琉球新報』の主筆・太田朝敷も「隣国の体面をはずかしめるものである」として中止を求めた。しかし，太田は同時に「琉球人が生蕃(台湾先住民族)やアイヌと同一視され，劣等種族とみなされるのは侮辱」であると述べ，沖縄のゆがんだ日本への同化思想をあらわにした。

沖縄人(ウチナーンチュ)もまた自らを皇国臣民として認識し，彼らを差別の対象として見ていたのである。また，遊郭の女性を琉球の貴婦人としたことへの反発もあり，職業に対する差別もあった。

沖縄からの抗議で，琉球女性の展示は取りやめになったが，他の民族(清国・韓国は除く)の展覧は最後まで続けられた。

人類館で見せ物にされた人びと(前列左側の2人が沖縄人女性)
(伊藤勝一氏蔵　那覇市歴史博物館提供　『大琉球写真帖』より)

第6章

日本史探求 と 琉球・沖縄　日清戦争と琉球の帰属問題の解決

東書日探701	実教日探702	実教日探703	清水日探704	山川日探705	山川日探706	第一日探707
日清戦争．下関条約　p.224	日清戦争．下関条約 p.258〜 p.259	日清戦争．下関条約　p.165	日清戦争．下関条約　p.195	日清戦争．下関条約 p.180〜181	日清戦争．下関条約　p.195	日清戦争．下関条約 p.183 p.195

> **日清戦争と沖縄**

1894年に日清戦争が勃発すると，明治政府による士族層への懐柔策などで，一時，下火になっていた頑固党(親清派)と開化党(親日派)の抗争が再燃した。頑固党は王府時代の大礼服を着けて，毎月1日と15日には園比屋武御嶽や円覚寺などの社寺をめぐって清の勝利を祈願した。久米村では清軍への支援金を募り，兵器も密かに集めていた。開化党は『琉球新報』を拠点にして，日本軍の活躍を大々的に報道するなど，頑固党の態度を激しく批判した。

戦争の進展とともに，憶測や流言が飛びかい，清の南洋艦隊が沖縄を攻撃するとの情報が流れると，県内は大いに動揺した。中学校や師範学校では，熊本鎮台沖縄分遣隊を援護する義勇団を組織し，連日，射撃訓練などをおこなって有事にそなえた。鹿児島を主とした寄留商人や官吏は，自衛組織として同盟義会をつくって武装化し，清軍艦の来襲と沖縄人の反乱にそなえた。那覇市民は中頭方面へ避難するなど，県内は一時，騒然となった。

だが，清軍の沖縄への襲撃はなく，戦争も日本の勝利に終わり，騒動はおさまった。その結果，清にはもはや琉球救援の意図も，その力もないことがはっきりした。頑固党の望みもすべて断たれ，沖縄の人びとの多くが日本への同化を受け入れるようになった。

日本の勝利は，「琉球の時代」を終焉させ，近代沖縄への歩みを決定づける重大な転機となった。「琉球併合」以来，日清間で争われていた琉球の復国問題にも最終的な決着がつけられ，それにより旧慣諸制度の改革がおこなわれた。沖縄県民の意識も大きく変化し，皇民化に重きがおかれた教育を受け入れ，標準語や和装・洋服の普及，男子のカタカシラや女性のハジチを廃止するなど，沖縄社会は近代化へ向けてあらたな展開をはじめた。

また，日本が台湾を植民地として領有したことで，沖縄のもつ軍事的位置や砂糖の生産地としての経済的地位も相対的に低下した。

ここに着目 ☞ 下関条約で琉球の帰属問題が決着 (→ p.103)

日清戦争に勝利した日本は，1895年に下関で講和条約を結んだ。日本の全権は伊藤博文・陸奥宗光で，清の全権は琉球が最も頼りにしていた李鴻章だった。

その内容は，(1) 清は朝鮮の独立を承認し，(2) 遼東半島 (三国干渉で返還) および台湾・澎湖諸島を日本に譲り，(3) 賠償金として2億両（テール）を支払い，(4) 沙市，重慶，蘇州，杭州の4港を開くこと，などであった。翌年には，欧米と同様の権利を有する通商条約を結んだ。

実は (1) の朝鮮の独立は，「清が朝鮮の宗主権を放棄してその独立を認め，朝貢・冊封体制を終わらせる」ことを意味していた。清はすでに，ベトナムやビルマなどの朝貢国を失っており，下関条約によって清を宗主国とする東アジアにおける国際秩序は崩壊し，琉球 (沖縄) も王国復活のよりどころを失って日本に帰属することが決定的となった。

以後，日本への同化策が急速にすすめられることになる。

シーブン話 台湾領有で，宮古・八重山と沖縄諸島の間に時差が生じた

日清戦争で日本が勝利すると，台湾は日本の領土に組み込まれた。これにより，日本国内の時差が，東端の北海道と西端の台湾では大きく開いてしまうことになった。そのため，従来の標準時とは別に，台湾を基準にした「日本西部標準時」が設けられ，宮古・八重山諸島にも適用された。同じ沖縄県でありながら，宮古・八重山諸島と沖縄諸島の間に，1時間の時差が生じることになったのである。

この二つの標準時は日本国内にはなじまず，1937年に廃止されて沖縄県も一つの時間帯にもどった。

> もっと知りたい
> 琉球・沖縄のこと

「日清戦争」前後の沖縄教育界の騒動
～中学生たちはなぜストライキ事件をおこしたのか～

　日清戦争が終わった年，沖縄尋常中学校（現・首里高校）で沖縄差別に対するストライキ事件がおこった。

　ことの発端は，1894年に本土出身の児玉喜八校長が，全校生徒への訓話で「皆さんは普通語さえ完全に使えないくせに，英語まで学ばなければならないという気の毒な境遇にいる」と述べ，英語の教科を廃止しようとしたことにあった。校長の差別意識まるだしの沖縄同情論に，生徒たちは激怒した。このときは，生徒たちに信頼のあった下国良之助教頭の説得で，英語を選択科目として設置することで騒ぎはおさまった。

　ところが翌年10月，児玉校長は下国教頭に休職を命じ，沖縄文化に理解をもっていた田島利三郎教諭を解雇処分にしたのである。そこで生徒たちの怒りが爆発し，児玉校長の退陣と教育刷新を求めて，6か月におよぶストライキを敢行した。

図書館長時代の伊波普猷
（1876年～1947年）
（那覇市歴史資料室提供）

　世論も生徒らの行動を全面的に支持したため，翌96年，児玉校長が紛争の責任を問われて解任され，ストライキは中学生の勝利に終わった。しかし，ストライキを指導した漢名憲和や伊波普猷らリーダーの復学は許されなかった。

　中学生たちのストライキ事件には，内なるもう一つの問題があった。それは，生徒たちの不満が沖縄差別にあったにもかかわらず，その差別を生みだしていた皇民化政策（日本への同化政策）へは批判の目がむけられなかったことである。むしろ，彼らの目的は，そのなかへみずからを順応させることにあった。日清戦争のとき，同じ児玉校長が編成した義勇団へ，中学生たちが率先して応じていたことにもそのことはみてとれる。それはまた，「現代にまで影響をあたえている，近代沖縄人の意識構造のあらわれ」でもあった。

〔除籍・退学になった生徒たちのその後〕

伊波普猷（1876～1947）…本土で旧制中学・高等学校を卒業し，東京帝国大学に進学。在学中に恩師・田島利三郎から沖縄関係の資料を譲り受けて研究。『古琉球』などを著し，「沖縄学の父」とよばれる。初代の県立図書館長。

漢那憲和（1877～1950）…奈良原知事のはからいで卒業。海軍兵学校・海軍大学校に進学し，卒業後は海軍軍人としてのエリートコースをあゆむ。海軍少将で退役し，衆議院議員を5期つとめる。

金城紀光（1875～1967）…復学を許されて卒業。第五高等学校をへて東京帝国大学医学部に学び，沖縄最初の医学士となる。沖縄県立沖縄病院院長，衆議院議員，那覇市長などを歴任。

照屋　宏（1875～1939）…上京して明治義会尋常中学校に編入。第一高等学校をへて京都帝国大学土木工学科に学ぶ。卒業後，台湾総督府鉄道部の技師をへて那覇市長などを歴任。

西銘五郎（1873～1938）…徳太ともいう。除籍処分ののち上京。明治義会尋常中学校に編入。卒業後に一時，明治法律専門学校に学んだあと渡米し，アメリカ本国移民の先駆けとなる。

真境名安興（1875～1933）…復学を許されて卒業。『琉球新報』『沖縄毎日新聞』などの記者をへて県庁職員となり，そのかたわら沖縄の文学・芸能・民俗・歴史などを研究し，『沖縄一千年史』を著す。2代目の県立図書館長。

シーブン話　もう一人のリーダー屋比久孟昌（1875～1902）のその後

退学になったリーダーに，もう一人，屋比久孟昌がいる。屋比久は復学を許されて卒業。陸軍士官学校を出て歩兵少尉となったが，1902年に自殺している。何があったのか。

『琉球新報』（同年1月25日）の記事によると，「すでに媒酌人も決まり，結婚をまつばかりになってトラブルが生じ，認めてもらえなかったことに痛く憤慨したため(要約)」とある。また，将校から「琉球出身で言語不明瞭」の侮辱を受けたことも自殺の一因ではないか，ともいわれている。

Pick Out！　古い慣習のカタカシラ，針突はどのように消滅していったか

沖縄の古い習俗として，男性は**カタカシラ**とよばれるマゲをゆい，女性は**針突**とよばれる入墨を手の甲に施すならわしがあった。日清戦争後，古い制度の改革がすすめられると，これらの習俗も前近代的な悪習の象徴として禁止された。

針突は，成人女性の印としてはじめられたと思われるが，近世期には夫につくす良妻の証だとか，死後の世界へのパスポートだと信じられていたため，なかなか改めることができなかった。しかし，1899年に入墨禁止令が出され，入墨師や針突をした女性が警察に検挙されると，このような伝統的習俗もしだいに消えていった。

男性のカタカシラは，王府時代の成人男子の髪型で，その形は士(サムレー)も百姓も同じであった。沖縄における断髪は，本土の断髪令(1871年)にならってすすめられ，1888年ごろに役人や教師・児童生徒を中心におこなわれ

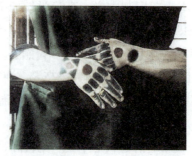
針突（ハジチ）と呼ばれる入れ墨
（琉球大学附属図書館
（プール文庫より）提供）

カタカシラを結った男性
（那覇市歴史博物館提供）

た。しかし、これに対する反発は強く、学校では父兄による強制退学などがおこった。とくに首里・那覇の士族層に反対するものが多く、かたくなにカタカシラを切ることを拒絶した。だが、これも日清戦争のころまでで、日本の勝利をさかいに断髪するようになり、20世紀に入るまでには、カタカシラ姿はほとんど姿を消していった。

そのほか「**風俗改良運動**」として、若い男女が夜遅くまで野原や浜辺で遊ぶ(毛遊び)ことや霊媒(ユタ)の禁止、冠婚葬祭、行事の簡素化などがおこなわれた。こうした沖縄の生活様式や習俗・慣習の改革は、たんに沖縄の近代化をはかるためだけにおこなわれたのではなく、日本への同化(**皇民化**)をおしすすめるためのものでもあった。

シーブン話　修学旅行で強制断髪し、大騒動となった八重山

1895年、八重山高等小学校、大川尋常小学校の生徒が、修学旅行で小浜島・竹富島へ行くことになった。楽しいはずの旅行が、竹富島で大騒動を引きおこすことになった。何と、子どもたちが寝ている間に、進歩派を自称する人びとによって断髪が強行されたのである。これに気づいた子どもたちは、悲鳴を上げて逃げまわったり、フクギに登って隠れたりして大騒ぎになった。

保護者は石垣島にもどった断髪姿の子どもたちを見て激怒し、引率の教員は責任を取って総辞職した。頑固派の強い抵抗で学校は休校となり、騒ぎは大きくなるばかりだった。そのため蔵元(役所)は、各地の有力者をよび出して人びとを説得させ、やっと事態を収拾するというありさまだった。

その後、一般への断髪指導も強権的にすすめられたが、1903年に頭懸(人頭税)が廃止されると「心も形も真に日本人とならなければならない」とする意見に同調し、多くの人が断髪するようになった。

第6章

公同会運動

日清戦争で日本が勝利をおさめると、清国をたのみにしていた復国・藩政復活運動は急速に衰退していった。かわって、日清戦争後まもなく、旧王家一族(尚氏)を中心に「沖縄県人民の共同一致をはかり、公利公益を振興する手段・方法を研究する」ことを目的にした**公同会運動**がおこった。

公同会は、琉球藩最後の国王尚泰の次男・**尚寅**ら、7人の旧支配層を発起人とする沖縄最初の政治結社であった。その具体的な手段・方法とは、40万沖縄県民の幸福を実現するため、という名目のもとに、沖縄県にだけ特別な制度をしいて、沖縄県知事を尚氏の世襲にして沖縄人を主体にした自治政治を敷き、政府の干渉を最小限におさえて旧支配層の復権をはかろうとするものだった。すなわち、日清戦争後の政治的変化に対し、沖縄県民の皇民化に民衆の精神的支柱である尚家が尽力するかわり、旧支配層の復権のもとに沖縄の主体性を回復させようとしたのである。

この会には、「琉球併合」後たがいに反目しあっていた頑固党(親清派・日清両属派)・開化党(親日派)の人びとや、第1回県費留学生として本土に学び、沖縄最初の新聞『琉球新報』を創刊した**太田朝敷・高嶺朝教**などの新知識人までも加わっていた。

121

彼らは，県内各地を遊説しておよそ7万3000人の署名を集め，翌1897年には，9人の請願団を上京させた。しかし，政府は彼らの請願運動を，理にかなわぬ要求だとして退けたばかりか，このような運動家は国事犯であるとして処罰することさえほのめかした。それに，たのみの中央の諸新聞や在京の沖縄県人留学生も，こぞってこの運動を「**時代錯誤の復藩論**」だとして手厳しく批判したため，「旧支配者層の最後のもがき」となった公同会運動は，やがて自然消滅していった。

ここに着目 ☞ 実現の見込みのない運動を繰り広げた理由

しかし，彼らはなぜ実現の見込みのないこのような運動を繰り広げたのだろうか。実は，その裏にもう一つ目的があった。それは，旧王家を沖縄に迎えるという公同会運動を通して，頑固党（親清派・日清両属派）・開化党（親日派）に分裂していた王国時代の旧支配層を一つにまとめ，沖縄人（ウチナーンチュ）の主体性を確立し，県政を大和人（ヤマトゥンチュ）の手から奪い返そうというものだった。

学習テーマ 23 沖縄県民はどのように権利を獲得していったのか

古い制度の改革

王府時代からの古い制度で，沖縄の近代化をおくらせていたのが，土地制度であった。これまでの沖縄の農地は，一定の年限で耕作地を割り変える**地割制度**で，原則として農民が土地を所有することは許されていなかった。また，租税もほとんどが農民に課せられており，士族層の多くが免税の特権をあたえられていた。

このような不合理な土地制度や租税制度が，農民を貧困におとしいれていた最大の原因であった。そのため1880年代には，各地で農民による村役人の不正追求がおこなわれ，宮古島では頭懸（人頭税）廃止運動をよびおこす要因となった（→p.124）。

明治政府は日清戦争の勝利をきっかけに，県民の意識が日本への同化を受け入れるようになると，沖縄の古い制度の改革にのりだした。政府にとっても，安定した税収の確保と，新しい支配体制による合理的な沖縄統治のためには，旧慣の改革は必要なことだった。

沖縄の土地整理は1899年にはじめられ，1903年に終了した。土地整理の要点は，**(1) 地割制度のもとで使用していた土地を，そのまま個々の農民の私有地として認め，(2) 土地所有者を納税者とし，(3) 物品納や頭懸（人頭税）を廃止して，地価の2.5%を地租として納めさせる**ことだった。

これによって，農民に大きな負担をかけていた租税が，士族にも公平に分担されるようになった。それでも，国税の増額と新税の創設などで，農民

🏛 Side Note

他府県並みの権利獲得

1920年4月，沖縄に対する市町村制・府県制の特例が撤廃され，他府県並みの県政となった。また，5月に宮古・八重山を含む衆議院議員選挙（定数5人）が実施され，国政参加の権利も得ることができた。

の税負担が大幅に減少したわけではなかった。

いっぽう，納税の義務をはたすことになった沖縄県民の宮古・八重山を含む国政参加の権利は，1920年に他府県並みの県制が施行されるまで先送りにされた。

日本史探求 と 琉球・沖縄
沖縄の参政権獲得運動
～遅れた国政参加～

実教日探 702	実教日探 703	第一日探 707
衆議院選挙法．謝花昇 p.255	沖縄と自由民権．謝花昇 p.161	専制的な知事 p.191

謝花昇と沖縄の民権運動

沖縄の古い制度（旧慣）の改革を担って県知事に任命されたのが，のちに"琉球王"とあだなされた**奈良原繁**（在任1892～1908)だった。

そのころ，県庁には第1回県費留学生で帝国農科大学を卒業して技師となった，**謝花昇**が勤めていた。平民出身ではじめての高等官となり，身分の壁をやぶった人物として尊敬され，多くの若者に希望をあたえた。それが，赴任してきたばかりの奈良原知事と，真っ向から対立することになった。

奈良原が貧窮士族の救済と産業を発展させるという名目で，農民が共同で管理・利用してきた**杣山**（そまやま）とよばれる山林を，民間に払い下げる政策（貸与による開墾）を取ったからである。農民のあいだからは不満の声があがり，開墾許可の取り消しを求める嘆願書がだされた。これまでの経験から，貴重な共有林が伐採されると，生活用の薪や建築資材が不足するだけでなく，水源の枯渇をまねき，生活権がおびやかされるおそれがあったからである。

当時の沖縄は，役人をはじめ商業や教育など，あらゆる分野で本土人（ヤマトゥンチュ）が中心となっており，沖縄の人びとは差別されていた。杣山の開墾を願い出たのも，これら高級官僚や彼らと結びついていた地元の有力者たちだった。謝花は杣山の払い下げに反対し，奈良原の政策を厳しく批判した。

1898年，上京した謝花は，奈良原や旧支配層による専制的な政治を変えるには，国会に農民代表をおくりだして国政レベルで対抗するしかないと考え，県庁をやめて民権運動に身を投じた。沖縄からも国会議員が出せるよう，東京で**當山久三**（→p.131）らとともに

第8代県知事・奈良原繁
1892年から1908年まで約16年間沖縄に君臨し，「琉球王」の異名をとった。
（那覇市歴史博物館提供）

謝花昇
第1回の県費留学生5人の中で唯一の農民出身であった。帝国農科大学等で農学を修め，県の高等官としてエリートコースを歩み，「階級打破」の象徴となった。（那覇市歴史博物館提供）

第6章

123

「沖縄倶楽部」という政治団体をつくり，雑誌『沖縄時論』を発行して活動をはじめた。

沖縄にもどると，これを中心に奈良原県政を激しく攻撃した。しかし，奈良原や旧支配層は，新聞や金の力にものをいわせて徹底的に反撃をくわえ，彼らの運動を押しつぶした。

謝花は職を求めて本土へ旅立ったが，その途上で精神を患い，1908年に44歳で亡くなった。それから4年後の1912年，謝花らの**参政権獲得運動**が実を結び，沖縄からも国会議員(宮古・八重山を除く)が出せるようになった。

謝花らは，沖縄の民衆のために巨大な権力と戦ったが，その考えを浸透させることはできず，大衆運動にまで高めることはできなかった。彼らもまた，そのような民衆の立場を十分に理解しえず，やがて旧支配勢力と奈良原らの弾圧に屈してその運動は挫折してしまった。しかし，彼らが民衆をまきこんだ政治結社を組織し，その政策を県政に反映しようとした意義は大きかったといえるだろう。

頭懸(人頭税)廃止運動に立ち上がった宮古の民衆

廃琉置県(琉球併合)後の旧慣温存策で，もっとも厳しい生活を余儀なくされていたのが，頭懸(人頭税)とよばれる古い税制が残っていた宮古・八重山の民衆だった。

宮古島でおこった頭懸(人頭税)廃止運動は，沖縄島から糖業技師として赴任してきた**城間正安**と，新潟県出身で真珠採取の事業を夢見て宮古島にやってきた青年実業家・**中村十作**の，二人の努力抜きにはなしえなかった。城間，中村ともに，それぞれ異なった志をもって宮古島にやって来たのだったが，近代化の外にはじきだされ，士族層に奴隷のようにこき使われている農民の姿を目のあたりにしたとき，彼らはその目的を達成するよりも先に，農民を苦しめている元凶である頭懸(人頭税)を廃止することに力をそそぐようになった。

力強い指導者をえた宮古農民は，頭懸(人頭税)の廃止など古い制度の改革を島役所や県庁に訴えた。県も旧慣を改革する方針だったが，士族の圧力で思うようにはすすまなかった。そこで城間と中村は，農民代表の平良真牛と西里蒲をひきつれて東京へおもむき，政府と帝国議会に直訴することにした。

1893年11月，東京に着いた一行は，中村を中心に新聞社や知識人，国会議員らを訪ねて宮古の実情を強く訴え，精力的に頭懸(人頭税)を廃止させるための活動をはじめた。彼らの活動は予想以上の成果をあげ，理解ある各界有力者の協力をえて，内務大臣に頭懸(人頭税)廃止を要求する建議書を手渡すことができた。

1893年の議会では，条約改正問題をめぐっての与野党の対立などもあって，建議書はすぐには取り上げてもらえなかった。しかし，中村らの粘り強い活動で，1895年に念願かなって

城間正安と中村十作を称える「人頭税廃止100周年記念碑」(宮古島)(仲村顕氏提供)

第八回帝国議会でとりあげられ，ついに議会を通過した。

　こうして宮古農民の努力がむくいられて，1899年には「**土地整理**」(→p.122)がはじめられ，**1903(明治36)年**に頭懸(人頭税)は廃止された。

シーブン話　再検証がもとめられている「頭懸(人頭税)廃止運動」の評価

　頭懸(人頭税)廃止運動の評価については，再検証すべきではないかとの意見がある。その理由は，なぜ課税の対象を「人口」から生産性の低い「土地」にしてほしいと要求したのか，その根拠が疑わしいこと。また，貨幣経済が未発達な社会状況のなか，なぜ「物納」から「金納」への変更を求めたのか，農民たちがそのことをどれだけ理解していたのか疑問が残ること。さらに，「請願書」は東京で書かれており，その内容も政府が考えていた政策と同様だったことなどから，中村兄弟の考えが反映されたものではないか，と思われるからである。

学習テーマ 24 日本の軍国主義はどのようにして沖縄にもたらされたのか

日本史探求 と 琉球・沖縄　徴兵令の施行

東書日探 701	実教日探 702	実教日探 703	清水日探 704	山川日探 705	山川日探 706	第一日探 707
徴兵令 p.204	徴兵令 p.234	徴兵令 p.153	徴兵令 p.159	徴兵令 p.238	徴兵令 p.179	徴兵令 p.177

沖縄への徴兵制の施行

　富国強兵をめざしていた明治政府は，欧米の近代的な軍事制度に学び，1873年に**徴兵令**を公布した。

　沖縄への徴兵令の適用は1885年に計画され，日本が日清戦争に勝利をおさめ，沖縄県民の意識が日本への同化を受け入れるようになったころから具体化された。

　まず，1896年，師範学校を卒業した小学校教員に6週間の兵役が実施され，2年後の**1898(明治31)年**に，小笠原諸島とともに一般への徴兵令が実施された。先に教員へ施行されたのは，沖縄県民の皇民化には教育が重要だったことと，当時，日本政府がおしすすめていた国家主義教育の実質的な担い手が教員だったからにほかならなかった。また，沖縄の軍事的価値についても早くから注目され，1886年には，徴兵制を実現させた内務大臣・**山県有朋**が，翌年には総理大臣・**伊藤博文**が軍事視察の目的で沖縄をおとずれていた。

　政府が旧慣諸制度の改革がまだ完了していない沖縄に，国民の義務としての徴兵令の施行を急いだのは，日清戦争後，ロシアをにらんだ軍備拡張にともなう兵員を確保する必要にせまられていたからだった。いずれにせよ，沖縄に対して日本国民としての権利よりも義務を先行させていた政府と県の方針は，ここでも貫かれていた。

第6章

125

ここに着目 徴兵を忌避した人びと

　沖縄の指導的立場にあった県庁の職員や，教育者・新聞記者などは，沖縄にも徴兵令が施行され，国民の義務である兵役を負うことによって，沖縄県民も晴れて**皇国臣民**(日本国民)の仲間入りができると歓迎し，積極的に徴兵令の普及につとめた。だが，肝心の一般民衆のあいだでは，日本各地で徴兵忌避がおこったように，検査前に逃亡したり，故意に身体を傷つけたり，障がいをよそおったり，あるいは海外移民になるなど，さまざまな方法で徴兵逃れをする者があとをたたなかった。

Side Note

徴兵逃れの方法

　小銃が引けないよう右手人差し指を切断したり，醤油を飲んで心臓疾患をよそおったり，下痢を誘発させる薬草などを食べて極度に体重を減らしたりした。また，目に異物を入れて視力をおとしたり，戸籍を偽って年齢をごまかしたり，耳が聞こえないふりや気がふれたふりをする者もいた。

　こうした動きに対し，民権運動を指導した謝花昇らも，参政権を獲得するためには国民の義務である兵役に服することは当然だと考えていたので，本土の「血税一揆」のような組織的運動へと発展することはなかった。

　徴兵逃れのために捕らえられて処罰された者の数は，徴兵令が施行された1898年から1915年までの18年間に，総数774人にものぼった。

　いっぽう，兵士として入隊した青年たちのなかには，標準語が話せず読書算術もできない者が多かったので，軍隊内には未開人をイメージした「琉球人」と蔑む差別が待っていた。日本国民として，一定の皇民化教育を受けていた沖縄出身の兵士にとって，その差別をはらいのけて，忠誠心の強い臣民(国民)であることを証明するには，戦場で身を挺して戦うこと以外に方法はなかった。そして，その悲壮な決意は，日露戦争ではやくも実践されることになった。

　本土人から差別された沖縄出身兵士は，その1割近い死傷者(戦死者205人・戦傷者149人)を出すことによって，「敵を恐れることなく上官の命令に従い，身命を顧みる者なし」と誉めそやされた。そのことで，皇国臣民としての市民権を得ることができると考えたのである。ところが，政府や軍部の評価は，必ずしも沖縄人が考えていた通りではなかった。

　"沖縄戦"というもっとも悲惨な結末で，沖縄は帝国日本の真の姿をみせつけられることになる。

人物に観る琉球・沖縄　屋部憲通（1866〜1937）・屋部憲伝（1888〜1939）父子
〜父は沖縄初の軍人，息子は初の良心的兵役拒否者〜

屋部憲通

屋部憲伝
（北米沖縄人史より）

　屋部憲通は，「軍人として天皇国家のために尽くす人が出てくれば，ヤマトゥンチュの沖縄人に対する見方も変わるに違いない」と考え，旧制中学校を退学して9人の仲間とともに陸軍教導団に入った。1892年に教導団を卒業すると沖縄最初の軍人となり，日清戦争（1894〜95）に従軍して活躍した。

　息子の憲伝は，軍人としての父の生き方に強く反発した。県立第一中学校に入ると，人間の平等愛を説くキリスト教を信仰し，トルストイの思想にも興味をもつなど，父とは反対の道を歩むようになった。

　中学校を卒業した憲伝は，大きな岐路に立たされた。20歳になると徴兵令がまっていたからである。憲伝は，神学の研究を名目にハワイへ行く決心をした。海外移民になると兵隊にならずにすんだからである。沖縄初の軍人として称えられた「**屋部軍曹**」の長男が，沖縄初の「**良心的兵役拒否者**」となったのである。

　ハワイで熱心にキリスト教の教えを学んだ憲伝は，その後，ロサンゼルスに渡った。しかし，そこに待っていたのは，平等と博愛にみちた理想の社会ではなかった。人種差別と民族差別，それに貧富の差という厳しいアメリカ社会の現実であった。それでも，この地で生きる道をみつけた憲伝は31歳で結婚し，貧しくも3人の娘に恵まれた温かい家庭を築いた。いつしかキリスト教からも離れ，移民としてアメリカにやってきた沖縄の青年たちの面倒をみるようになっていた。

　1919年，父・憲通は公務で渡米したあと，アメリカに8年ほど滞在した。その間に息子・憲伝に招かれ，長い間の親子の溝を埋めたといわれているが，詳しいことはわかっていない。1927年，憲通はハワイに渡って空手の指導・普及活動をおこなったあと，帰国の途に就いた。

🔍 Pick Out！　徴兵逃がれの裏ワザで兵役をまぬかれた鈴木梅太郎（1874〜1943）

　1873年に徴兵令がしかれ，これまで軍事には無縁だった国民にも兵役が義務づけられた。当初は，一家の主人や跡継ぎ・官吏などに兵役が免除され，徴兵該当者の多くが免役者となっていた。そのうえ，跡継ぎのいない家の養子になったり，病気を装うなどしたりして徴兵を逃れるものも多かった。

政府はしだいに免疫規定を縮小し，1889年には**国民皆兵**とした。これによって徴兵逃れの道も閉ざされたかにみえたが，まだ方法は残っていた。徴兵令が施行されていない沖縄へ戸籍を移すことだった。事実，沖縄ではこのころ本土から密かに転籍していた人がいたことが伝えられている。しかし，1898年に沖縄にも徴兵令が適用されると，この方法も意味をなさなくなった。これで転籍による合法的な徴兵逃れの道はすべて閉ざされたことになる。だが，それでも，まだ徴兵を免れていた者がいた。実は，沖縄の宮古・八重山諸島はまだ古い税制である頭懸（人頭税）が残されていたため，徴兵令の適用が猶予されていた。ビタミン B_1 の発見者として有名な，農芸化学者・鈴木梅太郎もこの地に転籍して徴兵を免れた一人だったとみられる。

　このことは，1970年代に偶然，鈴木の本籍が沖縄にあったことを知った人物が，地元の新聞に投稿したことがきっかけとなって，一時，話題になった。そこで，八重山在住の郷土史家が石垣市の古い除籍簿を調べたところ，「八重山石垣間切新川村 拾 五番地」に鈴木の戸籍が存在していたことがわかった。その期間は，鈴木が帝国大学農科大学（現・東京大学農学部）を卒業した1896年から，1916年に東京渋谷に転籍するまでの約20年間だった。もちろん，同地に鈴木が住んでいた形跡はないし，関係者もいない。どのような伝で八重山に本籍を移したかわかっていないが，徴兵を免れるための方策だったと思われる。

　ちなみに，鈴木梅太郎は静岡県出身である。

学習テーマ **25**

ソテツ地獄はどのようにしておこったのか

日本史探求 **と** 琉球・沖縄
戦後恐慌・昭和恐慌と沖縄
～ソテツ地獄～

東書日探 701	実教日探 702	実教日探 703	清水日探 704	山川日探 705	山川日探 706	第一日探 707
昭和恐慌 p.254	戦後恐慌 昭和恐慌 p.297.300	戦後恐慌 昭和恐慌 p.176.189	ソテツ地獄 昭和恐慌 p.167.215	大戦景気.戦後恐慌.昭和恐慌 p.295.300.304	不況と震災.戦後恐慌.昭和恐慌 p.209.228.230	大戦景気 昭和恐慌 p.215.229

大戦景気と戦後恐慌

　第一次世界大戦は，日露戦争後の不況を吹き飛ばす未曾有の好景気を日本にもたらした。日本は戦争によってアジアからいちじ後退した列強にかわって市場を独占し，アメリカとともに連合国側に軍需品・鉱産物を輸出したので，工業製品の生産が飛躍的に増大した。また，薬品・染料などの輸入が途絶えたことによって化学工業が発達するきっかけをつくり，世界的な船舶不足は**船成金**を生みだした。

　日本の好景気は沖縄にも及んだ。沖縄の代表的な産業は糖業であったが，第一次世界大戦は参戦国の糖業生産にも打撃をあたえ，砂糖の価格を一気に押し上げた。これによって農家

の生産意欲が高まり、県経済は活況を呈した。ことに、大規模なサトウキビ農家や砂糖商人及び砂糖仲買人は大きな利益をあげ、「**砂糖成金**」とよばれるものも現れた。

しかし、この大戦景気は底の浅いもので、長続きはしなかった。1918年に第一次世界大戦が終わり、ヨーロッパ経済が復興してアジア市場にその製品が再登場してくると、日本の輸出は急速に減少して、たちまち過剰生産による不況におちいった（**戦後恐慌**）。これにともない砂糖の価格も急落し、沖縄にも戦後恐慌の波が押し寄せてきた。

さらに1923(大正12)年におこった**関東大震災**がこれに追い討ちかけ、ついで金融恐慌がおこり、1929(昭和4)年には世界恐慌が日本経済を襲うという慢性的な恐慌に見舞われた（**昭和恐慌**）。

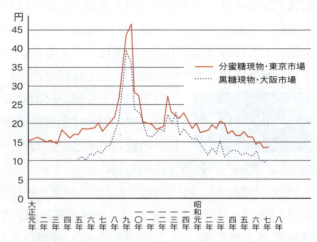

砂糖相場の推移（『沖縄県史』3より）

ソテツ地獄と県民の暮らし

沖縄では、この恐慌を"**ソテツ地獄**"とよんでいる。極度に疲弊した農村では、米はおろか芋さえも口にすることができず、調理をあやまれば、命をも奪うソテツの実や幹を食べて飢えを凌がなければならなかった。そんな悲惨な窮状をたとえた用語である。

当時の沖縄の人口は60万人ほどで、約7割が農民であった。しかも、その多くは零細農家で、サトウキビを主作物とする農業を営んでいた。

廃琉置県(琉球併合)後、沖縄では換金作物としてサトウキビを栽培する農家が増え、サツマイモ畑や水田までもキビ畑にかえていた。砂糖生産中心のこの生活形態は、自然環境や経済変動の影響を受けやすく、何かおこると、すぐさま食糧不足と経済不況にみまわれる脆弱さを持っていた。それが最悪のかたちであらわれたのが、大正末期から昭和初期にかけておこったソテツ地獄である。

沖縄の輸出品は、砂糖のほかに泡盛・パナマ帽子・畳表・鰹節・漆器などがあったが、その8割を砂糖が占めていたので、国際的な糖価の暴落は県経済に深刻な影響をあたえた。国税の滞納額も、1921年以降は40㌫台を推移し、銀行などの金融機関にも大きな打撃をあたえた。それに追い討ちをかけるように、台風や旱ばつが襲い、農

ソテツ

村は文字通りソテツを食べて飢えを凌がなければならない状態にまで追いつめられていった。

多額の借金をかかえ、生活がどうにも立ちゆかない農家では、最後の手段として**身売り**が公然とおこなわれた。男性は漁業に従事する糸満へ、女性は遊女として辻の遊郭に売られた。また、**海外移民**や本土へ出稼ぎとして沖縄を出て行く人びとも増えていった。

沖縄振興計画

戦後恐慌で沖縄の経済は壊滅的な打撃をうけ、銀行の倒産もあいついだ。県の財政は租税滞納で危機的状況におちいり、公務員の給料支払いの遅れや不払いがおこった。各地の学校では、欠席・欠食児童が増加し、教師への給料不払いもおこった。

1930（昭和5）年、沖縄県はソテツ地獄と称されたこのような社会状況を打開するため、第22代知事・井野次郎のもとで「沖縄振興計画」を作成した。この計画は、1932年に「**沖縄振興15か年計画**」として閣議決定され、翌年から15か年にわたって実施されることになった。その内容は、土地改良・港湾・道路・橋など産業基盤の整備を柱としたもので、糖業の振興と各分野における生産力の増強をはかることを目的としていた。予算額は年間約450万円で、沖縄県の国庫に対する過去10年間の支払い超過分に相当した。

これは、政府によるはじめての沖縄振興策であったが、日本が戦時体制に入っていくなかで停滞し、実際に実施されたのは計画の20％程度だった。1937年に本格的な日中戦争がはじまると、沖縄振興策も有名無実化した。

シーブン話　沖縄にも鉄道が走っていた

軽便鉄道（那覇市歴史博物館提供）

1914年に**沖縄県営鉄道**が敷設され、最初に那覇〜与那原間が開通した。汽車よりも規格の小さな軽便鉄道で**ケービン**とよばれて親しまれた。1922年には那覇と中部西海岸を結ぶ嘉手納線が、翌年には南部の糸満線が開通した。これによって、ヒト・モノの大量輸送が可能になり、沖縄の基幹産業であった砂糖産業も盛んになっていった。

軽便鉄道は沖縄戦で破壊された。

学習テーマ 26 どれだけの沖縄県民が海外移民や出稼ぎとなったのか

日本史探求 と 琉球・沖縄　海外移民

実教日探 703	清水日探 704
海外移民 p.183.199	満州移民 p.235

海外移民となった人びと

　島国ゆえに資源にとぼしい沖縄では、県民の生活を支えるだけの生産力を生みだしえず、貧しい人びとの多くが県外へ活路をみいださなければならなかった。

　沖縄からの最初の海外移民は、1899(明治32)年に當山久三らによって送り出された26人のハワイ移民だった。それが日露戦争後の1906年には、ハワイを中心に一気に4670人にも達し、グラフ(→p.132)にみられるような大きな波をつくりながら推移していった。

　1923年から1930年にかけての移民が、いわゆる"ソテツ地獄"によっておし出された人びとの数を表したもので、日本全体の海外移民の1割にも及んでいた。

　渡航先はハワイのほか、ペルー・ブラジル・アルゼンチンなどの南米諸国や、フィリピン・シンガポールなどの東南アジア地域、南洋諸島（ミクロネシアの旧日本委任統治領の島々）であった(→p.153)。

世界における沖縄県出身移民の分布（1940年）
『沖縄大百科事典』上より

ここに着目　県民生活を支えた移民からの送金

　移民地では、同じ日本人でも沖縄出身者は言葉や習俗の違いなどから差別され、日本の統治下にあった南洋諸島では、一等国民・内地人、二等国民・沖縄人・朝鮮人、三等国民・島民などと序列化されていた。

　モーキティクーヨー（稼いで来いよ）と送り出された海外移民から家族への送金額は、県の歳入額の40㌫～65㌫に相当しており、困窮した県民生活の大きな支えとなった。しかし、この膨大な額の送金は、けっして移民によって豊かな生活基盤を築きあげることができたからではなかった。ほとんどの人びとが厳しい生活環境のもとで、風土病や現地住民とのトラブルなどに苦しめられながら、骨身をけずる思いで働きつづけ、衣食を切りつめてひねり出したものだった。もちろん、なかには成功をおさめた人もいたが、1世、2世の多くは貧困のまま移住地で働き続けねばならなかった。

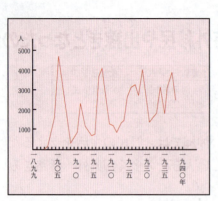

沖縄県出身移民の推移『沖縄県史』7より

1940年

府県	海外在留者数(人)	現住人口数(人)	海外在留者数の現住人口に対する比率
沖縄県	57,283	574,579	9.97
熊本県	65,378	1,368,179	4.78
広島県	72,484	1,869,504	3.88
山口県	41,788	1,294,242	3.23
和歌山県	22,268	865,074	2.57
佐賀県	14,592	701,517	2.08
長崎県	26,323	1,370,063	1.92
福岡県	55,492	3,094,132	1.79

日本における海外在留者数および現住人口数と比率『日系移民1世紀展』
（沖縄県立博物館・美術館より）

ここに着目　沖縄県出身移民はどのようにして苦難を乗り越えたか

　初期の沖縄県出身移民は社会的地位が低く、日系人の間でも言語や生活習慣の違いなどから差別されていた。そのため、沖縄県系人は同じ日本人でも、結婚相手として拒絶されたりした。

　ハワイでは、このような状況を憂慮した沖縄県系人の有識者らが、県系人の地位向上運動に立ち上がった。彼らは県系人向けの出版物を発行し、各地を巡回して勤勉に働くことの大切さと教育の重要性を強く訴えた。この運動は県系人の勤労意欲を高め、子弟の教育を促進させた。もともと実直で忍耐力の強い県系人は、農業に勤しむ傍ら様々な仕事にも従事し、経済的に繁栄する人びとがしだいに増えていった。

　アジア太平洋戦争後には、政財界でも頭角を現すようになり、ハワイの日系人社会でリーダー的地位を確立した。これまで蔑視されていた、沖縄の芸能なども高い評価を受けるようになった。

シーブン話　第8代・ハワイ州知事となった沖縄県系3世
　　　　　〜デービッド・ユタカ・イゲ（伊藝豊）〜

　2014年11月に実施されたアメリカのハワイ州知事選挙で、沖縄県系3世のデービッド・ユタカ・イゲが初当選した。イゲの父方の祖父母は西原町出身である。初期の沖縄県出身移民は社会的地位が低く、日系人の間でも言語や生活環境の違いなどから差別されていた。こうした逆境を乗り越え、戦後はハワイ日系人社会でリーダー的地位を確立し、沖縄県系人で初の州知事(2014〜2022年)を誕生させた。

Pick Out! 今では信じられない「写真結婚」

　初期のころの移民の多くは、独身男性だった。そのため、結婚適齢期になっても、なかなか相手を探すことができなかった。それは他府県の男性も同様だったが、沖縄出身者の場合は生活習慣や文化が違うため何かと差別され、せっかく結婚相手を見つけても反対された。沖縄に帰ってから結婚相手を見つけるには、お金がかかりすぎる。そこで考え出されたのが、「**写真結婚**」だった。この方法は他府県の男性も同様だった。

　写真結婚とは、結婚の意思を持った男性が、自分の写真とともに良い生活ができる旨の条件などを手紙にしたため、家族・親族のもとに送る。それを見た家族などが、花嫁候補を探してその写真を移民先の男性に送る。男性が気に入れば、家族・親族などが役所に婚姻届けを出し、移民先から夫が呼び寄せるという方法だった。

　しかし、夫婦になったとはいえ、初めて顔を合わせるのは現地である。なかには、写真と顔が違っていたり、事前に伝えられていた生活環境とはまったく異なっていたりして、離婚することも少なくなかった。

　では、なぜ女性たちは異国の花嫁になったのだろうか。当時は家父長の権限が強く、娘の意思よりも父親の考えが重視されていたからである。また、外国に対する若い女性のあこがれも、写真結婚を助長させたのかもしれない。

　ところが、米国社会では写真結婚は、「異常な結婚形態」として理解されず、1920年には禁止された。しかし、南米や南洋諸島などでは、戦後しばらくまで写真結婚は続けられた。

Side Note

世界のウチナーンチュ大会

　沖縄県は1990年よりほぼ5年に1度、世界のウチナーンチュ大会を開催している。2016年の第6回大会で、沖縄県知事は**10月30日**を「**世界のウチナーンチュの日**」と制定することを宣言した。これまで築きあげてきた世界中のウチナーネットワークが継承され、今後もますます繁栄していくようにとの願いを込めた記念日である。

本土へ出稼ぎに行った人びと

海外移民とほとんど時を同じくして，それ以上の人びとが**出稼ぎ**として本土へ流出していった。出稼ぎ先は阪神工業地帯に集中し，おもに製糸・紡績業などの工場労働者として雇われた。これら沖縄県出身の労働者は，長時間労働・低賃金・不衛生などの劣悪な労働条件のほかに，「琉球人」として蔑まれる差別にも耐えて働かなければならなかった。ここでも，沖縄の貧しい実家への送金を続けるため，日々の生活を切りつめながら働く人びとの姿があった。

しかし，沖縄出身者たちも，こうした劣悪な労働条件や不当な差別に耐えてばかりいたのではなかった。県人会を組織して連帯し，労働運動に携わるなど，沖縄人労働者の地位向上を求めて立ち上がる人たちもいた。だが，沖縄方言をはじめとする沖縄的習俗・習慣を捨て去り，"勤勉な日本人"になる道を選択する風潮もあった。

シーブン話　「合図森(エージモー)」は，何の合図をした場所なのか

沖縄の各地には，海外移民や本土への出稼ぎとして故郷を離れる人びとを見送る場所があった。

本部村崎本部（現・本部町崎本部）には，**合図森(エージモー)**とよばれる見晴らしの良い丘がある。20世紀初頭以来，崎本部からも多くの住民がハワイや南米に移民として渡った。また，フィリピンや南洋諸島，大阪や和歌山などへも出稼ぎとして村を出て行った。残された家族は，合図森にのぼって，松葉を燃やしながら即興の歌で別れをおしみ，沖合を過ぎ去る船を見送ったという。

合図森の句碑（本部町字崎本部）

現在，この地には「**子を送る　親の情けの　合図森**」ときざまれた碑がたてられている。

また，名護市の名護グスクの中腹には，汽船(黒い煙)に乗って本土へ出稼ぎに行く娘に別れをつげるため，老夫婦が松の青葉を燃やして(白い煙)見送ったという逸話を記した「**白い煙・黒い煙**」の碑が建てられている。

もっと知りたい 琉球・沖縄のこと　南大東村と北大東村の歴史
～八丈島の移住者によって開拓～

大東諸島（南大東島・北大東島・沖大東島）は，記録の上ではロシア海軍によって発見されたことになっているが，琉球では古くから**ウフアガリジマ**（はるか東方の島）としてその存在は知られていた。1885年，明治政府は大東諸島を調査して，日本領を示す国標を建てた。

1900（明治33）年，八丈島出身の**玉置半右衛門**が南大東島の開拓をはじめた。玉置は八丈島からの移住者を島の構成員として耕作地を貸しあたえ，沖縄出身者を労働者として雇い，**サトウキビ栽培**を主としたプランテーション的経営をおこなった。

南大東島は半右衛門が経営する玉置商会の社有地で，特例で市町村制は施行されていな

かった。島民は小作農で自治権もなく，生活用品の販売店や学校・郵便局・病院・交通などの公的施設および行政関連の権限もすべて同商会に握られていた。

北大東島の開拓は，1903年にはじめられた。当初は，燐鉱の採掘を主に開拓がすすめられたが成功せず，南大東島と同様にサトウキビ栽培のプランテーション的経営がおこなわれた。

沖大東では，明治期からラサ燐鉱会社によって発掘がおこなわれ，1944年まで続けられた。採掘された燐鉱石は，ほとんど神奈川県の川崎市に送られた。

1910年，半右衛門が病気で亡くなると，玉置商会は事業不振におちいり，1916年には大東諸島の経営権は東洋製糖株式会社に引き継がれ，翌年には同島の所有権も同社へ売り渡された。東洋製糖は玉置の経営方法を踏襲し，島民の管理を徹底して製糖業を拡大するとともに，北大東島の燐鉱採掘も再開した。しかし，昭和初期の恐慌によって経営不振におちいり，大日本製糖株式会社に吸収合併された。

沖縄戦後は，米軍によって島内のすべての資産が没収され，製糖会社による経営体制は崩壊した。1946年に村政がしかれ，**南大東村**と**北大東村**（沖大東を編入）で，はじめて住民自治がおこなわれた。それにともない，製糖会社によって経営されていた学校・病院・交通などの公共業務も琉球政府や村役場に移管された。

1964年7月には，入植以来の懸案だった島民による土地の私有が認められ，これまでの小作耕地は小作者の私有地になった。

現在も両村の主産業はサトウキビ栽培で，県内有数の製糖産地になっている。また，両大東島近海は豊かな漁場になっており，近年は港湾の整備による水産業の発展に期待がもたれている。

毎年9月におこなわれる祭りでは，**八丈太鼓**など八丈島の伝統文化の影響をうけた独特な行事が催されている。

大東宮例祭（北大東村）

学習テーマ 27 近代沖縄の文化はどのように形成されたのか

近代沖縄の文化

土地整理事業をはじめ旧慣諸制度の改革がすすみ，国政参加が実現すると，沖縄にも近代的な文化がもたらされるようになった。

沖縄で最初に創刊された新聞は，1893年に尚順・太田朝敷らによって創刊された『**琉球新報**』だった。ついで，1905年には寄留商人の資本による『沖縄新聞』が，1908年には那覇および郡部を代表する有力者の資本による『沖縄毎日新聞』が刊行された。これらの新聞は，創立当初から地域的・階級的な利害がからみあい，3社三つ巴の対

近代沖縄の文学・芸術作品		
〔論説文〕		
新城朝功	『瀕死の琉球』	1925
太田朝敷	『沖縄県政五十年』	1932
〔詩集〕		
世礼国男	『阿旦のかげ』	1922
津嘉山一穂	『無機物広場』	1931
伊波南哲	『オヤケアカハチ』	1936
山之口貘	『思弁の苑』	1938
〔小説〕		
山城正忠	『九年母』	1911
久志芙沙子	『滅びゆく琉球女の手記』	1932
〔絵画〕		
長嶺華国	『芭蕉の図』	1932
仲宗根樟山	『首里旧城之図』	1887
〔音楽〕		
宮良長包	『なんた浜』	1530
	『汗水節』	1929

立・抗争をくりかえした。しかし，政治的な論争や新思想の啓蒙など，文化・学芸面での新聞のはたした役割は大きかった。

文学では，代表的歌人として**山城正忠**がよく知られ，与謝野鉄幹・晶子の教えをうけ，中央歌壇に多くの作品を発表した。1922年に来沖した**佐藤惣之助**は，沖縄の知識人らに大きな刺激をあたえ，**世礼国男**，**津嘉山一穂**，**伊波南哲**らのすぐれた詩人を生みだすきっかけとなった。1929年には雑誌『改造』の懸賞募集に，津嘉山一穂，**仲村渠**が詩に応募して入選した。**山之口貘**は，東京で貧乏生活をしながら詩を書きつづけ，平易でユーモアとペーソスにみちた独特の作風を築きあげた。

小説では，1922年に雑誌『解放』に入選した**池宮城積宝**の「奥間巡査」や，1932年の『婦人公論』に発表された**久志芙沙子**の「**滅びゆく琉球女の手記**」がよく知られている。このころに発表された作品は，文学作品としての質よりも，沖縄差別など当時の近代沖縄がかかえる問題を描き出すことに重要な意味をもっていた。また，1926年に『中央公論』に発表された広津和郎の「**さまよへる琉球人**」は，沖縄人を差別する作品として沖縄青年同盟から批判され，そうほうの話し合いで発行禁止となった。この作品は，1970年『新沖縄文学』で復刻された。

近世における沖縄の美術は，王府の保護のもとで育成されたが，明治期には衰退し，新しく西洋画と日本画の技法が伝わった。王府の絵師だった，**安仁屋政伊**，**仲宗根樟山**，**長嶺華国**らが廃琉置県(琉球併合)後もひきつづき活躍した。安仁屋政伊の「鐘儀之図」は，琉球の伝統的な画法で日本帝国絵画協会展で入賞した。仲宗根樟山は，西洋画の技法をとりいれた鳥瞰図式で，城壁や建築物を立体的に描いた「首里旧城の図」を残している。長嶺華国は，王府最後の絵師のひとりで，墨の濃淡で亜熱帯特有の植物のみずみずしい生命力を表現した「**芭蕉の図**」を描いた。

比嘉景常は西洋画の教育をうけ，県立二中の教師として若手画家の育成と指導につとめた。**名渡山愛順**，**大嶺政寛**，

長嶺華国「芭蕉の図」
（沖縄県立博物館・美術館提供）

大城皓也，**安谷屋正義**らの活躍もその指導におうところが大きかった。山田真山は東京美術学校に学び，日本画・彫刻・工芸などで優れた作品を多く残した。戦後は「**沖縄平和祈念像**」を制作した。

　音楽の分野では，古典の伝統が途切れることなく継承され，今日までつづいている。沖縄師範学校の教師だった**宮良長包**は，琉球音階を西洋音楽の五線譜にのせ，「なんた浜」「えんどうの花」のような叙情歌や庶民の労働歌「汗水節（アシミジブシ）」などを作曲し，多くの人びとに親しまれた。

　沖縄の近代演劇は，宮廷芸能にたずさわっていた士族の芸能家が，廃琉置県（琉球併合）によって禄を失い，生活のためにはじめた商業演劇からおこった。その様式は琉球語による台詞劇と歌劇の2種類で，琉球語による文体が未発達だったこともあり，脚本が書かれることは少なく，あらすじがきまると細かいセリフは口立てという即興で演じられた。大正期には，本土の演劇の影響をうけながら**沖縄芝居（ウチナーしばい）**としての様式を確立し，庶民の娯楽として親しまれた。

宮良長包記念像（石垣市）
（仲村顕氏提供）

人物に観る琉球・沖縄

幻の女性作家・久志芙沙子（1903～1986）
～差別をもたらす社会を批判～

　久志芙沙子（本名はツル）は，首里の名家に生まれた。

　文学少女だった芙沙子は，女学校を卒業したあと小学校の教師になったが，結婚を機に台湾をへて本土にわたった。しかし，幸せな日々は長くはつづかなかった。

　東京で暮らすことになった芙沙子は，いつしか作家を志すようになり，コツコツと作品を書き続けた。そして29歳の時，雑誌『婦人公論』に投稿した作品「片隅の悲哀」が採用され，同誌に掲載（1932年6月号）されることになった。

　内容は，東京で暮らす沖縄の女性が，本土で沖縄出身であることを隠して出世した伯父の姿を，当時の悲惨な沖縄社会のようすとともに批判的に描いたものだった。この小説は，「滅びゆく琉球女の手記」と題して掲載されれた。読者の注目を引くために編集者がかってに題名を変えたのだった。芙沙子は何となくいやな気がした。

　案のじょう，雑誌発刊後，東京在住の沖縄県学生会から厳しい批判をうけた。その理由は，「沖縄の

婦人公論誌上で使われたカットの復製図

ことを洗いざらい書きたてられると迷惑である。アイヌや朝鮮人と同一視されるのもこまる。謝罪しろ」というものだった。

芙沙子は悩んだあげく，次のような釈明文を書いた。

「私は沖縄のことをあしざまに書いたつもりはありません。沖縄文化に無理解な人に媚びへつらい自分自身まで卑屈になる必要はないと思います。また，アイヌや他民族を差別する心のほうがゆがんでいると思います。むしろ，そんな差別をもたらす社会に対し，正々堂々とぶつかっていったらどうでしょうか。」

当時はこのような考えを持つ者は少数で，しかも女性の視点から堂々と沖縄の習俗・習慣を論じ，これを差別的にみる社会を批判することは大変勇気のいることだった。芙沙子は自分の考えをきちんと伝えたあと，しだいに文学の世界から遠ざかっていった。

芙沙子の主張は，時代とともに重みをまし，沖縄人（ウチナーンチュ）がみずらの文化にほこりをもって生きてゆくことの大切さを教えてくれた。

もっと知りたい 琉球・沖縄のこと

首里城はどのようにして破壊をまぬがれたのか
〜琉球王国の居城が天皇制国家のよりどころとなる〜

1879（明治12）年の「琉球処分（琉球併合）」で，首里城は明治政府に明け渡された。主をなくした首里城は荒廃し，何度か破壊の危機にみまわれた。

1909年，首里城は首里区（のちに市）の所有物となった。しかし，首里区の財政では，とても広大な首里城とその施設を管理することはできなかった。翌年，首里区の協議会は，正殿を取り壊して小学校の校舎を建築する計画をたてたが，住民の反対で正殿の破壊はまぬがれた。

1924年3月，沖縄で教職経験があり琉球文化に造詣の深かった**鎌倉芳太郎**は，偶然，首里城正殿が十日後に壊され，そのあとに**沖縄神社**が建てられるという新聞記事を目にした。鎌倉は取る物も取りあえず，帝国大学の伊東忠太博士のもとへ駆けつけた。伊東は鎌倉の説得で首里城正殿が重要な文化財であることを知り，文部省と内務省にかけあって破壊事業の中止を訴えた。そのかいあって，取り壊し寸前に政府から首里市に正殿破壊中止の電報が発せられた。翌25年，首里城正殿は鎌倉芳太郎と伊東忠太らの尽力で沖縄神社の拝殿として特別保護建造物（**国宝**）に指定され，1928年に修理工事がはじめられた。

ところが1930年7月，今度は台風被害で首里城正殿は崩壊の危機に見舞われた。1846年の解体修理を最後に80年余も修理されることなく風雨にさらされ，極度に老朽化していた

1933年秋頃の修理中の首里城正殿
（柳田菊造撮影）（野々村孝男著『首里城を救った男』より）

のである。この窮地を救ったのが、文部省高官で国宝保存会の幹事・坂谷良之進と文部省建築技師の柳田菊蔵だった。

　柳田は急遽、首里城正殿修理の現場監督として沖縄に派遣された。台風の被害を受けた首里城は悲惨な状況にあり、資金も底をつき手のほどこしようのない状況だった。柳田の報告を受けて視察にやってきた坂谷も、大がかりな修理工事が必要であることを痛感した。東京にもどった坂谷は、精力的に各方面にはたらきかけ、約十万円の工事費を獲得した。これは首里市の年間予算に匹敵する額だった。1931年12月、修理工事は再開され、1933年9月に首里城大修理工事は竣工した。

　こうして幾度も破壊の危機をのりこえてきた首里城だったが、1945年の沖縄戦で灰燼に帰した。現在の首里城は1992（平成4）年に復元されたものである(注)。

（注）2019年10月31日未明に首里城で火災がおこり、正殿など主要な建物が焼損した。現在、復元工事がおこなわれており、2026年に正殿が完成する予定。

ここに着目　琉球王国の居城が天皇制国家のよりどころとなる

　ここで注目すべきことは、1924年に「沖縄神社」は創建されており、首里城正殿はその拝殿として修理されていることである。神社の祭神は源為朝、舜天、尚泰（のちに尚円、尚敬も加えられる）で、正殿の後方に本殿がおかれた。

　翌25年に沖縄神社は**県社**として指定され、かつての琉球王国の居城が天皇制国家のよりどころとなったのである。また、1944年3月には、沖縄古来の拝所であるウタキも神社に移行された。なお、この頃からウタキにも鳥居が建てられるようになる。

　沖縄戦は目前に迫っていた。

大宜味村田港の御嶽　神社を象徴する鳥居が建てられている。

第7章 十五年戦争と沖縄

学習テーマ 28　日本はなぜ中国との戦争を拡大したのか

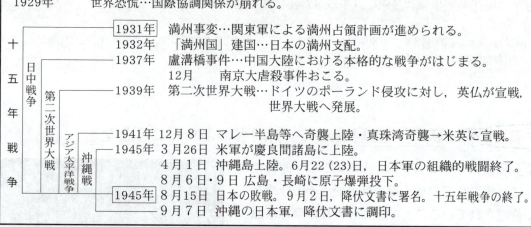

満州事変を「中国東北戦争」，太平洋戦争を「アジア太平洋戦争」として位置づけ，1939年にヨーロッパではじまった戦争を「第二次ヨーロッパ大戦」とよび，1941年の独ソ戦の開戦と「アジア太平洋戦争」の勃発から1945年8月14日までの全体を「第二次世界大戦」とする考えもある。

日本史探求 と 琉球・沖縄　辛亥革命

東書日探 701	実教日探 702	実教日探 703	清水日探 704	山川日探 705	山川日探 706	第一日探 707
辛亥革命，五・四運動 p.237.251	辛亥革命，五・四運動 p.283.294	辛亥革命，五・四運動 p.173.183	辛亥革命，五・四運動 p.187.205	辛亥革命，五・四運動 p.265.273	辛亥革命，五・四運動 p.203.206	辛亥革命，五・四運動 p.199.216

中国の変革　中国では1911年に**辛亥革命**がおこり，翌年，**孫文**を臨時大統領とする**中華民国**を成立させた。しかし，孫文は清朝を滅ぼすため，その実権を握っていた**袁世凱**と妥協せざるをえず，臨時大統領の座を譲ったため不安定な政治状況が続いた。

　1915年，日本はこのような中国の混乱に乗じて，山東省のドイツ利権の継承や南満州および東部内蒙古の権益強化，日中合弁事業の承認などを内容とする**二十一か条の要求**をつきつけた。中国にはこれをはねかえす力がなく，その大部分を認めた。日本政府は次々と中国における権益拡大をはかり，中国民衆の激しい怒りを買った。また，欧米列強も日本の行動に疑惑をもち，警戒心をいだくようになった。

このような情勢のなか，中国でも第一次大戦で列強の圧力が緩むと，軽工業を中心に民族資本の企業が発展し，労働者階級も成長した。辛亥革命以後は近代教育もすすみ，北京大学を中心に民主主義と科学をかかげた新文化運動が展開された(**文学革命**)。

大戦後の1919年，パリで開かれた講和会議に出席した中国代表は，日本が中国におしつけた二十一か条の要求で獲得した旧ドイツ領山東省の利権などの返還を求めた。だが，議会は中国の要求を無視し，日本の主張を受け入れたため，同年5月4日，北京の大学生が抗議行動をおこし，全国的な反帝国主義・反封建主義・打倒軍閥の民衆運動に発展した(**五・四運動**)。

中国代表はヴェルサイユ条約の調印を拒否した。また，1910年に日本に併合された朝鮮では，アメリカ大統領ウィルソンの民族自決宣言などに期待し，朝鮮の独立を求める運動が全土に広まった。日本の朝鮮総督府は，この運動を軍隊と警察で弾圧した(**三・一独立運動**)。

> **Side Note**
>
> 孫文(そんぶん) (1866〜1925)
>
>
>
> 広東(かんとん)の農民出身。14歳の時，ハワイの兄のもとへ渡り，西洋式教育を受ける。19歳で中国へ戻り医師を志すが，個人より危機にある国家を救うべきだと考え，改革運動に加わる。
>
> 1905年，日本の東京で中国同盟会を組織し，満州王朝の打倒(**民族の独立**)，共和国の建設(**民権主義**)，貧富の差抑制(**民生主義**)の**三民主義**を革命の理念に掲げて活動した。

中国の統一

1919年に**中国国民党**を組織した孫文は，広州(こうしゅう)に拠点を置いて活動した。1921年，ロシア革命の影響をうけた陳独秀(ちんどくしゅう)らは，**中国共産党**を結成した。1924年，孫文は「連ソ・容共・扶助労農(ようきょう・ふじょろうのう)」という新しい革命路線を打ち出し，共産党とも提携(ていけい)して**国民革命軍**を組織した(第1次国共合作)。それによって軍閥政府を打倒し，民主革命による中国の統一をめざしたが，翌年に病死した。

1925年5月，上海で日本企業(紡績工場)のストライキ弾圧に抗議した学生・民衆のデモ隊に，イギリス官憲(かんけん)が発砲して多数の死傷者をだす事件がおこった。これをきっかけに，反帝国主義運動は全国的な広まりを見せた(五・三〇運動)。

孫文の死後は，**蔣介石**(しょうかいせき)が国民革命軍の総司令官となり，1926年に**北伐**(ほくばつ)(北京の軍閥政権打倒)を開始して民衆の支持を得た。ところが，それとともに，共産党も労働者・農民層に強い影響力をもつようになった。これを恐れた蔣介石は，翌年，資本家や外国勢力の支持を受けて反共クーデタをおこして共産党と決別し，南京(なんきん)に**国民政府**を樹立した。

1928年，蔣介石は北京政府の実権を握っていた軍閥・**張作霖**(ちょうさくりん)を北京から追いだし，中国の統一をほぼ達成した。いっぽう，弾圧(だんあつ)をうけた共産党も，農村各地で土地改革をすすめながら勢力を増大させた。

このような中国の変化は，中国内に資本を投入して紡績業(ぼうせきぎょう)などを経営していた日本企業の

利権を脅かすことになった。日本政府は 1927 〜 28 年に，居留民保護を名目に山東出兵をおこない，排日運動を激化させた。さらに，日本の関東軍は，北京から追われた張作霖の鉄道に爆弾をしかけて殺害するという暴挙にでた。そのため，これに反発した張学良 (張作霖の長男) は反日的となり，国民政府に身を投じた。

人物に観る琉球・沖縄　辛亥革命に参加した新垣弓太郎 (1872 〜 1964)
〜日本兵に妻を銃殺され「琉球独立論」を主張〜

（沖縄県公文書館所蔵）

沖縄島南部南風原の農家に生まれた新垣弓太郎は，本土で活躍できる人物になりたいと，21歳の時に上京した。その後，台湾へ渡って警察官となり，帰国後は東京専門学校(早稲田大学の前身)で書記を務め，そのかたわら下宿屋を営んだ。1898年，上京してきた謝花昇と知り合い，沖縄の参政権獲得運動に参加して奈良原県政を批判した (→p.123)。

謝花らの運動が挫折した後，弓太郎はある人物から孫文を紹介された。新しい中国国家の樹立をめざすその思想に感銘し，のちに辛亥革命で活躍する宋教仁ら中国人留学生をひきとって面倒をみるようになった。

1911年，中国で革命がおこり，弓太郎のもとにも宋教仁から「中国革命に参加しないか」との手紙が送られてきた。そのころ朝鮮にいた弓太郎は，すぐさま中国へ向かった。翌年，清朝が滅んで中華民国が成立し，孫文は臨時大統領となった。しかし，軍閥の袁世凱に大統領の座を譲らなければならなくなり，革命の目的は達成されなかった。そのうえ，宋教仁が暗殺されたこともあり，再び革命の火が燃えあがった。弓太郎は林鉄の名で革命軍に参加し，各地を転戦した。そのときの部下に，のちに国民政府の主席となる蔣介石がいた。孫文は革命で活躍した弓太郎の功績を讃え，「熱血可嘉（ねっけつむすべし）」の扁額を送った。戦後，台湾へ渡って総統となった蔣介石も新垣弓太郎を顕彰している。

1919年，第一次世界大戦後のパリ講和会議で中国における日本の利益が認められると，民族主義に目覚めた中国の人びとが日本への抗議行動をはじめた (五・四運動)。孫文はこれを機に，中国国民党を組織して新政府をたてた。弓太郎はこれ以上中国にいることはできないと考え，1923年に帰国の途に就いた。

沖縄に帰ってきた弓太郎は，農業を営みながら悠々自適に暮らしていたが，1931年に満州事変が勃発すると憲兵に監視され，軟禁状態に置かれた。1945年4月，米軍が沖縄島に上陸すると，日本軍は弓太郎夫妻をスパイ視し，避難先に向う妻を射殺した。いきり立った弓太郎は，妻の墓標に「日兵逆殺」と刻んで立てた。

戦後は92歳で亡くなるまで，台湾と一緒になっての「琉球独立」をとなえ続けた。

日本史探求 と 琉球・沖縄　満州事変

東書日探 701	実教日探 702	実教日探 703	清水日探 704	山川日探 705	山川日探 706	第一日探 707
満州事変 p.258	満州事変 p.306	満州事変 p.190	満州事変. 満州移民 p.220.235	満州事変 p.305	満州事変 p.232	満州事変 p.232

満州事変

　中国の統一を達成した国民政府は，満州（中国東北部）における日本の権益を回収する意向を表明した。日本の**関東軍**は，こうした状況に危機感をいだき，武力で満州を中国の主権から切り離し，日本の支配下におくことを画策した。

　1931年9月，関東軍の参謀・**石原莞爾**らは，奉天（現在の瀋陽）郊外の柳条湖で南満州鉄道の線路を爆破（柳条湖事件）し，これを中国国民党軍のしわざだといつわって軍事行動を開始した（**満州事変**）。第2次若槻内閣は，国際協調がそこなわれることをおそれ，不拡大方針を決定した。しかし，関東軍は次々と戦線を拡大したため内閣は総辞職し，かわって政友会の**犬養 毅**内閣が成立した。

　関東軍は，1932年1月，上海にも戦火をひろげて中国軍と衝突し，3月には清朝廃帝の**愛新覚羅溥儀**を執政（1934年に皇帝）とする**満州国**を建国した。満州国の承認をしぶる犬養内閣が**五・一五事件**で倒れると，次の海軍出身の斎藤 実内閣は9月，日満議定書を取り交わして満州国を承認した。

　中国は，日本の行動を侵略であるとして国際連盟に提訴した。国際連盟は，イギリスのリットンを団長とする調査団5人を日本と中国へ派遣した。

　1933年2月，国際連盟は臨時総会を開き，**リットン報告書**にもとづいて，日本に満州国の取り消しを求める勧告案を圧倒的多数で可決した。日本はこれを不服とし，同年3月，国際連盟を脱退した。さらに，1934年にはワシントン海軍軍縮条約の破棄，1935年にはロンドン軍縮会議の離脱を通告して，国際社会で孤立の道を歩みはじめた。

軍国主義の台頭

　満州事変を，日本国民はどのように見ていたのだろうか。新聞・ラジオなどマスコミは，戦争は中国軍からしかけられたものである，という軍部の情報に何の批判を加える事なく報道し，日本の軍事行動が正当防衛であることを主張した。こうした一方的な情報しかあたえられなかった日本国民の多くは，満州の確保は当然のことと考え，日本軍の行動を支持した。もちろん，これを批判する動きがなかったわけではないが，大勢に抗することはできなかった。

　このころになると，政党政治に不満をもち，軍部政権を実現しようとする青年将校や右翼の動きが活発になってきた。1931年には，二度にわたる急進派将校らによるクーデタ未遂事件がおこり，1932年には，政財界の要人暗殺をくわだてたグループが，前大蔵大臣・井上準之助や三井合名理事長・団琢磨を殺害する事件をおこした（**血盟団事件**）。ついで5月には，海軍の青年将校らが満州国の承認をしぶる犬養毅首相を暗殺するという，五・一五事件がおこった。

143

その後、元老・西園寺公望らによっておされた海軍大将・斎藤実が首相となり、軍部・官僚・政党の協調をはかる「挙国一致」内閣を組織した。これによって政党内閣は終わりをつげ、軍部・官僚の発言力が増大した。

1936(昭和11)年2月、陸軍内部の主導権争いから、皇道派とよばれる青年将校らが約1400人の兵力をひきいてクーデタをおこし、内大臣・斎藤実、大蔵大臣・高橋是清らを殺害して首相官邸と国政の中枢部を占拠した（**二・二六事件**）。この反乱は4日で鎮圧され、軍事政権樹立のくわだては失敗したが、これを機に軍部の発言力はいちだんと強まった。その後に成立した広田弘毅内閣は、**軍部大臣現役武官制**を復活して大規模な軍備拡張計画を推進し、大陸進出とともに南方進出を国策にかかげた。

いっぽう、こうした軍部の台頭は、国民の思想・言論の自由をも抑圧するようになった。満州事変後は、社会主義運動に対する取り締まりが厳しくなり、マルクス主義をはじめ、自由主義・民主主義的な思想・学問を弾圧する事件が相つぎ、国内は軍国主義一色に染まっていった。

沖縄県からの満州開拓移民

1932年3月、「満州国」を建国した関東軍は、ただちに満州における農業開拓と重工業建設を目的とした移民計画を発表した。移民の規模は、20年間で100万戸500万人を目途とする壮大なものだった。実数では、1945年までにおよそ32万人の**開拓移民**が送り込まれた。

日本の支配下におかれた満州に多くの日本人を送り込み、日本の利権を確固たるものにするとともに、農村の困窮と人口増という国内問題を一気に解決しようとするものだった。また、侵略地「満州」の防衛とソ連に対する防備としての軍事的意図もあった。満州への移民は、「片手に銃、片手に鍬」の兵農移民で、先住の中国・朝鮮人農民の生活を圧迫した。

沖縄からも、2350人の一般開拓移民と、約600人の**満蒙開拓青少年義勇軍**が大陸へ渡った。沖縄とまったく環境の異なる厳寒の地へ「**王道楽土**」の宣伝のもとに、国策として送られていった。

敗戦が濃厚となり関東軍が崩壊すると、取り残された開拓村ではソ連軍の攻撃や、「強制集団死」に追いやられたり、略奪・暴行の被害を受けたりして多くの犠牲者を出した。

沖縄から満州へ。臥牛吐開拓団の入植経路図（南風原町史移民編より作成）

Side Note

中国残留邦人の帰国

残留邦人の帰国が許されたのは、敗戦から36年後の1981年になってからであった。2023年現在で6,725人（家族を含めた総数20,912人）が永住帰国している。

当初は、満足な補償もなく大変厳しい状況におかれていたが、現在は様々な支援策がとられている。

日本に帰ることができず，中国人に助けられたり，あずけられたりした子どもたち（中国残留日本人孤児）や，中国で結婚した女性（中国残留婦人）たちは「**中国残留邦人**」として，戦後の厳しい生活を異国で送らなければならなかった。

Ⓟick Out! 　台湾でおこった霧社事件と沖縄出身者のかかわり

　日清戦争後，台湾は日本の植民地になった。1890年代の後半には，沖縄からも多くの教員や巡査，公務員，出稼ぎ人夫などが職を求めて台湾へ渡った。台湾総督府は，沖縄出身の教員や巡査を皇民化の担い手として歓迎し，危険な山岳地帯へ送り込んだ。1900年代に入ると台湾人の抵抗運動も沈静化したが，日本の植民地支配に対する不満はくすぶっていた。

　台湾中央部の山岳地帯に，霧社とよばれる先住民族（セデック族）の住む集落がある。1930年10月，11集落のうち6集落の成年男子300名余が蜂起した。霧社地域の合同運動会がおこなわれる日だった。午前8時ごろ，国旗掲揚式がおこなわれようとしていたとき，セデック族の抗日武装団が「日本人を殺せ」と叫びながらなだれこんできた。女性やこどもも関係なく，日本人だけを狙って拳銃が発射され，刀が振りおろされた。これにより，134名（和装の台湾人2人含む）の日本人が殺害された。

　台湾総督府は討伐隊を組織し，飛行機による爆弾攻撃や毒ガスなどで報復した。セデック族は約600人もの死者をだして敗れた。投降者も殺害され，残ったのは300名たらずの女性や子どもだけだった。討伐隊には沖縄出身巡査も加わっていた。

　セデック族の蜂起の原因は，日本の植民地支配における虐殺や暴行事件などの非人道的な行為にあったが，総督府はこれを首狩りの風習をもつ野蛮な先住民族の同族同士の争いにあるとした。翌年には第二霧社事件もおこり，沖縄出身の教員・巡査が先住民族対策として霧社地域へ送り込まれた。

第7章

日本史探求 と 琉球・沖縄 　日中戦争

東書日探 701	実教日探 702	実教日探 703	清水日探 704	山川日探 705	山川日探 706	第一日探 707
日中戦争 p.259	日中戦争 p.313	日中戦争 p.192	日中戦争 p.224	日中戦争 p.312	日中戦争 p.238	日中戦争 p.235

日中戦争

　日本軍は1933年に国民政府と塘沽停戦協定を結んで満州国を黙認させ，さらに中国華北への勢力拡大をうかがっていた。中国ではこれに対する民族的危機感が高まり，1936年12月の**西安事件**をきっかけに，国共両党の内戦を停止し，**抗日民族統一戦線**を結成した（第2次国共合作）。

　1937(昭和12)年7月7日，北京郊外の盧溝橋付近で日中両軍が武力衝突する事件がおこった（**盧溝橋事件**）。成立したばかりの近衛文麿内閣は，不拡大方針を声明しながら，中国の抗日運動にダメージをあたえ，華北における利権を獲得するもくろみから派兵を認めた。

145

しかし日本の予想に反し，民族統一戦線を結成した中国の抵抗は強力で，宣戦布告のないまま戦火は拡大し，日本の中国に対する全面的な侵略戦争となった(**日中戦争**)。

盧溝橋（宮平安彦氏提供）

日本軍は大量に軍隊をつぎこみ，中国軍(抗日民族統一戦線)の抵抗を受けながらも，12月には国民政府の首都南京を占領した。その際，日本軍は占領前後の数週間のあいだに，投降兵ばかりではなく，女性や子どもなどの民間人を含む，おびただしい数の中国人を殺害し，略奪・放火・暴行・強姦などの残虐な行為をかさねた。この事件は，**南京大虐殺**として国際的な非難をあびたが，日本国民にはその事実は知らされなかった。

日本軍の南京占領によって，国民政府は首都を重慶にうつし，アメリカ・イギリス・ソ連の援助をうけて徹底抗戦のかまえをとった。

日本はドイツの中国駐在大使トラウトマンに和平工作を依頼したが失敗した。近衛内閣も1938年1月，「国民政府を対手とせず」と声明を発表して，みずから和平への道を閉ざしてしまった。

同年11月，近衛内閣は戦争の目的を，日本・中国・満州の提携による**東亜新秩序**(東アジアにおける永遠の安定を確保すべき新秩序)の建設にあると声明した。これに同調する国民党副総裁の汪兆銘を重慶から脱出させ，1940年3月，米内光政内閣のとき，南京に日本の傀儡政権ともいうべき新国民政府を樹立させた。しかし，日本が期待したほど国民政府は動揺せず，中国民衆の支持をうることもできなかった。中国の抗戦をやめさせるどころか，戦争は完全に長期・泥沼化した。

ファシズムと日独伊三国防共協定

1933年，ドイツは**ヒトラー**の率いる**ナチス**(国家社会主義ドイツ労働者党)が独裁政権を樹立し，ヴェルサイユ体制打破をとなえて国際連盟から脱退した。1935年には再軍備を宣言し，徴兵制を復活した。

フランスとソ連は相互援助条約を結んでこれを警戒したが，イギリスはドイツを共産主義の防波堤とみなしており，英独海軍協定を結んで事実上ドイツの再軍備を容認した。

イタリアでも1922年，**ファシスタ党**の指導者ムッソリーニが政権を掌握し，国内の不況克服を海外に求め，1935年にエチオピアを侵略した。国際連盟はイタリアに対する経済制裁を決議したが，制裁は不十分なものだった。翌年，イタリアはエチオピアを併合し，1937年には連盟を脱退した。

さらに1936年，スペインで右翼の**フランコ**将軍が人民戦線政府(反ファシズム統一戦線)に対して内戦をひきおこすと，ドイツ・イタリアはこれを支援した。イギリス・フランスが不干渉政策をとったこともあり，1939年3月にフランコが勝利をおさめ，独裁体制を確立

した。
　こうして，ヨーロッパでは，ドイツ・イタリアがヴェルサイユ体制を崩壊させ，アジアでは日本が満州国を建国してワシントン体制をつき崩し，第一次大戦後の国際秩序は完全に崩れさった。国際的に孤立したこれら三国は急速に接近し，1937年にはソ連に対抗するため，**日独伊三国防共協定**を結んで枢軸陣営を組織した。

戦時体制下の国民の暮らし

　日中戦争がはじまると，政府は国をあげた戦時体制をつくりあげるため，国民精神総動員運動を展開し，1938年には**国家総動員法**を制定した。これによって，政府は議会の承認なしに，経済や国民生活のすべてにわたって統制を加える権限をえることになった。
　さらに翌年には，**国民徴用令**を発布し，一般国民を軍事産業などへ動員できるようにした。労働組合も解散させられ，各職場では戦争に協力する**産業報国会**が結成された。1940年には政党も解党して，国策を支える**大政翼賛会**が発足した。
　戦時下における国策は，国から府県へ，府県から市町村へ，市町村から町内会・部落会へ，そして末端の組織である隣組へと一元的機構のもとで着実に浸透していった。こうした戦時体制のもとで，米をはじめ生活用品が配給制や切符制となり，国民生活は「欲しがりません勝つまでは」「ぜいたくは国民の敵」である，というような窮乏生活に入っていった。ソテツ地獄にあえいでいた沖縄では，軍事費の急増で「沖縄振興15か年計画」が有名無実化し，県民の生活はますます困窮していった（→p.130）。
　戦争の進行とともに物資が不足してくると，精神面での統制はさらに強くなり，1941年には小学校を**国民学校**と改称して心身一体の軍事教育がおこなわれた。沖縄では，皇国臣民であることを証明する政策の一つとして，「**標準語の励行**」が積極的にすすめられた（→p.149）。

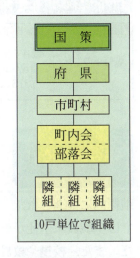

国家総動員法にもとづいた国民の統制

Pick Out! 教科書に載った宮古の「博愛」精神

独逸皇帝感謝記念碑

　満州事変がおこったことで，日本をとりまく情勢は大きく変化した。こうした時代に対応するために，学校の教科書も新たに編集しなおされた。
　1937年4月から使用された尋常小学修身書（巻四）には，沖縄県の宮古郡教育部会から提出された「**独逸皇帝感謝記念碑**」にまつわる人間愛の物語が，「**博愛**」と題して掲載された。その内容は，1873年7月，宮古島の宮国沖合で難破したドイツ商船の乗組員8人を地元の人びとが命がけで救助し，34日間も看護して帰国させた。これを

知ったドイツ皇帝ウィルヘルム1世は，宮古島の人びとの勇気と博愛の精神をたたえ，1876年に記念碑を建てさせ，両国親善のきっかけをつくった，というものである。

「日独防共協定」が結ばれた1936年11月，宮古島の漲水港ふ頭で「独逸皇帝感謝記念碑」60周年記念祭が盛大におこなわれた。そのときの祝辞で，独逸国代表大使代理のトラウツ博士が，「ドイツ魂とヤマト魂が愛国と武勇，思いやりと感謝という共通の理想によって固く結びつけられている」と述べ，日独の友好関係を強調した。

「博愛」は時局にそった格好の教材であった。この年，沖縄の子どもたちは，「日独親善」の絵葉書をドイツに送っている。

学習テーマ 29 沖縄の軍国主義教育はどのようにおこなわれたのか

日本史探求 と 琉球・沖縄　方言札による標準語励行

東書日探 701	実教日探 702	実教日探 703	清水日探 704	山川日探 705	山川日探 706	第一日探 707
戦時下の生活 p.261	戦時下体制・皇民化政策 p.316.329	新体制・国民生活の破綻 p.193.196	国家総動員体制・教育・文化の統制 p.225.231	戦時統制と生活 p.313	戦時体制の強化 p.239	皇民化政策 p.241

奉安殿の役割

満州事変以後，教員への徹底した思想弾圧がおこなわれ，学校教育は国家主義・軍国主義傾向を強めていった。

全国の学校では「御真影」「教育勅語」を安置した**奉安殿**の建設が積極的に推進された。沖縄の各学校でも，校門の出入りには奉安殿に最敬礼し，毎朝の朝礼では全職員・生徒が東方に向かって姿勢を正し，宮城を遙拝して皇室尊崇の教育を徹底させた。また，校長や教員は，機会あるごとに戦争に関わる内外の情勢を訓話したり，校内掲示板に日本軍の活躍を報じる新聞を掲示したり，出征軍人を励ます手紙を書かせるなどして国家意識を高める教育活動をおこなった。

こうした教育は着実に実を結び，「先生僕たちの人生は16年です・・・国民学校を卒業すると少年飛行兵となり空の戦ひに征って敵をどしゝやっつけ，遅くとも十六歳までには戦死するからです」と，意見を述べる子どもまで出てきた。

1941年には小学校を国民学校とよびあらためて，心身一体の軍事教育がおこなわれた。子ども達は「**少国民**」とよばれ，年少であっても皇国日本の国民であるという自覚を植えつけられていった。

中等学校以上の学校では，1925年に陸軍現役将校学

奉安殿（沖縄市）

校配属令の制定によって現役将校が配属され、軍事教練が正課となった。沖縄の各中等学校でも配属将校による軍隊式の点呼や服装検査で一日が始まり、毎日1，2時間の軍事訓練が実施された。小銃を持ったままうつ伏せになって進むほふく前進は、生徒達にとって最も辛い訓練だった。体力テストも強化され、一定の能力基準に合格しなければ上級学校への受験資格にも影響をあたえた。

1943年にガダルカナル島の凄絶な戦闘で戦死した大舛松市大尉が個人感状を授与されると、出身中学校の県立第一中学校では、校庭に胸像が建立された。全校生徒には写真が配られ、生徒たちは机の上に写真を立てて授業を受けた。大舛は「尽忠報国」の象徴として、演劇や紙芝居にも描かれた。

1944年3月22日、南西諸島の防衛を目的に第32軍が創設されると、師範学校や中等学校の生徒は「勤労動員」として集中的に陣地構築や飛行場建設にかりだされ、授業を受ける機会を奪われていった。そして翌45年3月、米軍の沖縄上陸を前に男子は鉄血勤皇隊や通信隊に、女子は従軍補助看護隊に編成され、戦場に動員された（→ p.169）。

日本史探求 と 琉球・沖縄　方言札による標準語励行

東書日探 701	清水日探 704
方言札 p.202	方言札 p.167

もっと知りたい 琉球・沖縄のこと　沖縄県の標準語励行運動は、なぜ沖縄口(ウチナーグチ)の撲滅と受けとめられたのか

沖縄の近代化が進むにつれて、生活習俗を大和風に改めようとする運動が熱をおびてきた。名前も沖縄的なものは大和風にあらためたり、読みかえたりするようになった。たとえば、仲村渠姓を仲村・中村にあらためたり、金城（カナグスク）姓を金城（きんじょう）に読みかえたりする人が多くなった。また、衛生問題は沖縄のイメージをいちじるしくそこねているとして、豚便所の廃止や裸足禁止・火葬の奨励などがおこなわれた。

ところが、生活の根幹ともいうべきことば（琉球諸語＝方言）は、県がもっとも力をいれていたにもかかわらず、容易に標準語にあらためることはできなかった。戦時期の沖縄教育界にとって、児童・生徒への標準語励行は喫緊の課題となった。

日中戦争の開始にともない国民精神総動員運動がはじめられると、県ではその一環として「標準語励行大運動」を展開した。県内各地には「よい子はいつも標準語」「一家そろって標

改姓改名運動・方言撲滅運動を報じる新聞記事
（那覇市歴史博物館提供）

第7章

準語」というポスターが張り出された。懲罰による強制指導もおこなわれ，一般には「方言撲滅運動」として受けとめられた。

そんなおり，県の招きで沖縄を訪れた日本民芸協会の柳宗悦らは，このような「標準語励行運動」がゆきすぎであることを批判し，県内外に賛否両論の「沖縄言語論争（方言論争）」をまきおこした。

柳ら民芸協会側の意見を簡単にまとめると，次の三点になる。

1　標準語励行に反対をするものではないが，そのために沖縄方言を見下してしまうのは，県民に屈辱感をあたえることになり，ゆきすぎである。

2　沖縄方言は日本の古語を多量にふくんでおり，学術的にも貴重である。

3　他県にはこのような運動はない。

これに対し県当局は，沖縄県民が消極的で引っ込み思案なのは，標準語能力が劣っているからであり，県外で誤解や不利益を受けているのもそのためであるとして，標準語励行こそが，県民を繁栄にみちびく唯一の道であると主張した。沖縄方言の学術的価値についても，一部の研究者にまかせるべきものである，として問題にしなかった。

論争は 1940 年，新聞・雑誌を中心に県内外の有名知識人から一般の人びとまでまきこんで，ほぼ 1 年間つづいた。東京では，柳田国男や萩原朔太郎ら文化人の多くが柳らの民芸協会側の意見を支持した。県内においては，新しい時代に適応するためには標準語を強制し，方言を禁止することもやむをえないとする意見の方が多かった。

沖縄側に柳らに同調する意見が少なかった理由として，沖縄に対する「ヤマト」の無理解や県内事情に対する認識が欠けていたことなどがあげられる。沖縄県内では，首里・那覇と農村地域におけることばの違いによる身分差別や，地域間とりわけ宮古・八重山と沖縄島とのことばの違いによっておこるコミュニケーションの困難さがあり，その解消のためにも標準語は必要と考えられていた。こうした県内事情については，ほとんど論じられなかった。

沖縄では，柳らの意見は「沖縄県民の負担の上に沖縄方言を残せ」として受けとめられたのである。

【改姓の実例】

仲村渠→仲村・中村　　島袋→島・島田
安慶名→安田　　　　　小橋川→小川
喜舎場→喜村　　　　　平安名→平安
平安山→平山　　　　　渡嘉敷→富樫
慶田元→慶田　　　　　東恩納→東
上門→井上　　　　　　知念→本田
高江洲→高安　　　　　山入端→山端
嘉手苅→中谷　　　　　下茂門→仲村

【読み替えの実例】

新城（アラグシク）→あらしろ・しんじょう
大城（ウフグシク）→おおしろ
金城（カナグシク）→きんじょう
宮城（ミャーグシク）→みやぎ
安次富（アシブ・アジフ）→あしとみ
友寄（トゥムシ）→ともよせ
上原（ウィーバル）→うえはら

ここに着目　方言論争から見える沖縄の目指すべき道

方言論争は，両者の意見がかみ合わないまま続いたが，県当局の意図は論争とは別のところにあった。

150

1940年8月，柳と面会した淵上房太郎知事は，「標準語にかえぬかぎりこの県の発展はありません。現に徴兵検査のおりなどに，いまだに正しくことばを使えぬものがあって笑い話になるくらいです」「この県は日清戦争の時でもシナにつこうとした人がいたくらいです」と述べている。沖縄県知事にとって重要なのは，沖縄文化や経済の発展ではなかった。国防上，沖縄県民にも「日本人」としての自覚をもたせ，来るべき国難にそなえるために，言語を統一する必要があったのである。

　柳宗悦は，「沖縄は他府県に追従することによって道を打開すべきではなく，他府県の追従をゆるさぬ自身の力量のうえに未来を開拓せねばならない」と述べている。この指摘は，戦後になって影響をあたえはじめ，日本本土による沖縄差別ともいえる問題をもふくめ，安易な中央追随の姿勢を反省させ，沖縄文化のゆたかさを再認識させることへの一定の思想的役割をはたした。

シーブン話　方言札による標準語励行の問題点

方言札
（喜宝院蒐集館収蔵）

　学校では，方言をつかった生徒に罰則として「**方言札**」を首にかけさせ，方言をつかった他の生徒にまたこれをわたす，という方法で標準語励行がおこなわれた。しかし，この指導法は方言蔑視による沖縄文化の否定につながり，逆に子どもたちに劣等意識をうえつけることになった。また，生徒同士，生徒と教師間の信頼をそこなわせるなど，教育方法としても問題があった。

　「方言札」は戦後しばらくまでもちいられたが，1960年代の後半まで使用した地域もあった。

Pick Out! オジー，オバーはウチナーグチではない！

　オジー，オバーというと，現在でもよく使用される最もポピュラーなウチナーグチだと思われているが，そうではない。標準語励行運動がおこなわれていたころに使われた，標準語に似せたウチナーヤマトグチである。

　次のウチナーグチと標準語を対比させてみると，よくわかる。

	ウチナーグチ		標準語	ウチナーヤマトグチ
	士族	平民		
祖父	タンメー	ウシュメー	おじいさん	オジー
祖母	ンメー	ハーメー	おばあさん	オバー
父	ターリー	スー	おとうさん	オトー
母	アヤー	アンマー	おかあさん	オカー

　1944年発行の月刊誌『文化沖縄』(5月発行)に，「数年前から時々耳にする度にいやな気持ちになっていた」と前置きして，「兄という愛称らしいが『ニーニー』，同じく姉という語の『ネーネー』というものがある。これと同じ響きを持ったものに，オジー，

オバー，オトー，オカーがある。こうした現状は，標準語励行運動の上からは若干問題になることと思う。これは何といっても標準語ではないからだ。もしかしたら沖縄語の連想から派生した新しい流行語ではないかとさえ思われる（要約）」と，標準語をまねたウチナーグチを批判した記事が掲載されている。

現在使用されているオジー，オバーは，標準語励行運動によって生み出された，ウチナーヤマトグチとして流行した言葉だったのである。

1972年に沖縄が日本復帰してからは，琉球諸語（方言）を話す人が減少の一途をたどり，現在はその継承が課題となっている。また，琉球方言は各地域で話す言葉が違うので，「**しまくとぅば**」とよぶようになっている。

> ### Side Note
> **「しまくとぅばの日」制定**
>
> 2006年3月，沖縄県は「しまくとぅばの日に関する条例」を制定し，9月18日を「しまくとぅばの日」とした。しかし，その成果はとぼしく，2009年にユネスコは琉球諸語を消滅の危機にある言語に認定した。継承の取り組みが急務となっている。

「しまくとぅば」の使用頻度

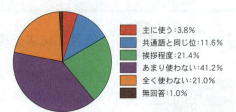

- 主に使う：3.8%
- 共通語と同じ位：11.6%
- 挨拶程度：21.4%
- あまり使わない：41.2%
- 全く使わない：21.0%
- 無回答：1.0%

2023年度県民意識調査より作成

学習テーマ 30 日本はなぜアメリカと戦争をはじめたのか

日本史探求 と 琉球・沖縄 アジア太平洋戦争

東書日探701	実教日探702	実教日探703	清水日探704	山川日探705	山川日探706	第一日探707
アジア太平洋戦争 p.265	アジア・太平洋戦争 p.320	アジア太平洋戦争 p.195	アジア太平洋戦争 p.228	太平洋戦争 p.318	太平洋戦争 p.243	太平洋戦争 p.239

日米交渉の決裂と開戦の決意

ヨーロッパではドイツが侵略政策を拡大し，1939（昭和14）年にポーランドへの侵攻をはじめた。イギリス・フランスはドイツに宣戦布告をおこない，**第二次世界大戦**がはじまった。

日中戦争の長期化で，石油・鉄・ゴムなど戦略物資が不足しだした日本は，ドイツに降伏したオランダ・フランスなどの南方領土に進出し，東南アジアに利権をもつアメリカ・イギリス・オランダとの対立を決定的にした。

アメリカは日本に日米通商航海条約の破棄を通告し，資源の少ない日本に大きな打撃をあたえた。日本はアメリカとの関係修復をはかるため，1941年4月から**日米交渉**をはじめた。また，そのいっぽうで，北方からの脅威をとりのぞくため，ソ連との間に**日ソ中立条約**を結んだ。

しかし，日本は同年7月，南部仏印（ベトナム南部）にも進駐したため，アメリカ・イギ

リス・オランダはその報復として在外日本人の資産を凍結した。アメリカは，さらに日本への石油輸出を禁止した。これを軍部は「ＡＢＣＤ包囲陣」の結成と報道し，国民にその脅威を印象づけた。その結果，日本の中国・仏印からの全面撤退を要求するアメリカとの対立は深まり，交渉もゆきづまった。

近衛内閣が日米交渉の妥協点を見いだせないまま総辞職すると，対米(英・蘭)強硬策を主張する陸軍大臣の**東条英機**が内閣を組織した。東条内閣は日米交渉を続けたが，交渉の妥結は困難とみて，1941年12月初頭の開戦を決意した。アメリカも日本との開戦は避けられないものとして，11月に日本の中国・仏印領からの全面撤退と満州国の否認，三国軍事同盟の廃棄などを要求する強硬な最終提案(**ハル・ノート**)を提示した。日本はこれをうけ，12月1日の御前会議で開戦の決定をした。

> **Side Note**
>
> 日ソ中立条約
>
> 有効期間は5年で，相互の不可侵と第三国との戦争における中立がとり決められた。

> **Side Note**
>
> ＡＢＣＤ包囲陣
>
> Ａ＝アメリカ，Ｂ＝イギリス，Ｃ＝中国，Ｄ＝オランダの4カ国による対日経済封鎖。

南進政策と沖縄

日中戦争がゆきづまりをみせ，アメリカの日米通商航海条約の破棄によって戦略物資が不足しだすと，日本は本格的に南方進出をくわだてた。これによって一躍クローズアップされたのが，沖縄の軍事的位置と移民として南洋諸島(ほぼ現在のミクロネシア地域にあたる)に進出していた県出身の労働力であった。裏を返せば，これら南洋移住民の存在が日本の南進政策の布石になったともいえる。

第一次世界大戦後，ドイツ領だった南洋諸島は日本の委任統治領になっており，沖縄から多数の県民が農業・漁業移民として進出していた。1943年には，マリアナ，カロリン，マーシャル諸島などへ進出した日本人はおよそ9万7000人で，そのうちの約6割が沖縄県出身者であった。また，フィリピンには約1万7000人，さらにシンガポール，ボルネオ，ジャワ，スマトラなどにも，漁業移民が進出していた。

昭和恐慌によるソテツ地獄にあえいでいた沖縄は，南洋移民にその活路をみいだそうとして，次々と南洋諸島に移民団を送りだしていた(→p.131)。

アジア太平洋戦争の勃発によって，南洋諸島の産業は農漁業から，ボーキサイトやマンガン鋼の掘り出しなど軍需産業に転換させられた。沖縄県出身者も，日本の侵略戦争の最前線で戦争に加担させられることになった。

戦局が南洋諸島に押し寄せてくると，厳しい軍

サイパン支庁主催刈取競技大会
(那覇市歴史博物館提供)

政が地域住民の生活を圧迫し、いたるところで犠牲者がでた。1944年、アメリカ軍の本格的反撃によって南洋諸島は次々と陥落し、多数の在留邦人・軍人が激しい砲撃や「強制集団死」に追いやられるなどして死亡した。南洋諸島における沖縄県人の戦没者は1万2000人余で、いまだに未収集の遺骨がある。また、現地の住民も日米の激しい戦闘にまきこまれ、人口の2割にあたる約1万人が死亡したといわれている。

アジア太平洋戦争の勃発

1941(昭和16)年12月8日、日本陸軍はイギリス領マレー半島北部のコタバル、タイのシンゴラに奇襲上陸し、海軍はハワイの**真珠湾**を奇襲攻撃した。その直後、日本はアメリカ・イギリスに宣戦を布告し、**アジア太平洋戦争**を開始した。ドイツ・イタリアも三国同盟にもとづいてアメリカに宣戦したので、大戦はアジア・ヨーロッパにわたる世界規模に拡大した。

日本軍は、短期間にマレー半島、ジャワ、スマトラ、フィリピン、ビルマなどの東南アジアから、ニューギニア、ガダルカナルなどの西太平洋にいたる広範な地域を占領下においた。日本はこの戦争の目的を、全アジアを欧米列強の植民地支配から解放し、アジア民族の独立と共存共栄をめざす「**大東亜共栄圏**」を建設することにあるとした。

このような情勢のなか、国内では翼賛政治がしかれて議会は軍部を支持する機関となり、アジア諸国でも日本に協力する指導者があらわれた。しかし、日本はその目的とは裏腹に、占領地では米・砂糖・石油・ゴムなどの資源を収奪し、厳しい軍政のもとで住民に苛酷な労働を強いるなどして、多数の犠牲者を出した。

ベトナム(フランス領)では、日本軍による米の徴発に災害や疾病が加わり、200万人の餓死者をだした。インド侵攻のための泰緬連接(タイとビルマを結ぶ)鉄道工事では、連合軍の捕虜やアジア各地から送りこまれた

サイパン島の悲劇

サイパン島は沖縄からの移住者がもっとも多かった。米軍の上陸によって、いわゆる「強制集団死」や断崖からの飛び降り自殺、日本兵による虐殺などがおこり、その後の沖縄戦で展開される住民犠牲の様相をみせた。

日本の奇襲攻撃

日本は野村大使らに、真珠湾奇襲攻撃の30分前に日米交渉が決裂したことをアメリカ側に通告するよう指示していたが、暗号解読に手間取ったため、奇襲攻撃の1時間後になった。そのため、日本は騙し討ちの汚名を受けた。

日系人抑留とその補償

アジア太平洋戦争がはじまると、アメリカは米国の市民権保持者を含む12万人の日系人を収容所に強制抑留した。これは明らかな人種差別で、合衆国憲法に違反するものだった。戦時中のこの過ちに対し、米国政府は日系人の補償要求に応え、1988年に補償法を成立させて公式に謝罪し、一人2万ドルの補償を実現させた。

カナダ政府も謝罪と基金による補償をおこなった。2024年にはブラジル政府も公式に謝罪した。

労働者が数万人も死亡した。また，フィリピンではバターン半島を占領した日本軍が，数万人の捕虜を移動させる際に，熱帯の炎天下を60kmも行軍させて多数の死者を出すなど，日本の占領地ではいたるところで圧政による犠牲者がでた。

学習テーマ 31 沖縄戦はどのようにおこなわれたのか

日本史探求 と 琉球・沖縄 沖縄戦

東書日探 701	実教日探 702	実教日探 703	清水日探 704	山川日探 705	山川日探 706	第一日探 707
沖縄戦 p.267.269	沖縄戦 p.323～325	沖縄戦．平和の礎 p.196～197.219	沖縄戦 p.232 p.234	沖縄戦 p.322～323	沖縄戦 p.246	沖縄戦 p.244～245

近づく沖縄戦

1942年6月，ミッドウェー海戦で壊滅的打撃をうけた日本軍は，制空権・制海権をアメリカ軍に奪われ，つぎつぎと敗退していった。軍部はこの戦況を挽回するため，広がりすぎた戦線を縮小するとともに航空戦力の強化をはかり，制空権を奪還する作戦を構想した。これによって，航空基地の建設地としてにわかに注目されたのが，沖縄と台湾であった。

1943年夏ごろから，沖縄島・伊江島・南大東島・宮古島・石垣島・喜界島・徳之島などに陸海軍合わせて18か所の飛行場が建設された。飛行場用地になった村では，民家や耕作地が強制的に収用された。

1944(昭和19)年3月には，南西諸島方面の防備強化のため**第32軍**(南西諸島守備軍)が創設された。同年7月から9月にかけて，沖縄諸島はじめ宮古・八重山諸島などへ，中国大陸や日本本土から実戦部隊が続々と送りこまれた。短期間に大部隊を迎えることになった沖縄の各地域では，学校や公民館・民家が兵舎として提供させられ，「現地物資を活用し，一木一草と雖も之を活用すべし」の軍の方針で，食料品や牛・馬・豚まで徴用された。飛行場づくりや陣地構築も，沖縄全域から住民が勤労奉仕隊として動員された。

> #### 🏠 Side Note
>
> ##### 第32軍司令官
>
> 第32軍の司令官には，渡辺中将についで，1944年8月に鹿児島県出身の**牛島満**・陸軍中将が任命された。

集団疎開と対馬丸事件

沖縄が基地の島として要塞化されはじめたころ，県民の移住者の多い**サイパン島**(→p.154)が攻め落とされ，県民に衝撃をあたえた。肉親をはじめ，多数の同胞を失った悲しみはもとより，「サイパンの次は沖縄が攻撃される」ことが確実視されたからであった。

1944年7月，政府は沖縄県から本土へ8万人，台湾へ2万人，計10万人の老人・女性・子どもなどの疎開計画を緊急決定した。しかし，家族と離れ見知らぬ土地で暮らすことへの不安と，すでに沖縄近海には米軍の潜水艦が出没していたことなどから，疎開業務はうまく

第7章

155

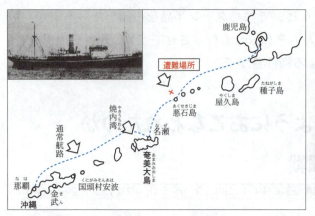
対馬丸遭難要図（大田昌秀著『沖縄戦とは何か』久米書房より）

戦時遭難船舶犠牲者の慰霊碑「海鳴りの像」
（那覇市）

すすまなかった。とくに**学童疎開**は希望者が少なく，第1陣が出発したのは8月も中旬になってからだった。

　1944年8月21日，3隻の疎開船が一般疎開者とともに第2陣の学童疎開者を乗せて那覇港を出発した。翌22日，鹿児島県トカラ列島の悪石島沖で，そのうちの1隻「**対馬丸**」がアメリカ潜水艦の魚雷攻撃を受けて沈没した。この攻撃で，学童約800人を含む乗客約1800人のうち，およそ1500人が亡くなった。生存者は学童50人余りを含む約300人といわれるが，実数は不明である。

　この事件は，軍部によって沖縄県民には極秘にされたが，これだけ多数の犠牲者をだした魚雷攻撃事件をいつまでも隠しとおせるはずはなかった。これを知った県民は，ますます疎開に対して消極的になっていった。ところが，同年10月のアメリカ艦載機による激しい空襲（**十・十空襲**）は，県民に戦争の恐ろしさをみせつけ，一気に疎開希望者を増やすことになった。

十・十空襲

　1944年10月10日，南西諸島は沖縄島の那覇市を中心に，早朝から午後4時すぎまで，5波にわたって米艦載機グラマンなどの猛烈な空襲を受けた。特に那覇市の被害は大きく，市街地の約90%を焼失し，多くの人命とともに琉球王国時代の貴重な文化遺産を失った。

　この日，沖縄県下に来襲した米軍機は延べ1400機で，被害は死者約670人，負傷者約900人，家屋の全壊・全焼は約1万1500戸に及び，軍の航空・船舶基地も大きな損害を受けた。那覇では空襲が終わると，国頭方面への疎開命令が伝達され，市民は悲しみと不安をいだいたまま疎開地へ移動した。

　沖縄県民は，この空襲によって，米軍の圧倒的な強さと戦争の恐ろしさを，まざまざと見せつけられた。

十・十空襲で燃えあがる那覇市街
（『沖縄戦記録写真集　日本最後の戦い』
沖縄タイムス社提供）

Pick Out! 近衛「上奏文」と戦争終結の模索
～沖縄戦前に戦争終結は可能だったのか～

　1945(昭和20)年2月，天皇は悪化する戦局に不安をつのらせ，首相経験者と重臣ら7人を個別によびよせ，戦局に関する意見を求めた。ほとんどが戦争継続を訴えるものだったが，元首相・近衛文麿は上奏文をしたため，敗戦が必至であることを報告した。

　その内容は，「敗戦は遺憾ながら必至と思われます。敗戦は我が天皇国家に汚点を残すものではありますが，英米の世論は今のところ国体(天皇制)の変更までは考えていないと思われます。したがって，敗戦だけならば国体上さほど心配はないと思われます。それよりも，最も憂慮されるのは敗戦にともなっておこる共産革命です。・・・勝利の見込みのない戦争をこれ以上継続することは，全く共産党の手に乗るものです。・・・したがって，国体護持の立場からすれば，速やかに戦争終結の方法を考えるべきと確信します。・・・戦争推進派を一掃して，軍部の立て直しを実行することは，共産革命より日本を救う前提条件です。ご勇断を望みます」，というものだった。

　天皇は近衛の上奏に対し，「もう一度戦果を挙げてからでないと中々話は難しいと思う」と答え，軍部の改革による戦争終結への道は開かれなかった。結局，参謀総長や海軍の「台湾に敵を誘導できれば，ここで大きなダメージをあたえることができる」との意見を聞き入れ，「その上で外交手段に訴えてもいいと思う」と，戦争は継続された。

　この時点で，日本の首脳部が戦争終結を決定していれば，沖縄戦や広島・長崎への原爆投下，さらには東京大空襲や各地への空襲による犠牲はなかったはずである。だが，近衛の早期戦争終結の目的とて，国民の生命保護の観点から唱えられたものではなかった。あくまでも国体護持(天皇制保持)のためだった。

　日本が戦争終結の道を模索しだしたのは，沖縄が壊滅的な状況となった6月下旬になってからであった。

第7章

米軍の沖縄上陸

　1945年にはいると，米軍機の空襲が激しくなり，米軍の沖縄進攻は時間の問題となった。

　3月26日早朝，日本軍の裏をかいた米軍が，ついに慶良間諸島へ上陸した。沖縄島上陸にそなえての，艦隊停泊地を確保するのが目的だった。ここに沖縄の**地上戦**がはじまった。

　慶良間諸島の住民は，日ごろ「獣のように残虐」だと教えられていた米軍が上陸してきたことによってパニックにおちいり，日本軍による直接・間接の命令や誘導などによって，「**集団自決（強制集団死）**」(→p.166)がおこった。

🏛 Side Note

慶良間諸島の海上特攻艇

　日本軍は沖縄島に上陸する米艦船を背後から攻撃するため，慶良間諸島に約350艇の海上特攻艇をしのばせていた。

　米軍の慶良間諸島への上陸で特攻艇は破壊され，住民は日本軍の直接・間接の命令により，570人が「集団自決(強制集団死)」で亡くなった。

157

4月1日，午前8時30分，米軍は沖縄島の中部西海岸（現在の読谷村・嘉手納町・北谷町）への上陸作戦を開始した。そこは，大軍が一挙に上陸するには最適の場所であり，日本軍の北（読谷_{よみたん}）・中（嘉手納_{かでな}・北谷_{ちゃたん}）の両飛行場があったからだった。

　米軍の沖縄攻略の目的は，日本の領土である沖縄を占領することによって，日本軍と南方，中国方面との連絡網を断ち切り，日本本土への出撃基地にすることであった。また，戦後のアジアにおける米軍の戦略_{せんりゃく}拠点_{きょてん}を確保するうえでも重要なことだった。アジア太平洋戦争最大の上陸作戦が展開されたゆえんである。

米軍の上陸と進攻（沖縄県平和祈念資料館より）

　ところが，米軍の大々的な上陸作戦にもかかわらず，日本軍はほとんど反撃を加えることなく上陸を許した。そのため，米軍はあっさりと北・中両飛行場を占拠することができた。

　第32軍（南西諸島守備軍）は，最精鋭部隊の第9師団を引き抜かれていたこともあって，水際_{みずぎわ}作戦から**持久戦**へと作戦を切り替えていた。そうすることによって，米軍の本土進攻を遅らせ，本土決戦準備の時間かせぎをすることができるからだった。

「神風特攻隊」の悲劇

　米軍の無血上陸を許した第32軍だったが，その1週間後には2度の夜間総攻撃をしかけた。上層部からの圧力で，九州・台湾の陸海軍による特攻（**神風特攻隊**_{かみかぜとっこうたい}）を含む航空作戦を円滑_{えんかつ}にすすめるためだった。

　「神風特攻隊」の任務は，沖縄近海に集まってきたアメリカ大艦艇に，体当り攻撃でダメージをあたえることだった。これによって，米軍の本土上陸を遅らせようとしたのである。戦艦「**大和**」を主軸とした海上特攻隊も出撃したが，4月7日，九州の南方海上沖であえなく撃沈_{げきちん}された。

　本格的な特攻作戦は，4月6日から7月19日までの間に11次にわたっておこ

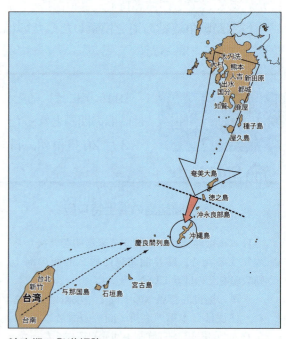

特攻機の発進経路
（『ひめゆり平和祈念資料館公式ガイドブック1989』より）

なわれた。九州・台湾の陸・海軍合わせて延べ1800機の航空機が投入されたが、大半は撃墜されてしまった。搭乗員のほとんどが、20代前後の若い陸・海軍の飛行予備学生で、軍部でさえ特攻作戦を「外道戦法」とよんでいたという。この「神風特攻隊」による戦法は、1944年10月、フィリピンで始められたが、特攻機の多くは沖縄戦で失われた。

南九州を飛び立った特攻機は、奄美諸島の喜界島をへて沖縄島をめざした。ところが、沖縄島北端の伊平屋島・伊是名島あたりにさしかかると米艦隊と飛行隊によって弾丸の嵐にあい、ほとんどが撃墜されてしまった。それでも、一割余の特攻機がこの難所をかいくぐり、米艦隊に損失をあたえた。しかし、戦局に影響を及ぼすまでにはいたらなかった。それどころか、日本海軍は「沖縄戦」で戦力のすべてを投入し、飛行機も軍艦もほとんど失った。

沖縄島北部の戦況

沖縄島北部には、国頭支隊（遊撃隊）が配置されていたが、米海兵隊の猛攻で敗残兵同様となり、避難民の食糧を奪い取りながら逃げのびていた。その間、彼らは軍の指示に従わない住民に拷問を加えたり、虐殺したりする忌まわしい事件をおこした。大宜味村渡野喜屋（現・白浜）で、米軍の捕虜になっていた住民を虐殺した事件や、今帰仁村での住民虐殺事件などが象徴的な事例である。

殺害の理由は、「敵に投降したものはスパイとみなして処刑する」ということであったが、実態はスパイ処刑を名目にした食糧強奪だったとみられている。北部の避難民は、飢餓とマラリアに悩まされたあげく、米軍の銃弾以外に、日本兵からも身を守らなければならなかった。

北部でもっとも戦闘が激しかったのは、「東洋一」といわれた飛行場を擁する伊江島であった。国頭支隊の指揮のもとで、約2700人の守備隊が自然洞穴（ガマ）にたてこもり、多くの住民をまきこんで6日間にわたって激しく応戦した。この戦闘における日本側の約3500人の戦死者のうち、およそ1500人が伊江島の住民だった。日本軍に死を強要され、「強制集団死」に追いやられた住民も100人を超えた。米軍も予想外の抵抗をうけ、多くの死傷者をだした。

米軍に占領された伊江島は、本土への攻撃基地として使用されることになり、住民は全員慶良間諸島へ移された（→p.166）。

沖縄島中・南部の戦況

沖縄島中南部では4月8日ごろ、米軍が牧港（西海岸線）—嘉数—我如古—和宇慶（東海岸線）を結ぶ強固な日本軍の陣地にさしかかると、これまでほとんど沈黙していた日本軍が猛烈な反攻をはじめた。

とくに**嘉数高地**（宜野湾）や**前田高地**（浦添）あたりでの戦闘は激しく、一進一退の攻防が40日余にわたってくりひろげられた。

その間、日本軍は夜襲をしかけたり総攻撃を決行したりしたが、主力部隊の大半を失うという惨敗を喫した。また、米軍の被害も大きく、5月中旬から下旬にかけておこなわれた**シュガーローフ**（那覇市安里の

丘陵地）の戦いでは，日本軍の斬りこみ隊などによる捨て身の戦術で，2662人の死傷者と1289人の戦闘神経症患者（戦争PTSD）をだすほどだった。

ここに着目 生死をわけた二つのガマ

チビチリガマ（読谷村）

シムクガマ（読谷村）

　1945年4月1日，米軍は沖縄島中部の西海岸に上陸した。住民はガマ（自然洞穴）や亀甲墓などに身を隠した。

　読谷村のチビチリガマには，波平区の住民約140人が避難していた。米軍はその日のうちにチビチリガマ一帯に迫ってきた。ガマの中から男女3人が竹槍を持って出ていき，男2人が負傷した。米兵は，「殺しはしないから，ここを出なさい」とよびかけたが，応じるものはいなかった。日ごろから，「米兵は鬼のように残虐」だと教えられていたからである。

　翌日，米軍に居場所を知られたことで「強制集団死」がおこり，83人が亡くなった。そのうちの6割が18歳以下の未成年者で，肉親の手に掛けられた子どももいた。

　壕内では「自決派」と「反自決派」に意見が分かれていたが，恐怖の極限のなか元日本兵など「自決派」の行動に誘導されたり巻き込まれたりして，多くの住民が亡くなった。この惨事は，戦後36年目に明らかにされた。

　チビチリガマから約1km東方にあるシムクガマには，約1000人の波平区民が避難していた。しかし，ここでは「強制集団死」はおこらなかった。ハワイ移民帰りの2人の住民が米兵と対応し，「アメリカ兵は，捕虜は殺さない」と避難民を説得したからである。

　戦後，二人の住民は暗黙のうちにスパイの汚名をきせられたが，多くの人命を救った勇気ある行動は，時とともに評価されるようになった。シムクガマの入り口には，二人の功績をたたえた「救命洞窟之碑」が建てられている。

第32軍の南部への撤退

　日本軍は米軍の猛攻に屈し，司令部のある首里一帯は，弁ヶ岳，石嶺，安里の3方から包囲された。5月22日，第32軍は司令部壕の放棄を決め，27日夜，南部の摩文仁方面への撤退をはじめた。

　南国の早い梅雨のなか，第32軍の大移動は難渋を極めたが，雨天は米軍の追撃をもさまたげてくれ，どうにか移動を完了させることができた。しかし，小禄地区に配備されていた

海軍部隊は行動を共にせず、大田実中将は海軍次官宛に「県民ニ対シ後世特別ノ御高配ヲ賜ランコトヲ」の電文を送り、6月13日に海軍司令部壕で自決した。

　5月31日、首里の司令部壕は米軍に占拠された。

　第32軍の撤退にともない、各地の野戦病院に収容されていた傷病兵のうち、移動に加われない重症患者は、手榴弾や薬品で「処置（殺害）」されることが決められた。たとえ傷病兵であれ、捕虜になることを許さない決まりがあったからである。南風原の陸軍病院では、数百人の患者が青酸カリで自決させられたり、置き去りにされたりしたといわれている。また、八重瀬町新城の野戦病院でも、身動きのできない重症患者は青酸カリを飲まされたり、銃殺されたりしたという。このように、各地の病院等で「処置」された傷病兵は、1000人を下らないと見られている。

海軍壕の内部（那覇市）
（仲村顕氏提供）

鉄の暴風が荒れ狂う南部戦線

　沖縄島南部の摩文仁一帯は、琉球石灰岩の自然洞穴が多く、多数の一般住民が避難していた。そこへ第32軍が移動してきたため、この狭い地域に軍民合わせて十数万人が混在することになった。

　6月7日ごろから、米軍は戦車を先頭に火炎放射器などの火器で攻撃をしかけ、日本兵や住民が潜むガマには爆雷を投げ込んで破壊した。そして、海からは艦砲射撃、空からは飛行機による爆撃・機銃掃射と米軍の攻撃は容赦なく続き、おびただしい数の人命が奪われていった。南部戦線は、さながら鉄の暴風が荒れ狂う阿鼻叫喚の巷と化した。

　米軍の猛攻で、喜屋武岬に追い込まれた住民は、ガマや海岸の岩陰に身を隠したが、次々と鉄の暴風の犠牲になっていった。喜屋武半島一帯では、1か月間に680万発もの砲弾が撃ち込まれた。住民一人に対し、約50発に相当するほどすさまじいものだった。

ガマに爆弾を投げ込む米兵
（沖縄県平和祈念資料館提供）

🔍 Pick Out! 投降ビラによる心理作戦

　米軍は激しい地上戦を展開するとともに、将兵や住民に投降を促すビラを上空から大量にばらまいた。その数は、沖縄全体で800万枚にも及んだ。激戦地の糸満の米須上空からは、おびただしい数のビラが「雪のように舞い落ちて来た」という。

　牛島司令官あての、3つの鉄製の缶に入れられた降伏勧告文書もあった。その内容は、「部下将兵の幸福を保証するために直ちに交渉に移るべきだ」というものだった。しかし、

生命を助けるビラ（那覇市歴史博物館提供）

ビラ拾うと銃殺

投降勧告ビラを「妄ニ之ヲ拾得シ私有シ居ル者ハ敵側『スパイ』ト見做シ銃殺ス」

「鹿山文書」一九四五年六月一五日

牛島がこれを受け入れるはずはなかった。「生きて虜囚の辱めを受けず，死して罪過の汚名を残すこと勿れ」という「戦陣訓」の教えを指導する立場にあったからである。

兵士によびかけたビラには，「司令官の拒否的態度は部下兵士を無益な死に附している」と記されていた。その効果は大きく，ビラ配布後は投降兵士が約14倍にも増えたという。

住民むけの「生命を助けるビラ」には，「アメリカ軍が必ず助けます」と記され，別のビラには「内地人は皆さんに余計な苦労をさせます。ただ，あなたたちは内地人の手先に使われているのです」と記されていた。住民を守らない日本軍から住民を引き裂くための「**心理作戦**」であった。

米軍のまいたビラを読んで，多くの住民が生きながらえたが，ビラを手にしたためにスパイとみなされ，日本兵に殺害された人もいた。

宮古・八重山の戦況

沖縄戦というと，どうしても激しい地上戦が展開された沖縄島を中心に考えてしまいがちだが，米軍の上陸がなかった宮古・八重山の住民も，大きな犠牲を強いられた。

宮古・八重山の攻撃作戦には，イギリス太平洋艦隊も加わっていた。米軍の上陸による地上戦はなかったが，米軍機による空襲や英艦船の艦砲射撃などで，大きな被害をうけた。しかし，何よりも地元住民を悩ませたのは，食糧難と**戦争マラリア**との戦いであった。

八重山では，ほとんどの住民が強制的にマラリアのはびこる山岳地帯に退去させられたため，その半数余がマラリアに罹り，全人口の約1割にあたる3647人が亡くなった。これは，戦争犠牲者の95％にあたる。地元では長年，国に対して戦争マラリアによる犠牲者への補償を要求してきたが，個人への補償はみのらず，1995年に慰霊碑

忘勿石の碑（西表島）（仲村顕氏提供）

などを建立することで決着した。

宮古・八重山とも，学童を含む一般住民が，台湾・九州への疎開途上で米軍機や潜水艦に攻撃されて，多くの戦没者をだした。

石垣島では，日本軍将校の命令による捕虜虐殺事件（石垣島事件）もおきている。

> **Side Note**
>
> ### マラリア
>
> マラリアはハマダラカという蚊を介して感染する病気。八重山諸島では王国時代からヤキーとよばれて恐れられていた。戦時中，軍に有病地帯に避難を強いられて感染したマラリアを，戦争マラリアという。
>
> 1962年，世界に先駆けて八重山でマラリアの撲滅が宣言された。

司令官の自決

米軍戦史によると，沖縄島南端の摩文仁一帯にせまった米軍は6月17日，全軍が1時間砲撃をやめて第32軍に降伏を勧告したが，軍司令部はこれを受け入れず持久戦を続行したという。

6月18日，米軍の沖縄占領部隊総司令官**バックナー中将**が戦死し，日本軍は米軍の猛烈な報復攻撃にみまわれた。

6月19日，追いつめられた牛島司令官は，「各部隊は各地における生存者中の上級者之を指揮し，最後迄敢闘し悠久の大義に生くべし」との軍命をだして，6月22日（23日説もある）に長勇参謀長とともに自決した。これにより，第32軍（南西諸島守備軍）の司令官指揮による組織的戦闘は終了し，摩文仁は米軍に占拠された。しかし，最後まで戦うことを命令しての司令官の死は，戦争終結を遅らせただけでなく，いたずらに住民犠牲を増やすことになった。

久米島では，6月26日に米軍が上陸したことにより，同島に配置されていた日本軍による住民虐殺事件が相ついでおこった（**久米島住民虐殺事件**）。

米軍は7月2日に沖縄作戦の終了を宣言したが，日本が敗戦を迎えた8月15日以後も戦いつづける部隊があった。6月23日以降も沖縄は戦場でありつづけ，多くの住民が犠牲になった。

沖縄の日本軍が正式に降伏文書に調印したのは，**9月7日**になってからであった。

9月7日におこなわれた降伏調印式
（現在の嘉手納基地内）（沖縄県公文書館所蔵）

🔍 Pick Out! 6月23日は沖縄戦終結の日ではない

1974年，沖縄県は世界の恒久平和と全沖縄戦没者の霊を慰めることを目的に「**慰霊の日**」を制定した。1980年代末には，地方自治法の改正で存続があやぶまれたが，住民運動によって1991年にあらためて県条例で継続されることになった。

ところで，慰霊の日となった6月23日は，沖縄戦終結の日ではない。第32軍の牛島司令官が自決し，日本軍の司令官指揮による組織的戦闘が終了した日（22日説あり）

である。この日以降も沖縄は戦場でありつづけ，日本が降伏した8月15日以後も多くの犠牲者をだしていた。この史実をふまえ，「6月23日を戦争終結日とすれば，沖縄戦の重要な側面が歴史から丸ごと消えてしまうことになる」として，大田昌秀・元県知事はじめ，ほとんどの沖縄戦研究者が6月23日終戦説をとっていない。しいていえば，沖縄戦は「軍司令官の自決を経て，米軍が沖縄作戦終了を宣言した7月2日で一応の終幕となり，降伏調印式をおこなった9月7日に正式に終結した」，ということになる。

また，司令官自決の日を「慰霊の日」としていることに，異論を唱える県民も少なくない。

日本史探求 と 琉球・沖縄　日本の降伏 (日本の敗戦)

東書日探 701	実教日探 702	実教日探 703	清水日探 704	山川日探 705	山川日探 706	第一日探 707
日本の降伏 p.268	敗戦 p.325〜327	降伏への道 p.197	終戦 p.233	敗戦 p.322〜324	敗戦 p.246〜247	日本の敗戦 p.244〜245

日本の敗戦

太平洋戦線でアメリカが有利に戦局を展開していたころ，ヨーロッパでは1943年9月にイタリアが降伏し，1945年5月にはドイツも降伏した。その間，連合軍は，しばしば会談を開いて戦争終結にむけての話し合いをすすめていた。1943年11月には，**カイロ宣言**で日本が無条件降伏するまで徹底して戦うことを決定し，1945年2月には**ヤルタ協定**でソ連の対日参戦が秘密協定として結ばれた。

同年3月末には，沖縄が戦場となった。そのころには日本の敗北は決定的となっていたが，国体護持のためにできるだけ戦争を有利に終結させようとしたため，戦争被害はいたずらに広がるばかりだった。

7月には，アメリカ・イギリス・中国の連名で，日本の無条件降伏を求める**ポツダム宣言**を発表したが，日本はこれを黙殺した。核実験を成功させていたアメリカは，戦後の講和条約を自国に有利

Side Note

カイロ宣言

エジプトのカイロで開かれたローズベルト(米)・チャーチル(英)・蔣介石(中)による三者会談で，対日戦後の処理についての宣言。日本が獲得していた太平洋諸島の剥奪，満州・台湾の中国への返還と朝鮮の独立，および日本が無条件降伏するまで徹底して戦うことなどが決められた。

十五年戦争におけるアジアのおもな国々の犠牲者概数

164

に導くため，ソ連の参戦に先んじて8月6日，広島に**原子爆弾**を投下した。ソ連も突如8日に，有効期限内にあった日ソ中立条約（→p.152）を無視して宣戦布告し，翌9日，満州・朝鮮に侵入して軍事介入をはじめた。同日，アメリカも長崎に原子爆弾を投下した。これによって日本政府もポツダム宣言の受諾を決定し，14日に連合国へ正式に通告した。

日本国民は，**8月15日**に天皇のラジオ放送（玉音放送）で敗戦を知らされた。

> **Side Note**
>
> 原爆投下後，沖縄へ
>
> 長崎に原爆を投下したボックスカー（B29）は，燃料不足のため沖縄を経由してテニアン島に帰着した。沖縄がアジアにおける米軍の重要な軍事拠点であることを示す出来事だった。

もっと知りたい 琉球・沖縄のこと　伊江島に降りた「緑十字機」
～降伏使節団を乗せた「平和の白い鳩」～

伊江島飛行場に降りた緑十字機（沖縄県公文書館所蔵）

1945年8月15日，日本国民は天皇のラジオ放送で敗戦を知らされた。しかし，降伏文書に調印したわけではなかったので，これによって戦争が終結したのではなかった。軍人のなかには敗戦を受け入れようとしない人びともおり，ソ連も千島列島への攻撃を開始していたので，早めに降伏調印式を行う必要があった。

連合国軍は，日本の降伏使節団を司令部のあるフィリピンへ派遣するよう命じた。降伏使節団の機体（2機）は，米軍の指示で全面を白く塗り，胴体と翼に緑色の十字が描かれた。抗戦派の妨害や誤って攻撃を受けないようにするためだった。

8月19日，「緑十字機」は木更津飛行場から沖縄の伊江島飛行場へ飛び立ち，降伏使節団はそこから米軍機に乗り換えてマニラに向かった。マニラで降伏受理協議をおこなうと，

> **Side Note**
>
> 「平和の白い鳩」
>
> マッカーサーは白い機体の緑十字機を「平和の白い鳩」にたとえ，マニラから無事に日本に帰国させ，戦争を終わらせるよう，命令を出していた。

Side Note

沖縄を経由して日本へ

8月29日，マッカーサー元帥はマニラから沖縄読谷村の飛行場に飛来し，30日に厚木に到着している。マッカーサーが最初に降り立った日本の地は，神奈川県の厚木ではなく沖縄県の読谷だった。

翌日には降伏要求文書等をたずさえて伊江島に戻り，再び「緑十字機」に乗り換えて木更津に向かった（機器のトラブルで1機）。燃料切れで静岡県の鮫島海岸へ不時着したものの，住民の救援活動により降伏使節団は無事，東京にもどることができた。

そして8月28日に日本占領の米軍先遣隊が厚木飛行場に到着した。8月30日，連合国軍最高司令官ダグラス・マッカーサー元帥がやってきて，**9月2日**に東京湾上の米戦艦ミズーリ号で降伏文書の調印式がおこなわれ，足掛け15年におよんだ戦争は終わった。

シーブン話　伊江島住民は全員，慶良間諸島へ

米軍は伊江島を占領すると，5月下旬には全住民を慶良間諸島（渡嘉敷島と慶留間島）へ移動させた。伊江島飛行場を本土攻撃の基地として使用するためだった。

渡嘉敷島では米軍の命令で，山中に立てこもっていた日本軍に降伏勧告を呼びかけ，男女6人の伊江島住民が日本兵に惨殺された。

住民が島へもどることができたのは，1947年3月だった。その間，島では数人の兵士が民家のガジマルの樹上や，海岸近くのガマに身を潜めて生き延びていたこともわかった。

学習テーマ 32　沖縄戦から何を学ぶのか

沖縄戦の特徴と問題点の整理

沖縄戦は，1931年の満州事変からはじまった十五年戦争末期の日米最大の戦闘であった。そのため，住民をまきこんだ戦闘は，悲惨な戦史のなかでも"**醜さの極致**"として特筆されるほど凄まじいものだった。この悲惨な沖縄戦の特徴と問題点をまとめると，次のようになる。

1　勝ち目のない**捨石作戦**であり，本土防衛・国体（天皇制）護持のための時間かせぎの戦闘だった。
2　米英軍による**無差別攻撃**で多くの住民（非戦闘員）が犠牲となった。
3　住民をまきこんだ激しい**地上戦**が展開された。
4　疎開等の住民保護対策が不十分なうえ，住民が根こそぎ戦場に動員され，**軍官民共生共死**の方針のもとで多くの住民が犠牲となった。
5　正規軍人よりも，沖縄住民の犠牲の方が多かった。
6　日本兵による**住民殺害事件**（**住民虐殺**）が多発した。

- 直接手を下した例…スパイ容疑による虐殺。
- 死に追いやった例…日本軍の命令・指導による「**集団自決（強制集団死）**」の強要や，食料強奪，壕追い出しが原因となった死亡など。

戦争責任の問題点

1. 国の戦争責任があいまいにされたまま解決していった問題が多い。
2. 戦時船舶の遭難者や日本軍による軍用地の強制接収による補償など，未解決の問題が残っている。

沖縄人としての問題点

1. 沖縄住民を積極的に戦場に駆り立てていった，沖縄の指導層や軍部に協力した一般住民の責任が問われていない。
2. 「琉球併合（琉球処分）」以後の本土への同化政策・皇民化政策を受け入れていった，沖縄人（ウチナーンチュ）の内面の検証が十分にはなされていない。
3. 日本本土の戦争被害（広島・長崎の原爆犠牲や東京大空襲の犠牲など）について，理解を深める必要がある。

　沖縄人としての問題については，「沖縄人はすべて戦争被害者」だとの認識で，一般住民はもとより指導層にも本土における公職追放などの罰則は適用されなかった。地上戦を経験した沖縄にあっては，当然，加害の問題よりも大きな被害に対する責任と補償の問題を先に解決する必要があった。しかし，あれから80年，この戦争をまねいた日本人としてその責任をどのように認識し，アジア諸国の人びとの戦後補償などをどのように解決していくか，真剣に考えなければならない立場にもある。

　また，「琉球併合」以後の本土への同化政策・皇民化政策を受け入れていった沖縄人の内面にも鋭いメスをいれ，きちんと検証する必要があるだろう。さらに，日本本土の戦争被害についても理解を深め，本土との連携による平和活動の輪を広げていくべきではないだろうか。

人物に観る琉球・沖縄　平和を願い「ひめゆり」と生きた仲宗根政善 (1907～1995)
～軍国主義教育を反省～

　仲宗根政善は沖縄島北部の今帰仁間切（現・今帰仁村）に生まれた。仲宗根家は数千坪の田畑や山林を有する豊かな農家だった。政善は，まじめで働き者の父と，物静かでやさしい母の愛情をうけて，すくすくと育った。
　勉強のよくできた政善は，小学校を卒業すると県立第一中学校に進学し，1929年に福岡高等学校から東京帝国大学（現・東京大学）の国文科に入学した。そのころ，のちに「沖縄学の父」とよばれる伊波普猷（→p.119）に出会い，

沖縄文化の豊かさに気付かされて，出身地の今帰仁方言の研究にうちこむようになった。

1932年に大学を卒業し，翌年，県立第三中学校に迎えられた。3年後には県師範学校女子部・県立第一高等女学校の教師として赴任した。まだ29歳の政善は，「東大出のハンサムな先生」として生徒たちから慕われた。

優秀な教師だった政善は1937年，東京に派遣されて天皇国家の国民を育てることを目的とした研究所で教育を受けた。日本が中国で本格的な侵略戦争をはじめたころで，着実に軍国教師への道を歩みはじめていた。

1945年3月末の米軍の沖縄上陸前に，中等学校・実業学校以上の男女学生は，法的根拠もないまま学徒隊に編成されて，戦場に駆り立てられた。3月23日，女子師範・一高女の生徒たちは，南風原の陸軍病院へ動員された。政善は引率教師として，第一外科に配置された。

5月にはいると米軍の攻撃は激しさを増し，生徒にも犠牲者がでた。25日には南部に撤退することになり，重症患者を毒殺したうえ，負傷して動けない生徒を壕に残して行かなければならなかった。みずからも傷を負った政善は，「すまない。必ず迎えに来るからそれまで頑張ってくれ」と，心の中で何度も侘びながら南部へ向かった。

しかし戦況はよくならず，6月18日の深夜，日本軍は女子学徒隊に解散命令を出した。「ガマの外は鉄の暴風が荒れ狂う戦場だ。どのようにして親元に帰れというのだ」。憤ってもどうにもならない。日本兵は軍刀を手にして生徒たちを追い立てる。政善も意を決して，砲弾の嵐の中へとび出して行った。首筋に弾丸を受けたが，運良く一命をとりとめた。

途中で12人の今帰仁出身の生徒たちと一緒になり，行動をともにした。だが，周囲はすでに米兵に取り囲まれていた。アダンの陰で生徒たちが車座になって震えている。福地キヨ子が「先生いいですか」と叫び，手榴弾の栓を抜こうとした。

政善は，「抜くんじゃない」「死ぬんではないぞ」と厳しく制した。

このいたいけな生徒たちを残虐に殺してはいけない，と思ったからだった。米兵を見たとき，直感的に人間に対する「信頼」が魂を揺さぶったのである。

1946年4月7日，第三外科壕の跡に「**ひめゆりの塔**」が建てられ，慰霊祭がおこなわれた。政善は，

いわまくら　かたくもあらん　やすらかに　ねむれとぞいのる　まなびのともは（戦場に散り　岩をまくらに　無念のままたおれた友たちよ　どうかやすらかに眠ってくださいと祈り続けます　私たち生き残った学友は）

という歌をささげた。

1995年，戦後50年の年に仲宗根政善は87歳で亡くなった。軍国教育を反省し，ひたすら平和を願い「ひめゆり」と生きた生涯であった。

ひめゆりの塔

1946年1月、米軍によって南部の激戦地跡に移された旧真和志村の金城和信村長らによって遺骨が収集され、「ひめゆりの塔」が建てられた。その後、ハワイ二世の儀間真一の資金提供で土地を購入して整備された。1989年に「ひめゆり平和祈念資料館」がオープンし、仲宗根政善が初代館長となった。

ひめゆりの名称

一高女と師範の併置にともなって名づけられた校友会誌の名称。「乙姫（一高女）」と「白百合（師範）」をあわせて「ひめゆり」と名付けられた。

学習テーマ 33 住民はどのようにして戦場に動員されたのか

どのような人びとが戦場に動員されたのか

沖縄戦で戦闘に参加したのは、兵役法にもとづいて召集された正規の軍人だけではなかった。兵役からもれた満17歳から満45歳までの男子は**防衛隊**に、21校あった中等学校や師範学校などの男女生徒は**学徒隊**に編成されて戦場に駆り出された。女子学徒は、15歳から19歳で、主に看護活動にあたった。男子学徒は14歳から19歳で、上級生が「鉄血勤皇隊」に、下級生が「通信隊」に編成された。鉄血勤皇隊は軍の陣地を作る作業や武器・弾薬などの運搬にあたり、通信隊は暗号を記憶して情報伝達や爆撃で切断された電話線の修復などの任務に従事した。沖縄戦により、多くの学徒が学業なかばで亡くなった。

防衛召集は二次にわたっておこなわれ、実際には人数をそろえるため、17歳以下や45歳以上の者にも適用し、病人や身障者まで召集した例があった。14歳以上（17歳以下）の男子でも、保護者の承諾（志願）があれば防衛召集の対象となった。写真は、左から70歳の防衛隊員、16歳と15歳の学徒隊員である。

防衛隊員の主な仕事は、飛行場建設などの陣地構築や食糧・弾薬運搬であったが、戦闘が激しくなると武器をもたされて実戦に参加させられた。防衛隊の数は、およそ2万5000人で、そのうちの6割にあたる約1万3000人が戦死した。

75歳の防衛隊員と16歳、15歳の学徒隊員
（沖縄県平和祈念資料館提供）

ここに着目　戦場に追いやった人，住民を守った人

沖縄戦では、日本軍は住民を守るどころか、食料を奪ったり、壕から追い出したり、スパイ容疑で殺害したりするなど、残虐な行為をおこなったことがよく知られている。しかし、将兵個々の行動をみてみると、別な一面があったこともわかる。沖縄県史や各市町村がまと

めた戦争体験記録を読んでいると，「米軍は男は残虐に殺し，女は強姦して殺すといわれているが，そんなことはないから米兵のいうとおりガマから出ていきなさい」と，住民が自決しようとするのをやめさせたり，米軍の捕虜になるようすすめたりした将兵がいたことも事実である。日本兵そのものも投降して助かった者がたくさんいる。

また，その一方で，日本軍に協力して沖縄住民を積極的に戦争にかりたてたり，住民の行動を逐一報告して，日本兵による虐殺に加担したりした沖縄人もいた。その多くが，政治家や学校の教師など，沖縄社会の指導的立場にある人びとだった。

自らの保身のみで，命をながらえた人もいただろうが，人が人でなくなる残虐な戦場にあっても，状況を冷静に判断し行動する人はいるものである。たとえ，どんな最悪な事態におちいろうと，絶望ではなく，「生きる」希望をみいだそうとする強い意思を持ち続けることが大切ではないだろうか。

方言使用をスパイ視
爾今軍人軍属ヲ問ワズ標準語以外ノ使用ヲ禁ズ 沖縄語ヲ以テ談話シアル者ハ間諜（スパイ）トミナシ処分ス（第32軍「球軍会報」一九四五年四月五日）

シーブン話　沖縄住民を救い出した日系2世たち

米軍は日本との開戦によって，多くの日本語通訳を育成する必要に迫られた。1942年，米陸軍情報部は軍情報部語学学校を設立して，日本語通訳兵を募集した。日系移民2世たちは，米国への忠誠心を示すため，積極的に志願した。沖縄からの移民2世もたくさんいた。米軍は彼らに日本軍の組織構造から日本の習俗・文化などを学ばせ，日本軍文書の翻訳や捕虜の尋問方法など多岐にわたる訓練を実施した。卒業生は太平洋の各戦線へ配置され，日本軍の暗号解読などにたずさわった。

沖縄では，これら通訳兵が，住民救出に重要な役割をはたした。とくに沖縄出身の2世兵士は，ウチナーグチでガマに潜む住民に投降をうながすなど，いつ日本兵に銃撃されるかわからないなか，命がけで救出作業にあたった。なかには，父が沖縄出身で米国籍となっていた通訳兵が，敵である鉄血勤皇隊の弟を探し出して，必死の説得で救い出したというエピソードもある。

ここに着目　「集団自決」と「強制集団死」の違い

自決とはみずからの意思で死ぬことをいう。沖縄戦における住民の「自決」は，軍事機密（日本軍の編制・動向や陣地など）を知っているため，軍によって強制・誘導されておこったものである。

沖縄の住民は，日ごろから「アメリカ兵に捕まえられたら，女は強姦され男は残虐に殺される」「敵の捕虜になる前に自決せよ」と教えられていた。このように，米軍の上陸で死より他に選択肢のない状況においこまれた住民は，日本軍の命令・誘導などで集団的な殺し合

いや自殺で死んでいったのである。

したがって、この実態を「集団自決」ということばで説明することは不適切と考え、近年は「強制集団死」という用語が使用されるようになっている。県内のマスコミ等では、「集団自決（強制集団死）」と併記している。また、集団自決を使用する場合も、カッコをつけて「集団自決」と記述するのが一般的になっている。

教科書検定意見による「集団自決」の軍命削除の撤回を求める県民大会　（仲村顕氏提供）

人物に観る琉球・沖縄　沖縄戦時の県知事・島田叡(1901～1945)

（那覇市歴史博物館提供）

1944年12月、沖縄県知事・泉守紀は上京したまま帰らず、翌年、香川県知事に転任となった。一般に「戦争が怖くて逃げた」といわれているが、泉知事が上京したのは、県民の疎開や戦争災害対策などを政府と協議するためだった。どうやら、「軍に対する宿舎提供や慰安所問題で、泉知事から拒否された現地軍幹部が軍に非協力的な知事では戦争できないと判断」したことによって更迭された、というのが真相のようである。しかし、泉知事が沖縄からの移動工作を図っていたのも事実で、他にも多くの県幹部が出張などを名目に沖縄を離れている。

その後任として赴任してきたのが、島田叡知事だった。島田知事は十・十空襲後、中部に移動していた県庁を那覇にもどし、戦時行政に切り替えて県民の北部疎開と食糧確保に奔走した。

米軍上陸が迫ると県庁を首里に移し、4月には繁多川の地下壕で行政指導をおこなった。5月には戦場における行政機関として「沖縄県後方指導挺身隊」を創設し、軍の活動を支援することになった。第32軍司令部が南部に撤退すると、知事も県庁職員とともに南部の轟壕へ移動した。

6月上旬には挺身隊や警察警護隊の解散を命じ、その後、牛島司令官らに最後の挨拶をしたあと軍医部の壕に入り、26日頃に消息を絶った。自決したと思われる。

島田叡は人格者として知られ，周辺の者には常々「命を粗末にしないように」と言葉をかけていた。しかし，一方では「軍官民の一体化」を推しすすめる役割を担い，法的根拠のない17歳未満の男子の防衛召集や女子学徒の戦場への動員を容認するなど，軍部としては組みやすい相手だったもといわれている。そのため，那覇市奥武山公園内に建立されている「島田叡氏顕彰碑」に対し，「戦時下の県知事として，県民のために献身的に働き，多くの命を救った」と称えることは，「悲惨な戦争の実相をかえりみず，美談のもとに十数万の犠牲を覆い隠す行為である」と，批判的にみる意見もある。

ここに着目　軍国主義の象徴「御真影」はどうなったか

奉護壕（名護市）（名護市教育委員会提供）

　1945年1月，県当局は沖縄島中南部を主とした学校の「御真影」を，国頭郡羽地村の大湿帯(現・名護市)に集めて保管した。これを警護する奉護隊には教育関係者があてられ，隊長に渡嘉敷真睦，副隊長に新里清篤が任命された。

　4月1日，米軍の沖縄島上陸によって本格的な地上戦が展開され，4月7日には名護にも上陸し，本部半島や羽地方面へ進撃を開始した。隊長の渡嘉敷は，「米軍の上陸の確報を得たら，『御真影』を適当に処置するよう」県から指示を受けており，緊急会議を開いて対策を講ずることにした。奉護していた「御真影」は，今上天皇(昭和天皇のこと)・皇后のほかに，明治天皇・皇后，大正天皇・皇后も含まれており，搬送しやすくするためひとまず台紙をはぎとって軽量化することにした。ところが，作業なかばで米軍がせまってきているとの知らせが入り，急遽，今上天皇・皇后の写真以外はすべて焼却することになった。

　避難民の数は日をおって増え，奉護所周辺にまで入り込んできたため，4月10日，東村有銘国民学校の勅語謄本等奉安所に移動した。その後，3回も奉護小屋を移動しながら80日間，戦勝を信じ困難な状況のなかで奉護の警護にあたった。

　6月22（23）日，牛島司令官の自決で日本軍の司令官指揮による組織的戦闘は終了したが，奉護隊がその事実を知ったのは6月29日のことだった。翌30日早朝，渡嘉敷は「御真影」の焼却を決意した。副隊長だった新里清篤はそのときの様子を次のように述懐している。

　「皇居遙拝，国歌奉唱の後，渡嘉敷隊長の手によって『御真影』の一葉に火が点ぜられた。全ご真影を焼却し終えるまでの嗚咽の声と頬を伝って流れる熱涙の思い出は，いまだに鮮烈である」（『傷魂を刻む』龍潭同窓会編）

　宮古では1944年11月，島内の「御真影」が集められて野原岳の奉安所に安置され，敗戦後の8月31日に日本軍将校の立会いのもとで焼却された。八重山でも戦時中，於茂登岳

の白山に集められていた「御真影」が戦後になって石垣国民学校に移され，1945年11月15日，宮鳥御嶽の境内で焼却された。

こうして皇民化教育の象徴だった「御真影」は焼却され，沖縄は天皇ファシズムの呪縛から開放された。

学習テーマ 34 沖縄戦でどれだけの県民が亡くなったのか

ここに着目 「平和の礎」にはどれだけの犠牲者が刻銘されているのか

出身者		刻銘者数
日本	沖　縄　県	149,658
	県　　　外	77,978
外国	米　国（USA）	14,010
	英　国（UK）	82
	台　　　湾	34
	朝鮮民主主義人民共和国	82
	大韓民国	381
	合　　　計	242,225

2024年6月23日現在

沖縄戦で亡くなったすべての人々を刻銘。沖縄戦の期間は，米軍が慶良間諸島に上陸した1945年3月26日から降伏文書に調印した同年9月7日までとし，戦没場所は沖縄県の区域内。ただし，次に掲げる戦没者についても刻銘対象としている。

（1）沖縄県出身の戦没者
　ア　満州事変に始まる15年戦争の期間中に，県内外において戦争が原因で死亡した者
　イ　1945年9月7日後，県内外において戦争が原因でおおむね1年以内に死亡した者（ただし，原爆被爆者については，その限りではない。）

（2）他都道府県及び外国出身の戦没者
　ア　沖縄守備軍第32軍が創設された1944年3月22日から1945年3月25日までの間に，南西諸島周辺において，沖縄戦に関連する作戦や戦闘が原因で死亡した者
　イ　1945年3月26日から同年9月7日までの間に，沖縄県の区域を除く南西諸島周辺において，沖縄戦に関連する作戦や戦闘が原因で死亡した者
　ウ　1945年9月7日後，沖縄県の区域内において戦争が原因でおおむね1年以内に死亡した者

沖縄県の資料より作成

平和の火

平和の火は，平和祈念公園内の断崖絶壁から海岸線の波打ち際を見わたせる平和の広場に設置されている。この火は，沖縄戦でアメリカ軍が最初に上陸した座間味村の阿嘉島で採取した火と，被爆地である広島市の「平和の灯（ともしび）」，長崎市の「誓いの火」を合わせて灯したものである。

1991年から灯し続け，戦後50年にあたる1995年6月23日の「慰霊の日」にこの場所に移された。

ここに着目 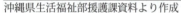 補償された戦没者と補償されない戦没者

沖縄戦などの戦没者数（礎の刻銘者とは別）

日本側戦没者	18万8136人
県外出身日本兵	6万5908人
沖縄県民戦没者	12万2228人
沖縄県出身軍人・軍属	2万8228人
沖縄住民	9万4000人
内訳　戦闘協力者	5万5246人
一般住民	3万8754人（推定）
米軍戦没者	1万2520人
合計	20万656人

沖縄県生活福祉部援護課資料より作成

「平和の礎」戦没者の名前を確認する遺族

　沖縄県援護課の資料によると，沖縄戦などにおける住民の戦没者は9万4000人となっているが，その内訳として援護法が適用されている戦闘協力者5万5246人と，援護法が適用されていない一般住民3万8754人に分けられている。

　援護法とは，国との雇用関係にある軍人・軍属の戦没者を救済するための国家補償法のことである。戦前の日本には，戦争被害にあった一般民衆を救済するための補償法はなかった。しかし，地上戦がおこなわれた沖縄では特殊事情が認められ，戦場に駆り出された一般住民の犠牲者にも準軍属(戦闘協力者)として援護法が適用された。

　ここで問題なのは，援護法が適用された戦没者数は，申請による具体的な裏付けで認定されるので正確だが，一般住民の被害者数は申請や調査によって得られた実数ではないということである。沖縄戦が始まる前の人口から戦後の人口を差し引いて，その数から軍人・軍属等の戦没者数や県外疎開者などの数を引いて算出したものである。沖縄戦研究者によると，算定に使われた数には誤りがあり，実数はこれをかなり上回るとみられている。そのため，沖縄県全戦没者数は，終戦前後の戦争マラリアや餓死などによる被害を含めると，15万人前後に上ると推定されている。

　ところで，住民の戦闘参加者とは，軍の命令により敵との銃撃戦に参加したり，弾薬・食糧・患者等の輸送，陣地構築，救護等に従事したりした人びとのみをいうのではない。日本兵による壕追い出しや食料強奪，スパイ容疑による虐殺や「集団自決」の強要などで亡くなった人びとも含まれている。これらの戦争被害者が，日本軍への戦闘参加者・協力者とみなされ，援護法が適用されている。彼らの身分は，すべて一般住民である。

一般住民の援護法適用の20項目(戦闘協力者)

①義勇隊　②直接戦闘　③弾薬・食糧・患者等の輸送　④陣地構築　⑤炊事・救護等雑役　⑥食糧供出　⑦四散部隊への協力　⑧壕の提供　⑨職域による協力　⑩区村長としての協力　⑪海上脱出者の刳舟輸送　⑫特殊技術者　⑬馬糧蒐集　⑭飛行場破壊　⑮集団自決　⑯道案内　⑰遊撃戦協力　⑱スパイ嫌疑による斬殺　⑲漁撈勤務　⑳勤労奉仕作業などに従事

第8章 米軍支配下の沖縄

学習テーマ 35 米軍はどのようにして沖縄を統治したのか

日本史探求 と 琉球・沖縄　占領下の沖縄

東書日探 701	実教日探 702	実教日探 703	清水日探 704	山川日探 705	山川日探 706	第一日探 707
占領と改革 p.270〜279	占領と民主改革 p.332〜340	現代日本社会の形成 p.200〜207	現代の日本と世界 p.236〜243	占領下の日本 p.325〜336	現代の世界と日本 p.248〜256	日本の再建 p.250〜259

収容所からはじまった戦後の生活

沖縄に上陸した米軍は、**ニミッツ布告**を発して、南西諸島を米国海軍軍政府の管轄下に置くことを宣言した。軍政府は読谷村比謝に設置し、南部の知念地区をはじめ中部地区の石川、北部地区の辺土名など12地域の各区に収容所を設置した。沖縄戦によって難民となった人びとは、これらの収容所に送りこまれた。沖縄戦の末期になると、収容所は山中や壕（ガマ）のなかに身を潜めていた人びとが続々と投降してきてあふれ返った。その間、米軍は広大な軍事基地を囲い込んでいた。

荒れ狂う"鉄の暴風"に打ちひしがれた沖縄の人びとにとって、収容所生活も平穏なものではなかった。雨露をしのぐだけのテントのなかに押し込められ、わずかな食糧で毎日を過ごさなければならず、マラリアや傷病が原因で亡くなる人もいた。また、しばしばおこった米兵による殺傷事件や女性への暴行事件は人びとを苦しめた。

戦争が終わると、収容所に収容されていた人びとは、1945年10月ごろから、それぞれの居住地へ帰ることが許された。敗戦のショックから覚めやらぬまま、住宅を建て、焼け野原となった田畑を耕す者、漁に出る者、軍作業員となって働く者と、心を癒すまもなく荒廃したふるさとの復興にとりくんだ。

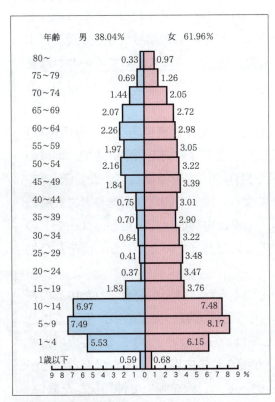

沖縄戦直後の人口ピラミッド
（米海軍軍政府厚生部調べ）（1945年8月）

戦後引揚者上陸の地
1996年3月31日建立（中城村字久場）

　この地は，太平洋戦争終結後の1946年8月17日から同年12月まで本土からの帰還者や海外からの引揚者が，軍用船から初めてふるさと沖縄の地に上陸した場所である。
　帰還者や引揚者は，上陸すると頭からDDTをまかれ衣料などの配給を受け，久場崎収容所や沖縄市のインヌミ収容所に送られ，その後各地に移住した。
　この間に，久場崎港に上陸した引揚者の数は拾万人を突破したといわれる。
　戦争の惨禍を忘れず，永遠の世界平和を祈念し，この碑を建立するものである。
　石柱は引揚者の心情（不安・喜び・希望）を現し，陸に近づく程心の高鳴りが大きくなったことを表現しています。
（碑文より抜粋）

人物に観る琉球・沖縄　小那覇舞天（本名・全孝）(1897〜1969)
〜沖縄のチャップリン・舞天の笑いの世界〜

小那覇舞天
（うるま市商工会提供）

　舞天こと小那覇全孝は，今帰仁間切（現・今帰仁村）に生まれた。沖縄県立第二中学校から県立師範学校二部に進んだ後，嘉手納の屋良小学校の訓導（教員）となった。その後，歯科医をめざして日本歯科医学専門学校（現・日本歯科大学）に進学した。東京で沖縄人（ウチナーンチュ）に対するいわれなき差別を経験しながらも，浅草の喜劇を観て笑いの魅力に取りつかれた。
　卒業後は沖縄にもどり，北谷村嘉手納（現・嘉手納町）で歯科医院を開業した。全孝は沖縄芝居が好きで，地域の行事等で琉球舞踊や自作の演劇を披露していた。そして，いつのころからか芸名として舞天（ブーテン）を名乗るようになり，浅草で観た喜劇を参考に独特の漫談で人びとを笑いの渦に巻き込んだ。歯科医・全孝は生真面目だったが，ユーモアのセンスは抜群だったので，歯科医院は多くの患者でにぎわっていた。しかし，そんな生活も沖縄戦で一変した。
　戦中・戦後，米軍は沖縄の各地に難民収容所をつくった。舞天が収容された中部の石川収容所も，人口2万人以上に膨れあがった。人びとは敗戦の失意の中，生きることに精一杯だった。しかし，いつまでも泣き暮らしてはいられない。「今こそ，笑いの力で，この沖縄を復興させるんだ」。舞天は，食料などが配られる広場で，「生き延びることが出来たお祝いだ」（ヌチヌ　スージ　サビラ）といって，三線を弾いて沖縄民謡を歌い，惨めな現状を風刺のきいた漫談で笑い飛ばした。
　ある者は「家族を亡くして悲しんでいるのに，どうしてお祝いなどできようものか」と，

その不謹慎な行動を詰った。舞天は、「生き残った者が、元気を取り戻して沖縄を復興させることが、何よりの供養ではないか」と諭し、三線を奏でて、祝いの歌を歌った。

沖縄戦による破壊はあまりにも大きかった。それでも、いつか復興への一歩を踏み出さなければならない。舞天は、芸能の力で沖縄人のアイデンティティを目覚めさせ、復興への第一歩を踏み出させたのだった。

Pick Out! ガリ版刷り教科書で何を教えたか

ガリ版刷りの教科書

茅葺校舎で学ぶ子どもたち
（沖縄タイムス社『写真記録　沖縄戦後史』より）

1945年8月1日、米軍のハンナ少佐が中心となって石川市東恩納の軍政府内に、沖縄教科書編集所が設置された。そこから沖縄独自の教科書作りがはじまった。軍政府は、軍国主義的内容や日本的な内容の教科書は認めなかった。また、日本と沖縄の分断政策もあって、「国語」という表現を許さず「読み方」に統一された。『おもろさうし』の「あけもどろ」という表現さえ、日本の国旗「日の丸」をイメージさせるとして拒絶した。

沖縄県師範学校女子部の教師だった仲宗根政善（→p.167）は、軍国主義教育を反省し、沖縄の未来を担う子どもたちのために、新しい教科書作りに取り組んだ。

戦争が終わり、壕（ガマ）の闇から開放された人びとの目に、青い空と広い海のまぶしさが強烈に焼きついた。鉄の暴風が去り、ようやく平和がおとずれたのである。仲宗根は、初めて文字を習う初等学校一年生「ヨミカタ」の第一ページに、「アヲイ　ソラ　ヒロイ　ウミ」と記した。焼け野原となった首里で見た青い空と広い海に、平和の尊さを感じたのだった。

仲宗根らが書いた教科書は米軍の検閲をうけ、ガリ版刷りで作られた。しかし、すべての子ども達に教科書やノートがゆきわたるはずはなく、青空のもと、子どもたちは大きな声で字を読み、砂地に書いて覚えていった。

仲宗根はさらに小学校八年生の教科書には、「首里城跡の赤木」と題して沖縄復興の

第8章

177

気概を次のように記している。
　「焼け焦げた赤木の根からは、みづみづしい芽が勢いよくのびた。陽光を浴び清水を吸うて、新しく大木の芽はあの大きな根から萌え出てきた。天空に聳えようとする若々しい意気がその一葉一葉に燃えている」。

米軍支配のはじまり

　日本が敗戦をむかえた1945(昭和20)年8月15日、沖縄島中部におかれた石川の民間人収容所では、米軍政府の招集による戦後はじめての住民代表者会議がひらかれた。「新沖縄建設」のための話し合いをおこなわせるためだった。

　会議の結果、中央政府を設立するための準備機関として、**沖縄諮詢会**が設置されることになり、委員長に**志喜屋孝信**が選ばれた。委員は15人で、ほとんどが教職出身者・県会議員経験者・報道関係者であった。戦争で多くの人材が失われたことにもよるが、戦前の沖縄県庁は他府県人で占められ、経済界でも鹿児島商人が主導権を握っていたので、政治・経済面の有識者が少なかったからである。

　諮詢会によって地方行政機構の整備作業がおこなわれ、9月には沖縄島の各収容所(12市)で、市長と市会議員の選挙が実施された。この地方組織は、住民が元の居住地へもどるまでのわずかな間で、その役割も米軍の伝達機関的なものだった。しかし、この選挙で、本土に先んじてはじめて満25歳以上の**女性に選挙権**があたえられたことは、戦後政治の出発として特筆すべきことだった。米軍からの指導はあったが、必ずしも強制されたものではなかった。

沖縄諮詢会の結成　前列左から3人目が委員長の志喜屋孝信（沖縄県立博物館・美術館蔵）

　「地方行政緊急措置要綱第五条で其ノ地ニ於ケル年令二十五才以上ノ住民ハ選挙権及被選挙権ヲ有ス、となっているが、これはかなり議論があった。アメリカは参考としていろいろ意見をいうが大体はわれわれの意見を尊重した。委員のなかには婦人参政権はまだ早いという人が幾人かあった。私は二十才以上の男女の選挙権被選挙権を主張したが、討論のあとで条文に示す通り決定した(仲宗根源和『沖縄から琉球へ』)」というように、諮詢会の議論によって決められたものだった。

Side Note

沖縄諮詢会の成果

　沖縄諮詢会は、わずか半年の間に、配給機構の整備、財政計画、戸籍法の整備、住民の居住地への移動、警察学校・文教学校・英語学校の設立、教科書の編集など、戦後行政の基本的な事業を集中的にこなした。軍政府も、このような沖縄人の行政能力を高く評価した。

人物に観る琉球・沖縄
戦後沖縄の福祉の母・島マス(1900〜1988)のチムグクル(真心)

島マス（北村京子氏提供）

　沖縄戦は多くの県民の命を奪うとともに、たくさんの戦争孤児や家庭に恵まれない子どもたちを生み出した。
　1950年代初期、青少年の非行問題は深刻だった。米軍基地に入って窃盗の罪で捕まった子どもたちは、軍の裁判にかけられて刑務所に送られていた。島マスは、そんな子どもたちの将来を心配し、厚生員として軍裁判に立ち会い、子どもたちの弁護をした。時には「私がこの子を更生させますから釈放してください」と嘆願した。

　ところが、軍裁判で釈放を勝ち取っても、家に帰りたがらない子や、帰る家のない子もいる。マスは、このような子どもたちを引き取って、自分の家で面倒を見ることにした。家族も協力してくれたが、児童は増えていくばかりだった。
　1952年、マスは夫や子どもたちと相談して、コザ署の隣に「胡差児童保護所」をつくることにした。多くの人が協力してくれたが、その後が大変だった。収容児童のための食糧や衣類の確保、生活指導、学習指導など問題は山積みだった。島夫婦は、施設を沖縄群島社会福祉協議会に運営してもらい、その委託を受けて働くという方法をとることにした。
　「胡差児童保護所」にはもう一つ悩みがあった。男女いっしょの施設だったため、何かと不都合なことが多かった。翌年、マスは女の子たち専用の施設が必要と考え、福祉関係の人びとの協力をえて「コザ女子ホーム」をつくった。そこで、学校の勉強だけでなく、ボランティアを募って洋裁や手芸等の技術も身につけさせた。女子ホームに収容した子供たちは12, 3歳の子どもが多く、中には18歳の子もいた。みんな複雑な家庭環境で育ち、家出をして窃盗や売春をくり返していた。
　マスは新しい子が入ってくると、必ず一つの布団でその子を抱いて寝ることにした。そうすることで、少女たちの閉ざされた心の窓が、少しずつ開かれていったからである。
　1954年7月、「コザ女子ホーム」は沖縄実務学園女子部となり、琉球政府の施設に移管した。マスは児童相談所指導員として勤務し、公職を退いてからも福祉事業に関わり続け、戦後沖縄の「福祉の母」とよばれるようになった。

Side Note
戦争孤児の数
　戦中・戦後の民間人収容所には孤児院も設置され、1000人ほど収容されていたが、戦争孤児の実数はこれをはるかに上回ると見られている。

Pick Out! 海から豚がやって来た
～ハワイ移民（→p.131）からのプレゼント～

「海から豚がやってきた」記念碑（うるま市）

　沖縄戦は，緑豊かな沖縄の自然を破壊し，人びとの暮らしを一変させた。ウチナーンチュ移民の多いハワイでは，荒廃した故郷を救おうと，多くの団体が設立されて募金活動がおこなわれた。その中の一つ，ハワイ連合沖縄救済会は"種豚を沖縄に送る"という計画を立てた。
　彼らは精力的に募金活動を展開し，5万ドル集めた。このお金で米国本土の養豚業者から550頭の種豚（1頭当たり60ドル）を購入し，1948年夏，7人の会員が沖縄に向かった。途中，何度も嵐に襲われたり危険な目にあったりしたが，3週間後に無事，勝連のホワイトビーチに入港することができた。陸揚げされた豚は，人口に応じて各市町村に配分された。
　うるま市に建立された『海から豚がやってきた』記念碑に，「ハワイのウチナーンチュが決死の覚悟で送り届けたブタは，沖縄の養豚業を復活させ食糧難を解消するなど，戦後復興に大きく貢献するとともに，沖縄の豚食文化を絶やすことなく今に継承するという大きな役割を担いました（部分）」と記し，彼らへの感謝と功績をたたえている。

米軍の沖縄統治を促したのは何か

　米軍は沖縄各地に広大な軍用地を確保していたが，米国務省は沖縄の軍事基地の恒久化には反対していた。そのため米国政府は，沖縄をどのように扱うべきか決めかねていた。沖縄は"忘れられた島"として宙に浮いた形になり，米軍の経済援助も乏しく戦後の混乱状態が続いた。それでも，日本と平和条約を結ぶための準備をすすめる頃には，米国は沖縄保有の方針を固めつつあった。社会主義国のソ連との関係が悪化し，中国で共産革命がおこると，アジアにおける米国の戦略上の基地として沖縄の重要性が増してきたからだった。
　1949年5月，アメリカ大統領は，沖縄を日本本土から切り離し，長期的に保有して基地の拡大強化をはかるという政策を採用した。これによって沖縄は，「**太平洋の要石**」に変貌させられることになった。
　実はこの決定には，日本側から発せられたあるメッセージが重要な役割をはたしていた。

Side Note

占領と統治の違い

　沖縄は戦後27年間，米軍の支配下に置かれた。
　具体的には，沖縄戦終結（1945年）からサンフランシスコ講和条約の発効（52年）までの期間は「軍事占領」，それから72年の沖縄返還までが，米国の施政権による「統治」となる。

米軍の沖縄人観

　日本人と琉球島民との密着した民族関係や近似している言語にもかかわらず，島民は日本人から民族的に平等だとはみなされていない。琉球人は，その粗野な振る舞いから，いわば「田舎から出てきた貧乏な親戚」として扱われ，いろいろな方法で差別されている。一方，島民は劣等感など全く感じておらず，むしろ島の伝統と中国との積年にわたる文化的なつながりに誇りを持っている。よって，琉球人と日本人との関係に固有の性質は潜在的な不和の種であり，この中から政治的に利用できる要素をつくることが出来るかも知れない。島民の間で軍国主義や熱狂的な愛国主義はたとえあったとしても，わずかしか育っていない。

沖縄県史　資料1『民事ハンドブック』沖縄戦1(和訳編)より

日本史探求 と 琉球・沖縄

天皇メッセージ
〜米国の沖縄占領をうながす〜

実教日探 702
日本国憲法の制定と沖縄
p.337

「天皇メッセージ」には，何が書かれていたのか

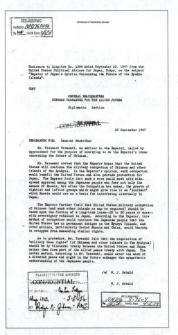

「天皇メッセージ」
（沖縄県公文書館所蔵）

　沖縄の将来に関する日本側の考えとして，宮内庁の御用掛だった寺崎英成が，GHQの政治顧問シーボルトに伝えた「**天皇メッセージ**(1947年9月20日)」がある。その内容は次のとおりである（『沖縄と天皇』あけぼの出版より）。

　「寺崎氏は，米国が沖縄その他の琉球諸島の軍事占領を継続するよう天皇が希望していると，言明した。天皇の見解では，そのような占領は，米国に役立ち，また，日本に保護をあたえることになる。天皇はそのような措置は，ロシアの脅威ばかりでなく，占領終結後に，右翼および左翼勢力が増大して，ロシアが日本に内政干渉する根拠に利用できるような"事件"をひきおこすことをもおそれている日本国民のあいだで広く賛同を得るだろうと思っている。

　さらに天皇は，沖縄（および必要とされる他の島々）にたいする米国の軍事占領は，日本に主権を残したままでの長期租借―25年ないし50年あるいはそれ以上―の擬制にもとづくべきであると考えている。天皇によると，このような占領方法は，米国が琉球諸島にたいして永続的野心をもたないことを日本国民に納得させ，また，これにより他の諸国，とくにソ連と中国が同様の権利を要求するのを阻止するだろう。」

　その意図については，(1)沖縄を米軍に提供することで，天皇制の維持をはかろうとした，(2)米国の沖縄占領に対し，主権を日本に残すことでソ連・中国の沖縄獲得を阻止しようとした，ことなどが考えられている。いずれにせよ，そのことが米国の沖縄の長期保有決定に何らかの影響をあたえたことは間違いないと思われる。

日本史探求 と 琉球・沖縄 サンフランシスコ平和条約の締結
～日本から切り離された沖縄・奄美・小笠原～

東書日探 701	実教日探 702	実教日探 703	清水日探 704	山川日探 705	山川日探 706	第一日探 707
サンフランシスコ平和条約 p.280	サンフランシスコ平和条約 p.343	サンフランシスコ平和条約 p.208	サンフランシスコ平和条約 p.247	サンフランシスコ平和条約 p.336.337	サンフランシスコ平和条約 p.257	サンフランシスコ平和条約 p.259

戦後の冷戦と講和国の対応

敗戦後，連合国の占領政策により，日本の領土は九州，四国，本州，北海道，それに連合国が定めた諸小島に限られた。

朝鮮半島北部，南樺太，千島はソ連が占領，朝鮮半島南部，奄美諸島，琉球諸島を含む南西諸島と小笠原はアメリカが占領し，台湾は中国に返還されることになった。

第二次世界大戦で，ファシズム勢力を倒すことを目的に社会体制の違いをこえて協力しあった連合国だったが，大戦後はソ連を中心とした社会主義諸国と，アメリカを中心とした自由主義諸国との対立が激しくなった。これを**冷戦**という。戦火は交えていないものの，激しく対立していることを表現したことばである。

こうした国際情勢のもと，アジアでは1948年，北朝鮮に社会主義国が誕生し，1949年には中国共産党が革命を成功させて**中華人民共和国**を成立させた。また翌年には，北朝鮮と韓国との間に戦争がおこった（**朝鮮戦争**）。

冷戦が激化すると，アメリカはアジアの共産化をおそれ，日本を自国の陣営に組入れるため，ソ連と意見が対立したまま見送られていた日本との平和条約の締結を急いだ。

1951年9月，アメリカの提案で，サンフランシスコに52カ国の代表が集められて講和会議が開かれた。しかし，この会議には日本の主要対戦国で，もっとも犠牲の大きかった中国は招かれなかった。中華民国（台湾）を支持するアメリカと，革命によって誕生した中華人民共和国を支持する英国との意見が対立したため，中国代表はこの会議に招集されなかったのである。

また，この条約案には，南西諸島・小笠原諸島をアメリカが管理する条文が含まれていたことなどから，インド・ビルマ（現ミャンマー）・ユーゴスラビアはこれに抗議し，会議に参加しなかった。ソ連も，中華人民共和国を会議に参加させることや，日本がいずれの交戦国とも軍事同盟を結ばないなどの修正案をだしたが拒否されたため，ポーランド・チェコスロバキアとともに条約に調印しなかった。

Side Note

非調印国との条約締結

1952年，会議を欠席したインド，ユーゴスラビア，会議に招かれなかった中華民国と調印。1954年，会議に欠席したビルマと調印。1957年，調印を拒否したポーランド，チェコスロバキアと調印。1978年，中華人民共和国と調印。ソ連（現・ロシア）とは1956年に国交を樹立したが，平和条約は北方領土問題の解決後に持ち越された。

サンフランシスコ平和条約 沖縄などの日本からの分離

米軍の占領下にあった奄美や沖縄では、琉球列島が日本から分離されてアメリカに支配されることが明らかになると、公然と日本への復帰運動に立ち上がった。沖縄では1951年に**日本復帰促進期成会**を結成し、わずか3か月のあいだに、全有権者の約7割の署名（約20万）を集め、奄美では14歳以上の群民ほぼ全員にあたる14万人の復帰署名が集まった。沖縄群島議会も復帰要請を決議して日米両政府に沖縄住民の意志を伝えたが、まったく相手にしてもらえなかった。

日本国内でも、中国・ソ連を含む全交戦国との講和を要求する運動が高まっていたが、**吉田茂首相**はこれらの意見を押し切って講和会議に参加し、48か国とのあいだで平和条約を結んだ（**サンフランシスコ平和条約**）。

日本はまた、同じ日にアメリカと**日米安全保障条約**を結んだ。日本が独立したあと、極東の平和と安全を守るという名目で、アメリカ軍が日本に駐留できるようにするためだった。もちろん、ソ連や中国、そして北朝鮮などの社会主義勢力の動向を警戒してのことだった。

1952（昭和27）年4月28日、サンフランシスコ平和条約と日米安全保障条約が発効して日本は独立国としての主権を回復し、同時にアメリカのアジアにおける戦略基地としての役割を強めることになった。そして、沖縄は日本から切り離され、米軍の施政権下におかれることになった。なお、奄美諸島は1953年12月、小笠原諸島は1968年6月、日本に返還された。

> **サンフランシスコ平和条約**
> 第三条　日本国は、北緯二十九度以南の南西諸島（琉球諸島及び大東諸島を含む。）孀婦岩の南の南方諸島（小笠原群島、西之島及び火山列島を含む。）並びに沖の鳥島及び南鳥島を合衆国を唯一の施政権者とする信託統治制度の下におくこととする国際連合に対する合衆国のいかなる提案にも同意する（注）。
> （注）米国は信託統治下に置くことなく支配し続けた。

米軍の沖縄統治と琉球政府の設立

戦後の琉球列島は米軍によって、奄美群島、沖縄群島、宮古群島、八重山群島に四分割され、それぞれに群島政府がおかれた。アメリカ政府は、1950（昭和25）年12月に沖縄を支配する機関を軍政府から**琉球列島米国民政府**（以下、米国民政府）に変更し、群島政府をまとめる中央政府を設立することにした。沖縄の統治方式を、中央政府・群島政府・市町村という、三段階による連邦制度的なものにするためだった。

1951年4月、米国民政府は臨時中央政府を設置し、行政主席に親米派の**比嘉秀平**を任命した。臨時政府の任務は、全琉球をまとめる中央政府（琉球政府）の設立をすすめることだったが、住民を代表する群島政府の意向はほとんど反映されなかった。

翌52年3月、中央政府の創設に先立って立法院議員選挙が実施され、日本復帰促進派が多数を占めた。その結果に危機感をもっ

初代行政主席　比嘉秀平
[1952.4.1 ～ 1956.10.25]
（沖縄県公文書館提供）

> **Side Note**
>
> **琉球政府の機構**
>
> 米国の三権分立制をモデルに，立法（立法院）・行政（行政主席）・司法（裁判所）の三権をそなえた沖縄における全権機関として位置づけられたが，その上には琉球列島米国民政府が，敢然と立ちはだかっていた。

た米国民政府は，同年4月1日，**琉球政府**を設立すると沖縄住民の選挙で知事を選ぶという主席公選の約束を反古にし，臨時中央政府の比嘉秀平をそのまま初代の**行政主席**に任命した。それによって，各群島政府も廃止され，連邦制度的な統治方針も撤回された。

行政主席の公選を求める沖縄住民の要求は根強く，1960年代前半には，「住民自治拡大運動」の一環として激しい**主席公選闘争**を展開することになった。

ここに着目 琉球政府を示す旗はあったのか

沖縄は米軍の統治下におかれたが，潜在主権は日本にあった。ところが，その身分は不安定で，米国憲法の保障も得られなければ日本国憲法も適用されなかった。そのため，国際社会で大きな不利益をこうむった。

1962年4月，インドネシア近海を航海中の漁船・第一球陽丸が国籍不明船とみなされ，インドネシア軍の容赦ない攻撃にあった。国籍を示す船舶旗をかかげていなかったからである。これによって，乗組員1人が死亡，3人が重軽傷を負った。

国際法では，公海を航行する船舶は常時，国旗をかかげることになっている。しかし，当時の沖縄の船舶は，星条旗はもちろん，日の丸すらかかげることができなかった。そのため，米国民政府は1950年1月，国際信号機D旗の端を三角に切り落とした旗を**琉球船舶旗**に決定し，55年の布令で国旗に代わるものとして船舶にかかげることを義務づけていた。米国は，琉球船舶旗を国際水路広報に掲載して各国に周知徹底をはかったというが，それはほとんど意味をなしていなかった。第一球陽丸の銃撃事件以後も，琉球船舶旗をかかげた沖縄船舶が国籍不明船として扱われる事件がおこったのである。琉球政府は，沖縄の船舶に日の丸が掲揚できるよう日米両政府に要請したが，解決には時間がかかった。

1967年，米国は日本政府の沖縄援助に関する日米協議委員会で，ようやく沖縄の船舶に日の丸をかかげることを認めた。ただし，白地の三角旗に赤で「琉球・RYUKYUS」と書いたものを一緒に掲揚しなければならなかった。これを**新琉球船舶旗**とよんだ。

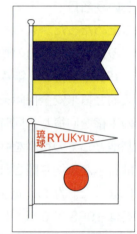

琉球船舶旗（上）と三角旗つきの新琉球船舶旗（下）

> **Side Note**
>
> **球陽水産への補償**
>
> 1962年7月，琉球政府は球陽水産の要請をうけ，約4万6600ドルの賠償をインドネシア政府に請求した。70年に球陽水産に対し，インドネシア政府から1万ドルの賠償金が米国民政府を通して交付された。

シーブン話　Aサインは何のサイン

1953年，米軍は沖縄の飲食店・風俗店・ホテルなどに，一定の衛生基準を設け，これに合格した業者に許可証を発行した。食中毒や性病などの感染予防が目的であった。

米軍人・軍属は，店舗にApproved（許可済）の頭文字「A」サインが表示されたところにしか立ち入ることができなかった。A文字の赤表示はレストラン，青はバーやクラブなど，黒は加工食品関係を示した。

学習テーマ 36　島ぐるみ闘争はどのようにしておこったのか

日本史探求 と 琉球・沖縄　米軍による強制土地接収
～「島ぐるみ闘争」による沖縄住民の意思表示～

東書日探701	実教日探702	実教日探703	清水日探704	山川日探705	山川日探706	第一日探707
日韓基本条約と沖縄返還 p.285	内外の平和への努力 p.345	原水爆禁止運動と安保闘争 p.208	沖縄と基地 p.254	専用施設分布図 p.343	アメリカ統治下の沖縄 p.263	戦後の沖縄 p.269

銃剣とブルドーザーによる土地の強制接収

戦時中および敗戦によって難民となった沖縄住民が収容所に収容されているあいだ，米軍は広大な軍用地を囲いこんでいた。土地を奪われた地域の農民は，収容所から解放されても帰る故郷がなく，山間地や荒れ地を切り開いて生活せざるをえなかった。政策的に，八重山やボリビアなどへ集団移民させられた人びともいた。

この広大な軍用地接収は，**ハーグ陸戦法規**に基づいておこなわれたとされているが，何の補償もせずに私有地を没収した米軍の行為は，明らかな国際法違反であった。ましてや，日本の敗戦が決定した8月15日以降の土地接収については，何の国際法的根拠もなかった。

アメリカ政府は，1952年4月にサンフランシスコ平和条約が発効すると，国際法上の戦時占領も終わることから，土地使用の合法化と地代支払いの検討をはじめた。1950年には，住民側からも軍用地料支払いの要請がなされていた。

米国民政府は，強制的に接収した土地の賃借契約を結ぶため，1952年11月，「契約権」という布令を公布した。しかし，契約期間が20年と長期におよび，1坪（畳2枚分）の年間借地料も「**コーラ1本代にもならない**」という安さに，契約を結ぶ地主はほとんどいなかった。それに対し米国民政府は，布令・布告を発して，契約が成立しなくても土地使用が可能であることを一方的に認めた。

> **Side Note**
>
> ハーグ陸戦法規
>
> 1899年と1907年に，ハーグ平和会議で採択された戦時国際法。現在まで効力を維持しており，アメリカ，日本とも調印している。
>
> ハーグ陸戦法規第46条は「私有財産は，これを没収してはならい」，第47条は「略奪はこれを厳禁とする」と規定している。

> **Side Note**
>
> **布告・布令・指令**
>
> 沖縄を統治するにあたり，米国民政府が制定した法令。布告は住民あて，布令は一般的な法令，指令は行政機関への指示。

こうした強権的な土地収用に対し，多くの住民が米軍への土地提供を拒んだため，米国民政府は1953年に「**土地収用令**」を公布し，無理やり土地を奪うという非情な手段をとった。村によっては，立ち退きを拒否する農民の目前で，家ごとブルドーザーで敷きならすという暴力的な接収をおこなった。「**銃剣とブルドーザー**」によって，沖縄は「要塞の島」と化し，基地のなかに沖縄があるとまでいわれるようになった。

沖縄住民の代表からなる立法院は「土地収用令」の撤廃を決議したが，米国民政府はまったく相手にしなかった。

Pick Out! 琉球政府の南米移民政策

1948年に沖縄海外協会が再発足し，翌年までに150人余がアルゼンチンへ移民として送り出された。1952年に琉球政府が創設されると移民課が設置され，米国政府の支援で積極的な海外移住促進がはかられるようになった。その背景には，米軍の基地建設による強制的な土地接収で，農地を奪われた人びとの受け皿が必要だったことや，中南米での共産主義の拡大を防ぐ必要があったからだった。また，米軍の沖縄での経済支出を減らす狙いもあった。

1954年には琉球政府によるボリビアへの移民計画がはじめられ，1970年までに約3200人が移民として海を渡って行った。しかし，ボリビアでは沖縄出身者の移住地は日本人移住地とは別々で，日本政府からの支援もなかった。また，オキナワ移住地は公共施設や道路などのインフラも整備されておらず，感染症が流行したり洪水などで農作物も被害を受けたりした。米国政府の支援が途絶えると苦境に立たされ，他地域やブラジル・ペルーなどへ転住したり，帰国したりして定住率は9.84％にとどまった。

沖縄県公文書館提供

それでも，移住地ボリビアで幾多もの苦難を乗り越え，成功をおさめた人もいた。現在では教育による子弟の育成に力がそそがれ，優秀な人材が多く輩出されているという。

人物に観る琉球・沖縄　沖縄のガンジー・阿波根昌鴻（あはごんしょうこう）（1901～2002）
～非暴力の抵抗で，平和運動に生涯をささげる～

阿波根昌鴻
（一般財団法人わびあいの里提供）

　沖縄戦が終わると，阿波根昌鴻の住んでいた伊江島は，米軍に占領された。

　「農民が土地を失っては生活ができない」。昌鴻は先頭に立って，土地を返してくれるよう要求した。しかし，米軍は強制収用をやめなかった。伊江島の農民は，危険な演習地のなかで畑を耕し，ひろった薬莢を売って生活するしかなかった。米軍はそんな農民を，カービン銃で撃ちまくって追い散らし，重軽傷を負わしたり逮捕したりした。殺害された人もいた。

　このような悲惨な状況を，必死になって琉球政府に訴えたが埒が明かなかった。「そうだ，沖縄の全住民に知らせよう」。住民からカンパを募りながら，約7ヶ月間，沖縄島をくまなく回って伊江島の実情を訴えた。これを「乞食行進（こじきこうしん）」とよんだ。土地問題は沖縄全体の問題となり，「祖国復帰」運動の原動力となった。

　1972（昭和47）年5月，沖縄は日本に復帰した。伊江島の米軍基地は32％に減っていた。

　ところが，復帰によって軍用地料が上昇し，今度は米軍基地に頼って生活する人が増えてきた。そのため，伊江島の基地は強化され，ますます危険な演習がおこなわれるようになった。事件・事故もあいついだ。

　「武力によって平和は生まれない」ことを信条とする昌鴻は，反戦地主として基地の返還運動を続けた。1984年には反戦平和の炎を燃やし続けるための資料館「ヌチドゥタカラの家」と，すべての人が語りあえる宿泊施設「やすらぎの家」を建てた。83歳になっていた。昌鴻はここを拠点に，語り部として101歳で亡くなるまで非暴力による反戦平和を訴え続けた。

Pick Out！　琉米親善の虚構（きょこう）

　アメリカ政府は沖縄の長期保有を決定すると，多額の財政資金を投入して沖縄の社会資本を整備した。沖縄を統治する米国民政府は，これによって生まれた独占的な石油販売事業や電力・水道・金融などの公社事業を管理し，そこから上がる利益を沖縄支配の資金にあてた。高等弁務官（→p.201）の裁量（さいりょう）で実施された事業資金もその一つだった。

第8章

『守礼の光』 高等弁務官府発行の月刊誌。沖縄住民へのＰＲ誌で、創刊は1959年。（沖縄県公文書館所蔵）

米国民政府は軍事優先の統治政策を推しすすめていたが、他方では沖縄住民にその政策を理解してもらおうと、記念行事やボランティア活動を推進するなど、宣撫工作をおこなっていた。

コザ市を中心に基地を抱える自治体では**琉米親善委員会**を組織させ、琉米文化会館・琉米親善センターなどの文化施設を建設して、琉米親善による成果と米軍の厚意を強調した。高等弁務官資金もその一環として利用され、各市町村の公民館建設や漁港整備・水道施設・道路建設などの事業をおこない、住民から感謝された。しかし、その原資は沖縄の人びとに電力・石油・水を売って得た利益だった。

「土地を守る四原則」で抵抗

米軍による戦中・戦後の土地収奪は、沖縄住民の生活権を剥奪する行為であり、明らかな国際法違反だった。

平和条約締結後も、米国民政府は布令・布告を発して強権的に土地を接収した。1954年には、軍用地の使用料を一括払いにし、無期限に使用するという方針を打ち出した。沖縄住民の生活権をまったく無視した政策だった。このような理不尽な米国民政府の土地政策に対し、民衆はついに一丸となって立ち上がった。立法院で議決した、次の「**土地を守る四原則**」をかかげて島ぐるみの反対運動を展開したのである。

1. アメリカ合衆国政府による軍用地の買い上げ、または永久使用、借地の一括払いはおこなわないこと（**一括払い反対**）。
2. 軍用地料は、住民の要求する相応の金額で一年ごとに支払うこと（**適正補償**）。
3. アメリカ合衆国軍隊が加えたいっさいの損害は、住民の要求する適正な賠償額で支払うこと（**損害賠償**）。
4. アメリカ合衆国軍隊が収用している土地で、使用していない土地はできるだけ早く返還し、新たな土地の収用は絶対にしないこと（**新規接収反対**）。

米国民政府は、沖縄住民のこのような要求を無視し、強制接収をやめなかった。土地を奪われた住民は、各地で反対運動に立ち上がった。しかし、生活の基盤を失った人びとのなかには、活路を求めて八重山や南米へ移住する人もいた。

「朝日報道」（沖縄報道の先駆けとなる）
（1955年1月13日付朝日新聞から）

沖縄住民の激しい抵抗を背景に，琉球政府は1955年5月，ワシントンに代表団をおくって，「土地を守る四原則」を直接，米国政府に訴えた。この要請に基づいて，米下院軍事委員会は一括払い方式をいったん棚上げにし，プライス議員を団長とする調査団を沖縄へ派遣した。沖縄では，調査団に沖縄の実情を目のあたりに見てもらえることで，少なからず期待を抱いた。

十数万人が参加した四原則貫徹県民大会
（琉球新報社提供）

ここに着目　辺野古区はなぜ軍用地の契約に応じたのか

　米軍による強制的な土地接収がおこなわれていた時期，軍用地契約を結んだ地域があった。久志村（現・名護市）の辺野古区である。

　1955年，米国民政府は辺野古区に対して土地収用を通告した。米国民政府は，土地収用に反対する地域に対して，「これ以上反対を続行するならば，集落地域も強制接収し一切の補償も拒否する」と勧告してきた。実際，宜野湾市伊佐浜集落は，銃剣とブルドーザーで強制立ち退きされた。これを知った久志区の人びとは驚き，土地委員会を設置して対策を検討した。その結果，地元に有利になるよう直接，米国民政府と交渉すべきとの結論にいたった。

　久志区の代表は，農耕地はできる限り使用しないこと，労務者を優先雇用すること，損害は適正補償すること，不用地の黙認耕作を認めること，などを米軍に申し入れた。米軍側がこれを了承したことで，久志区は軍用地契約に応じた。苦渋の決断だった。

Pick Out!　沖縄の太陽とよばれた黒田操子（1937年〜）
～沖縄の実情に衝撃を受けた女子高生の行動～

（伊江村真謝区提供）

　1955年1月，朝日新聞が米軍の圧政に苦しむ沖縄の実態を，初めて本格的に報道した。この記事を読んだ東京の定時制高校生・黒田操子（当時17歳）さんは，自身の生活も苦しいなか，伊江島の真謝区や宜野湾の伊佐浜区の人びとに激励の手紙や書籍をおくるなど，沖縄と本土の懸け橋となった。伊江中学校には，全国から集めた800冊もの図書を寄贈した。

　1956年1月に伊江島を訪れた際には，真謝区民に大歓迎された。阿波根昌鴻はその時の心境を「まったく女神か太陽があらわれた心持でありました」と著書に記している。伊江島の象徴となっている城山の頂上には，「来島記念碑」も作られた。

それから61年後、黒田さんの行為を、「苦難の中に生きる真謝区の人びとに希望の光を当てる太陽そのものだった」とたたえ、後世に伝えるため新たに「沖縄の太陽　黒田操子来島記念」碑が建立された。

シーブン話　沖縄と本土往来の渡航証明書

米軍統治下にあった沖縄では、日本本土への往来にも渡航証明書（通称・パスポート）と種痘の免疫証明書が必要だった。反米的な人物の出域や本土からの入域には、厳しい制限が加えられた。元沖縄人民党書記長の瀬長亀次郎（→p.192）は、十数回も本土への渡航を拒否された。

沖縄と本土の往来のための渡航証明書
（那覇市歴史博物館提供）

怒りにみちた「島ぐるみ闘争」

1956年、アメリカ議会に報告された**プライス勧告**は、沖縄住民の願いを完全に裏切るものだった。その内容は、「米軍にとって沖縄は、極東の軍事基地としてもっとも重要な地域である。住民による国家主義的な運動もみられず、長期の基地保有も可能で、**核兵器を貯蔵**し、使用する権利を外国政府から制限されることもない。米国は軍事基地の絶対的所有権を確保するためにも、借地料を一括して支払い、特定地域については新規接収もやむをえない」というものだった。

沖縄住民は、大きなショックを受けた。沖縄各地で怒りにみちた四原則貫徹のための集会が開かれ、1956年の夏「島ぐるみの土地闘争（**島ぐるみ闘争**）」が展開された。これがきっかけとなって、沖縄の抱える問題が本土のマスコミでも取り上げられ、国際問題にまで発展した。

こうした沖縄側の抵抗に対し、米軍側も住民運動をゆさぶる反撃にでた。米軍人相手の商売で生活していた沖縄島中部地区の市町村に、米人の立ち入りを禁止した無期限の**オフリミッツ**（立ち入り禁止令）を発動したのである。表向きの理由は、大学生のデモによるトラブルを避けるため、ということだったが基地に依存している地域への、実質的な経済封鎖であった。

この報復措置の効果は大きく、"島ぐるみ闘争"は、経済的面では妥協もやむをえないとする人びとと、あくまでも米軍支配からの脱却をめざすべきだとする人びととに二分化していった。

四原則貫徹住民大会（1956年7月那覇市）
（沖縄タイムス社提供）

その結果，沖縄側は政治面（米軍基地の使用を認める）で，米国側は経済面（適正価格で借用する）で譲歩することにより，土地問題は最終的に決着した。

しかし，住民運動が米国政府の政策を多少なりとも変更させたことは，沖縄の人びとに大きな自信をあたえ「祖国復帰運動」へのはずみとなった。

ここに着目 ☞ プライス勧告にひそむ核配備の恐怖

1958 年，米国は一括払いを撤廃するとともに適正地代を支払うことで譲歩し，沖縄住民に軍事基地の使用を認めさせることで土地問題の解決をはかった。これによって軍用地料は値上がりし，毎年払いとなった。また，希望者には 10 年分の前払いが認められ，地料も定期的に見直されることになった。しかし，損害賠償は認められず，新規接収は黙認された。

なぜ，このような形で土地問題は決着したのだろうか。それは「土地を守る四原則」が，基地に対する反対運動ではなく，土地を守る（生活を守る）ための戦いだったからである。そのことはプライス勧告の受け止め方に如実にあらわれていた。

プライス勧告には，「長期の基地保有も可能で，核兵器を貯蔵し，使用する権利を外国政府から制限されることもない」と記されていたが，沖縄への核持ち込みはほとんど議論されなかった。当時の沖縄住民の関心は，生活を守るための土地問題に集中していたからであった。

1954 年 (または 1953 年) には，沖縄に**核兵器が配備**されており，その後，本土から海兵隊が移駐してきた。ベトナム戦争の最盛期には，約 1300 発の核兵器が持ち込まれた。

🔍 Pick Out！ 「島ぐるみ闘争」に参加して大学を退学に！

「島ぐるみ闘争」には，沖縄の将来を担う琉球大学（琉大）の学生会も参加していた。米国民政府は，共産主義に同調する学生たちが「反米行動をおこなっている」として，琉球大学への援助打ち切りを通告した。これに驚いた大学当局は，学生会のリーダーなど 6 人を退学，1 人を謹慎処分にした。

琉大学生会は，「大学の自治を否定し，島ぐるみ闘争を踏みにじるものである」と，激しく抗議した。世論もその不当性を厳しく批判したが，大学の決定を覆すことはできなかった。1953 年にも，学内の民主化運動などで学生が処分されており，これを**第 2 次琉大事件**とよんでいる。

2007 年，琉球大学は，第 2 次琉大事件が「不当処分」であったことを認め，当事者への謝罪とともに「特別修了証書」を授与した。51 年ぶりの名誉回復だった。しかし，先に処分された第 1 次琉大事件の学生については，処分の撤回はされてない。

第 2 次琉大事件の学生処分取り消しを報じる新聞記事
（「琉球新報」2007 年 8 月 17 日付より）

第 8 章

人物に観る琉球・沖縄
米軍への抵抗のシンボル・瀬長亀次郎 (1907～2004)
～不屈の精神をもった沖縄人(ウチナーンチュ)～

瀬長亀次郎（内村千尋氏提供）

瀬長亀次郎は，豊見城村の貧しい農家に生まれた。若いころから社会主義運動にかかわり，1952年に「琉球政府」が設立されると立法院議員となった。その創立式典でのことだった。すべての議員が起立して米国民政府に忠誠を誓ったのに対し，亀次郎だけは座ったままそれを拒否したのである。それ以後，アメリカにとって「要注意人物」となった。

米軍は「銃剣とブルドーザー」で強制的に住民の土地をうばい，軍事基地を拡大させていた。沖縄人(ウチナーンチュ)の人権は無視され，米兵によって幼い子どもが残虐に殺害されるという，凶悪な事件さえおこった。亀次郎は，そんな理不尽な米軍支配がどうしてもゆるせなかった。

1956年，米軍にとってショッキングなことがおこった。圧倒的に不利な条件をおしきって，亀次郎が那覇市長に当選したのである。すると，米国民政府は，那覇市への補助金を打ち切ったり，銀行に働きかけて融資をさせなかったり，様々な手を使って瀬長市政を妨害した。

いっぽう，瀬長市政を支持する市民は，率先して税金を納めることで亀次郎を応援した。そのときの納税率は97％にまで達していた。

沖縄を軍事支配している米軍にとって，反米軍で日本復帰を唱える瀬長亀次郎を，いつまでも那覇市長の座に居座らせておくわけにはいかなかった。市議会の親米的な保守派と協力して，市長不信任の工作をおしすすめた。

1957年6月，那覇市議会に市長の不信任案が提出され，24対6で可決された。翌日，亀次郎は議会を解散した。反瀬長派は結束を強めて市議会議員選挙に臨んだが，再度市長を不信任するために必要な三分の二の議席を獲得することはできなかった。

同年11月，業を煮やした米国民政府は市町村自治法や選挙法を改正して，市長不信任の議席条件を三分の二から過半数とし，犯罪歴のある者の被選挙権をはく奪することにした。懲役刑のある亀次郎をターゲットにした法律だった。

こうして，米国民政府は瀬長亀次郎を無理やり市長の座から引きずり下ろした。その裏で，アメリカを支持する沖縄の人びと

Side Note
不当逮捕された亀次郎

人民党の書記長だった亀次郎は，米国民政府に沖縄から退去するよう命じられた奄美出身の人民党員二人をかくまったとして不当に逮捕され，2か年の懲役刑を受けていた。

の力もはたらいていた。

　わずか11ヶ月余の市長職だったが，その強い信念と勇気は，沖縄住民に大きな自信を与えた。亀次郎は，米軍への抵抗のシンボルとして住民の先頭に立ち，平和憲法をもった日本への復帰をもとめて戦い続けた。

　1972年5月15日，沖縄の復帰は実現し，亀次郎も1970年の国会議員選挙に当選して，7期19年間，衆議院議員として沖縄のために活動を続けた。

シーブン話　首里高校の校庭に建てられた「友愛」の石碑

　1958年，夏の甲子園大会に，沖縄からはじめて首里高校が参加した。福井県代表の敦賀高校に0対3で敗れはしたが，県民に大きな感動をあたえてくれた。

　ところが沖縄にもどると，選手たちが「思い出」にともちかえった甲子園の土が，植物防疫法にふれるとして没収され，那覇港で廃棄処分にされてしまった。異民族支配を象徴する事件として，全国的な話題となった。

「友愛」の碑

　これを知った日本航空の客室乗務員たちが，せめて甲子園の小石でもと野球部員たちに贈ってあげた。首里高校の生徒会では，これを記念して碑を建て，小石で甲子園のダイヤモンドを模って，その上に「友愛」の文字を刻んだ。これが現在，首里高校の校庭に建てられている「友愛」の碑である。

米軍は沖縄住民の人権をどのように踏みにじったか

　日本の無条件降伏によって，ようやく"鉄の暴風"の恐怖から解放された沖縄住民だったが，ほっとしたのも束の間，そのあとに待っていたのは昔ながらの"平和な島沖縄"ではなかった。米軍支配という屈辱的な異民族支配だった。

　米軍統治のもとではすべてが軍事優先で，小学校へのジェット機の墜落，不発弾の爆発，毒ガス漏れ，アメリカ軍人・軍属による交通事故や犯罪などで，人権は侵害され，住民の生活は危険と隣り合わせだった。ここに一つの事件を紹介し，米軍支配下の沖縄住民の人権が，米軍及び米軍関係者によっていかに踏みにじられてきたかをみていきたい。

　1963年2月28日におこった事件である。那覇市泉崎橋前の1号線（現・国道58号）の横断歩道前で，帰宅中の中学生たちが信号待ちで立っていた。那覇航空隊方面から米軍の大型トラックが走って来るのが見える。ほどなく横断歩道の信号が青に変わったので，中学生のグループは横断歩道を渡りはじめた。ところが，米軍のトラックは停止せず，そのまま横断中の中学生の列に突っ込んできた。

　「あぶない」と，だれかが叫んだとたん，一人の少年が撥ねとばされた。

　少年は救急車で病院に運ばれる途中，死亡した。

　当時の沖縄では，どんな凶悪犯であれ米人に対する逮捕権・裁判権はなかったので，加害

太平洋の要石(かなめいし)

米軍車両の黄色のナンバープレート。ナンバーの下に KEYSTONE OF THE PACIFIC（太平洋の要石）と記されている。

（沖縄県立博物館・美術館提供）

犯罪発生件数

1964～68年の足掛け5年間の米軍人・軍属による犯罪発生件数は5367件。うち殺人や強盗、強姦などの凶悪犯罪は504件で、摘発率は33.6％だった。

宮森小ジェット機墜落事故の慰霊塔「なかよし地蔵」 1959年6月30日午前10時40分、嘉手納基地所属のジェット機が石川市（現うるま市）の宮森小学校に墜落炎上した。死者18人（うち1人は後遺症による死亡）、重軽傷者200人余、学校をはじめ民家数十件を全焼・半焼させる大惨事となった。

者の米兵は軍警察に逮捕され、軍法会議で裁(さば)かれることになった。

3か月後、加害者の米兵に「ノット、ギルティー（無罪）」の判決が下された。「夕陽の反射で、信号機がよく見えなかった」という、被告人の言い分が通ったのである。

現在のわれわれの法感覚からすれば、信じられない判決だが、これはけっして例外的な事件ではなかった。米軍支配下の沖縄では、何の罪もない一般住民が、アメリカ軍人・軍属の無謀(むぼう)な行為によって尊(とうと)い命を奪(うば)われたり、傷つけられたりした。とくに女性への性犯罪が多発し、人びとを脅(おびや)かしていた。

加害者に対する刑罰にも問題があった。事件・事故を起こした米人が無罪になったり、有罪になっても刑が軽かったり、執行(しっこう)されたかどうかさえわからないこともあった。また、被害を受けた沖縄住民の多くが、満足な補償(ほしょう)を得ることができず、泣き寝入りさせられてきたのが実情だった。

そのほか、米軍人・米軍基地がもたらした被害をあげると、幼女暴行殺害事件、ヘリコプターからのトレーラー落下による小学生圧(あっ)死事故、実弾演習による自然環境の破壊(はかい)、原子力潜水艦(せんすいかん)による放射能汚染(おせん)、航空機の騒音(そうおん)、基地からの廃油や薬品による海、河川、土壌(どじょう)の汚染(おせん)など、数えあげれば枚挙(まいきょ)に暇(いとま)がない。こうしておこった事件や事故は、米軍が占領者として沖縄住民を見下(みくだ)し、住民の生活よりも、すべてに軍事を優先させてきたことに大きな原因があった。

沖縄住民が、平和で豊かな島を築くために、米軍基地の撤去(てっきょ)と平和憲法をもった日本への復帰を願うようになったのは、当然のなりゆきだった。

ここに着目　米軍への本格的な抵抗のはじまり

1955年9月、沖縄島中部の石川市（現・うるま市）に住む6歳の幼女が米兵に暴行・殺害され、嘉手納海岸に遺棄されるという痛ましい事件がおこった。これまでも米兵による女性への暴行事件は住民を苦しめていたが、被害が幼女にまで及んだことで怒りが爆発し、激しい抗議運動がおこなわれた。

米軍による土地の強制接収と基地建設が本格化し、反米感情が高まっていた時期だっただけに、米軍も住民感情を考慮して「厳重処罰する」ことを表明した。同年12月、軍法会議で犯人の米兵に死刑を宣告した。翌年、沖縄では米軍の強制的な土地接収などに対する、全島をあげた反米闘争が展開された（→p.190）。

1958年10月、米軍事上訴裁判所も米兵の上訴を退け、死刑が確定した。ところが、米大統領は1960年に米兵を重労働45年に減刑し、1977年には仮釈放を認めて出所させていた。

学習テーマ 37　沖縄はどのようにして日本に復帰したのか

日本史探求 と 琉球・沖縄　「祖国復帰運動」の展開
～日本復帰運動はどのようにしておこったのか～

東書日探 701	実教日探 702	実教日探 703	清水日探 704	山川日探 705	山川日探 706	第一日探 707
祖国復帰運動 p.285	祖国復帰運動 p.349	祖国復帰運動 p.213	祖国復帰運動 p.253.254	祖国復帰運動 p.343	祖国復帰運動 p.262	祖国復帰運動 P.269

沖縄県祖国復帰協議会の結成

1960（昭和35）年4月28日、「**沖縄県祖国復帰協議会**」が結成された。軍事基地にたよって生活している人や、保守的な人たちのなかには復帰に積極的ではない人もいたが、沖縄の「祖国復帰」は大多数の住民意志の集約であった。1962年2月、琉球立法院も国連の**植民地解放宣言**を根拠に、日本への施政権返還の要請決議（**2・1決議**）を全会一致で採択し、日米両国と国連の全加盟国に送った。

その間、日本政府はどのような対応をしていたのだろうか。1957年、岸信介首相はアイゼンハウアー米国大統領に、「米国による沖縄支配が無期限であることに不安を覚える」と述べ、将来の沖縄の施政権返還について打診した。これに対しアイゼンハウアーは、極東における沖縄の戦略的重要性を強調し、返還が選択肢にないことを示唆した。

いっぽうで、沖縄では島ぐるみ闘争で反米感情が高まっており、米国は将来の基地使用

1960年4月28日、復帰運動の母体となった沖縄県祖国復帰協議会（復帰協）が、沖縄教職員会、沖縄県青年団協議会、官公労、革新政党、民主団体など幅ひろい団体によって結成された。
（『改訂増補版写真記録沖縄戦後史』沖縄タイムス社提供）

に障害が出ることをおそれていた。

1960年代に入ると，ケネディ大統領は，将来の沖縄返還の可能性を示し，日本政府の沖縄への公然とした経済援助を承認した。これにより，日本政府による沖縄への援助は拡大していった。

2・1決議

1960年12月，第15回国連総会において「あらゆる形の植民地主義を速やかに，かつ，無条件に終止させることの必要性を厳かに宣言する」旨の「植民地諸国，諸人民に対する独立許容に関する宣言」が採択された今日，日本領土内で住民の意思に反して不当な支配がなされていることに対し，国連加盟国が注意を喚起されることを要望し，沖縄に対する日本の主権が速やかに完全に回復されるよう尽力されんことを強く要請する。

『沖縄県議会史』第20巻資料編17

佐藤首相の決意と沖縄返還協定

1960年代なかばになると，沖縄の強い「日本復帰」要求にともない，日本の高度経済成長とアメリカのベトナムへの軍事介入の失敗などから，沖縄返還が日米間の緊急外交問題として浮上してきた。アメリカ政府は，自由主義陣営の一国として豊かな経済成長をとげていた日本に，アジアへの軍事・経済援助の役割を一部肩代わりさせ，日米共同でアジアを社会主義化から守る方が得策だと考えるようになった。

また，日本政府にとっても，これだけ国内で盛り上がってきた沖縄返還運動をそのまま放置しておくことはできなくなっていた。1965（昭和40）年に来沖した**佐藤栄作**首相は，「**沖縄が復帰しない限り，日本の戦後は終わらない**」と表明して，沖縄返還にかける強い熱意を示した。米軍基地の撤去をかかげた沖縄の「祖国復帰運動」の盛り上がりで，基地機能の低下をおそれたアメリカ政府も，施政権の返還を決意せざるをえなくなっていた。

しかし，日米両政府が考えていた沖縄返還と沖縄住民が思い描いていた「祖国復帰」とのあいだには，埋まらない大きな溝があった。沖縄住民が「**即時・無条件・全面返還**」をかかげ"基地のない平和な島"を望んでいたのに対し，日米両政府は今まで通り沖縄を"太平洋の要石（かなめいし）"として位置づけ，基地の安定保持を条件とした施政権返還を考えていたからである。

1969年11月に発表された日米共

1965年8月19日，沖縄をおとずれた佐藤首相は「沖縄が復帰しないかぎり日本の戦後はおわらない」との声明を発表した。
（琉球新報社提供）

同宣言は「**核抜き，本土並み，72年返還**」の基本方針を確定していたが，日本政府が決定した「復帰対策要綱」は基地の存続を前提にしており，その多くは沖縄住民の要求からはかけはなれたものだった。

シーブン話　初の行政主席選挙〜イモ・ハダシ論〜

初の公選主席・屋良朝苗
（沖縄県公文書館所蔵）

1968年11月，沖縄住民による初の行政主席の選挙がおこなわれることになった。アンガー高等弁務官は米軍基地の「即時・無条件・全面返還」をかかげる革新側に対し，「基地が縮小ないし撤廃されたら，琉球の経済は再びイモと魚に依存した生活に戻るだろう」と，けん制した。沖縄自民党も，自立経済が達成されていないなか「基地撤去」による復帰は時期尚早で，「イモを食べて裸足で歩く生活に戻る」（イモ・ハダシ論）と訴え，革新側を激しく批判した。

結果は，革新候補の屋良朝苗が勝利。その一週間後（11月19日），嘉手納基地でB52爆撃機が爆発・炎上し，復帰に向けて反基地運動が大きく盛り上がることになった。

日本史探求 と 琉球・沖縄　キューバ危機と沖縄

東書日探701	実教日探702	実教日探703	清水日探704	山川日探705	山川日探706	第一日探707
核拡散防止条約 p.284	核拡散防止条約 p.349	原水爆禁止運動 p.209	原水爆禁止運動 p.249	核兵器拡散防止条約 p.339	核兵器拡散防止条約 p.259	キューバ危機 p.268

Pick Out!　キューバ危機と沖縄

1962年，アメリカの裏庭といわれるキューバに，ソ連のミサイル基地が建設されていることが発覚した。アメリカのケネディ大統領は，その撤去を求めてキューバ周囲の海上を軍事封鎖し，ソ連と激しく対立した。これを**キューバ危機**という。

核兵器による第三次世界大戦勃発かと世界を震撼させたが，米国がキューバを攻撃しないことなどを条件にソ連がミサイル撤去に同意して，核戦争の危機は回避された。

実はキューバ危機のさなか，核戦争寸前の出来事が沖縄でおこっていた（以下，『琉球新報』2015年3月5日版参考）。

米公文書によると，1950年代なかばには沖縄に核兵器が大量に配備・貯蔵されていた。代表的なのが射程2200㌔超の核巡航ミサイル「メースB」で，読谷村など四か所に配備されていた。

1962年10月28日未明、嘉手納基地ミサイル運用センターから読谷村の発射基地に、核ミサイル四基の発射命令が無線で届いた。当時の担当技師・ジョン・ボードン氏の証言によると、ソ連向けは1基だけ（他の三基は中国向けか）だったこと、デフコン（防衛準備態勢）が1（戦争突入）ではなく2（準戦時）のままだったことから、現場に疑問の声があがった。不審に思った発射指揮官はすぐさま作業を停止させ、ミサイル運用センターに確認をとったところ、「誤命令」だったことがわかった。あってはならない重大ミスが、現場指揮官の機転で回避されていたのである。

核発射の誤命令があったことを報じる新聞（『琉球新報』2015年3月15日）

シーブン話　1959年、米軍那覇飛行場で核ミサイル誤発射！

1959年6月、米軍那覇飛行場に配備されていた迎撃ミサイル（ナイキ・ハーキュリーズ）が、核弾頭を搭載したまま誤発射され、海に落下するという事故がおきた。幸いミサイルは爆発せず、米軍によって回収された。当時、地元新聞もこの事故を報道していたが、核搭載の情報はなかった。

2017年、元米兵の証言で、誤発射されたミサイルに核弾頭が搭載されていたことが明らかになった。彼は、もし爆発していたら「那覇は吹き飛んだ」と述べている。実は、この事故から6年後の1965年にも、奄美沖で核搭載機が空母から海中に転落する事故があったことも明らかになっている。

また、米軍は敵（旧ソ連など）が沖縄に侵入し、自軍の反撃能力が失われた際には、核兵器で沖縄の基地を破壊する計画だったこともわかっている。

日本史探求と琉球・沖縄　ベトナム戦争と沖縄

東書日探 701	実教日探 702	実教日探 703	清水日探 704	山川日探 705	山川日探 706	第一日探 707
ベトナム戦争 p.285.289.294	ベトナム戦争 p.349	ベトナム戦争 p.212	ベトナム戦争 p.253	ベトナム戦争 p.340.343.354	ベトナム戦争 p.259.267	ベトナム戦争 p.268.269

フランスからの独立と2つのベトナム

ベトナムは19世紀のなかば以降、フランスの植民地になっていた。

十五年戦争では日本に占領されたが、戦後すぐにベトナム北部の都市ハノイで、**ホー・チミン**を主席にしたベトナム民主共和国が独立を宣言した。しか

し、フランスはこれを認めず、ベトナム独立同盟軍（ベトミン）とのあいだに武力衝突がおこった（**インドシナ戦争**）。

フランス軍は、ホー・チミン政府に対抗させるため、旧ベトナム王族を利用してベトナム国政府を樹立した。ベトナムには、ソ連・中国などの社会主義国が承認するベトナム民主共和国（**北ベトナム**）と、フランス・アメリカ・イギリスなどが支持するベトナム国（**南ベトナム**）の二つの国が存在することになった。

フランスはアメリカの援助を受け、力づくで北ベトナムを崩壊させようとしたが失敗し、1954年にジュネーブ国際会議で休戦協定を結んだ。この協定によって、北緯17度線を境界にベトナム民主共和国軍は北部へ、ベトナム国軍は南部に集結することになり、1956年7月までに、南北ベトナム統一のための選挙が実施されることになった。また、外国軍の駐留や軍事基地の設置も認めないことなどが決められた。

ところが、ベトナム南部では、1955年に親米的なゴ・ディン・ジエムがアメリカの支援のもとにベトナム共和国（南ベトナム）を樹立し、ジュネーブ協定による統一選挙を拒否して独裁政治をおこなった。アメリカは南ベトナム政府の影の力となり、国内の政治活動を厳しく統制して南北統一を求める人びとを弾圧した。南ベトナムを拠点に中国を封じこめ、東南アジアに共産主義が広まるのを防ごうと考えたのである。

しかし、民族独立を目指すベトミンは、ゲリラ活動で南ベトナムに対抗し、1960年12月には、**南ベトナム解放民族戦線**を結成した。アメリカに操られている南ベトナム政府は、彼らのことを**ベトコン**（ベトナム共産主義者）とよび、大規模な軍事力で壊滅作戦を展開したが、解放軍の勢いは強まるばかりであった。それどころか、1963年にはゴ・ディン・ジエム政権がクーデタで倒れ、その後の政権も不安定で、解放軍の勢力は拡大するいっぽうだった。

トンキン湾事件と米国の本格介入

アメリカ政府はあせりはじめた。もしこの時点でベトナムが社会主義国家になると、東南アジア全体に社会主義革命が飛び火するだろうとおそれたのである。

アメリカは、解放軍の後ろ盾となっている北ベトナムへの爆撃を工作した。1964年8月、米国軍艦がトンキン湾で北ベトナム魚雷艇の攻撃を受けたと称して、翌65年2月に、北ベトナムへの報復爆撃（北爆）を開始した（**トンキン湾事件**）。ここに本格的な**ベトナム戦争**がはじまった。のちにトンキン湾事件の一部は、アメリカ軍の捏造だったことが判明した。

アメリカは、北ベトナムの主要都市の病院・学校・教会などに無差別攻撃を加え、大きな損害をあたえた。沖縄の米軍基地からも、**戦略爆撃機B 52**が直接ベトナムへ出撃するようになった。沖縄は嘉手納基地を中心に、ベトナム戦争における米軍の重要な出撃・補給・中継の後方基地となった。

B52　1965年7月，台風避難を理由にグアムから嘉手納に飛来したB52は，そのままベトナム渡洋爆撃に発進した。1968年2月からは常駐態勢にはいり，嘉手納はベトナム爆撃の発進基地となっていった。（沖縄タイムス社提供）

　アメリカは，ベトナムで「核」こそ使わなかったものの，ナパーム弾，ボール爆弾などあらゆる残虐な兵器を使用し，最大時で54万人余の兵力を投入した。世界各地でアメリカへの非難の声があがった。

　一方，日本政府はアメリカを支持し，朝鮮戦争による特需同様，ベトナム戦争でも利益をあげ，日本の経済成長を促進させた。沖縄でも莫大なドルが落とされ，ベトナム景気にわいた。そのため，ベトナム戦争に対する国際社会の批判は，日米安全保障条約で軍事協力している日本へも向けられ，国内では学生や市民を中心に大々的な反戦運動が展開された。

　沖縄では，基地を提供している沖縄住民もベトナム戦争の加害者だという認識を持つようになり，「祖国復帰運動」も基地の全面撤去を求める「反戦・平和」運動へと流れを変えていった。

戦争の終結

　アメリカは膨大な軍事支出による財政赤字の拡大と，国内外からの激しい非難で，戦争を継続させることが困難となった。1972年2月，ニクソン大統領はこれまで敵対していた中国を訪問し，日本も同年，中国との国交を正常化させた。

　こうして1973年1月，**ベトナム和平協定**が成立し，アメリカ軍は撤退した。事実上，アメリカの敗北であった。その後，1975年4月に解放戦線と北ベトナム軍によって南ベトナム全土が解放され，翌76年に南北統一の**ベトナム社会主義共和国**が誕生した。

　ところが，ベトナムはその後も，カンボジア，中国と戦争をはじめたため，戦後復興は困難をきわめた。生活に困った人びとは，大量の難民となって国外へ流出していった。その数は150万人にもおよび，小型の船などで危険な海上から脱出した人びとは，**ボート・ピープル**とよばれた。

　また，超大国アメリカが受けたダメージも大きく，国際社会における指導的地位を低下させた。アメリカ国民の多くも，ベトナムへの軍事介入は誤りだったと認識するようになり，帰還した米兵が深刻な精神的障害に悩まされるなど，米国社会

Side Note

枯葉剤

　米軍は，ベトナム解放民族戦線の兵士が潜むジャングルの木々を枯らすため，大量の枯葉剤を散布した。枯葉剤には猛毒のダイオキシンが含まれているため，暴露すると癌や身体障害を及ぼす。ベトナムでは100万人以上が枯葉剤による健康被害で苦しんでいるといわれている。

　沖縄に駐留した輸送部隊の元米兵は，沖縄にも枯葉剤が持ち込まれ，北部訓練場で散布したと証言している。また，2013年には沖縄市のサッカー場から枯葉剤用と思われるドラム缶が見つかっているが，アメリカ政府は沖縄における枯葉剤の存在を否定している。

に暗い影を落とした。

1995年7月，アメリカのクリントン大統領は，ベトナムとの国交を正常化すると表明し，ベトナムもこれを受け入れた。

ここに着目　社会主義国ベトナムの「ドイモイ政策」

1986年，ベトナムは社会主義国でありながら，新たな経済・社会建設をめざす**ドイモイ（刷新）政策**を打ち出して，資本主義的要素を取り入れた経済政策をすすめた。

1991年にカンボジアとの和平が成立し，中国との関係も正常化した。1995年にはASEANに正式加盟し，2000年にはアメリカと通商協定に調印した。

ドイモイ政策は現在も継続され，外国企業の進出による工業化で経済成長を遂げている。

もっと知りたい　琉球・沖縄のこと　自治権拡大運動に発展した2つの裁判 ～サンマ裁判と友利裁判～

1963年，魚卸業を営んでいた玉城ウシは，輸入サンマに課税するのはおかしいと，税金の還付を求める裁判をおこした。輸入関税の魚の項目にサンマが記されていなかったからである。翌年，一審，二審とも玉城ウシの勝訴となり，琉球政府に税金の還付が命じられた。

ところが，米国民政府のキャラウェイ高等弁務官は判決の翌日，一方的に布令を改正して課税品目にサンマを加え，過去にさかのぼって適用することを決めた。これに対し，今度は琉球漁業(株)が布令の遡及は不当だとして，布令改正前に徴収されたサンマなどの誤納付金の還付を求めて裁判をおこした（第二次サンマ裁判）。一審では原告が勝訴した。

そのころ，立法院議員選挙で当選した友利隆彪が，過去の選挙違反で被選挙権失格を宣告され，当選が無効となったことに不服を申し立てた裁判もおこなわれていた（友利裁判）。一審では，被選挙権の欠格事由が布令の重罪に該当するかが争点となり，原告が勝訴した。

二つの裁判とも，米国民政府が発した布令とかかわっていたことから，両事件が琉球政府上訴裁

Side Note

高等弁務官

米国統治下の沖縄における最高権力者。琉球政府行政主席の任免権をはじめ，沖縄統治の様々な権限を有し「**沖縄の帝王**」と称された。1957年から72年までの15年間に6人の高等弁務官が就任した。

キャラウェイ高等弁務官
（沖縄県公文書館提供）

> **Side Note**
>
> **高等弁務官の更送**
>
> 　沖縄の住民自治要求が高まるなかワトソンは更送され，アンガー新高等弁務官のもとで判決は出された。
> 　アンガーは主席公選を検討していると明言するなど柔軟な姿勢を示した。

判所に上訴されると，キャラウェイの後を継いだワトソン高等弁務官はその裁判権を取り消し，米国民政府の裁判所へ裁判を移送するよう命じた。琉球政府裁判所が「米国民政府の公布した布令の効力を審査し，これを無効とすることは，米国の安全・財産・利益に影響を及ぼす」というのが理由だった。琉球上訴裁判所は移送命令に応じた。

　当時は，住民自治権の拡大が叫ばれていた時期で，立法院は直ちに「裁判移送命令の撤回要請決議」を全会一致で採択した。沖縄側の裁判官も連名で抗議声明を出した。各市町村議会も次々と抗議決議をおこない，労働団体や市民団体も共闘会議を組織して県民大会を開き，これを厳しく糾弾した。しかし，高等弁務官は裁判の移送を撤回しなかった。

　米国民政府裁判所でおこなわれた移送裁判の判決は，友利隆彪の立法院議員の当選を認め，サンマの課税については物品税の項目（生鮮魚介類）は例示であり，サンマが記されてなくても課税の対象になるとして納税金の払い戻し請求を退けた。

学習テーマ 38 沖縄住民は復帰をどのように迎えようとしていたのか

沖縄の不満が爆発した「コザ反米事件」

　1970(昭和45)年12月19日夜11時過ぎ，コザ市(現沖縄市)中之町で陸軍病院所属の米兵が，道路横断中の軍雇用員をひいてケガをおわせた。当時の沖縄は，ベトナム戦争の激化によって米兵の心が荒み，彼らによる事件・事故が多発していた。

　事故処理にあたっていたMP(米軍憲兵隊)に，現場周辺にいた群衆から不当な取り調べをしないよう抗議の声がなげかけられた。これまでもこうした事件で，加害者の米人に無罪の判決が下されていたからである。その年の9月に糸満市でおこった主婦轢殺事件に対しても，無罪判決が出されたばかりだった。事故を目撃していた人びとは，絶対にそんな不当な事故処理は許すまい，と激高したのである。

　そのうち，群衆がMPと加害者の米兵を取り囲み，一時，険悪なムードになった。その場は，コザ署員の説得でひとまず騒ぎはおさまった。ところが事故処理後，MPが群衆に対して威嚇発砲したため，人びとの不満が一気に爆発して，MPカーや駐車中の黄ナンバーの外人車両をひっくりか

コザ反米事件で焼き討ちにあった米人車両
（『沖縄世替わり30年』琉球新報社提供）

えし，次々と火をつけて燃やしだした。深夜とはいえ，年末だったこともあって約5000人の人びとが集まり，20数年余の抑圧された異民族支配の鬱憤をはらすかのように，群衆は暴徒と化した。

警察本部は多数の警官を出動させて鎮圧にあたったが，なかなか騒ぎはおさまらなかった。なかには基地内にまで押し寄せる集団もいた。米軍は武装兵数百名を出動させ，ベトナム戦争でも使用したといわれる「ＣＳガス」などを使って群衆を退却させようとした。しかし，騒動は明け方まで続き，米人車両73台，嘉手納基地雇用事務所や米人小学校3棟などが焼かれた。

基地の町コザでおこった事件は，日ごろ米軍に柔順と思われた人びとが中心となっていただけに，米軍にあたえたショックは大きかった。また，復帰を間近にひかえていた時期であり，日米両政府にあたえた影響も小さくなかった。

復帰前夜の沖縄で何がおこったか

沖縄返還交渉が具体化すると，「核も基地もない平和な島」を望む沖縄住民の要求がないがしろにされ，米軍基地の存続が明らかになった。

1971年5月19日，復帰協は「**沖縄返還協定粉砕**」を叫び，完全復帰を要求してゼネラル・ストライキ（ゼネスト）を実施した（5.19ゼネスト）。ゼネストとは，全産業の労働者が一斉に仕事を停止して抵抗することをいい，これによって全沖縄住民の意思を日本政府に伝えようとしたのである。

復帰運動の中心組織であった官公労がスト権を確立できなかったり，不参加を表明したりする組織や右翼団体の妨害などもあったが，多くの労働組合や団体がストライキを決行した。デモ隊のなかには，基地に侵入して星条旗を焼き捨てたり，ゼネストに反対する団体と衝突したりする者もいて，多数の負傷者をだした。ともあれ，基地機能を麻痺させ，参加人数も10万人をこえる沖縄の大衆運動は，かつてない盛りあがりをみせた。

同年6月17日，沖縄住民の要求が受け入れられないまま沖縄返還協定は調印された。しかし，国会における批准が成立しなければ返還協定は効力を発しない。そこで，地元沖縄では同年11月10日，沖縄返還協定に反対し，「即時・無条件・全面返還」を要求するゼネストを決行した（**11.10ゼネスト**）。沖縄の住民意志を国会に反映させ，協定のやりなおしを求めるための意思表示だった。

「11.10ゼネスト」は，復帰運動のなかでも最高の盛り上がりをみせ，「**沖縄返還協定批准に反対し完全復帰を要求する県民大会**」が開かれた。ところが，

11.10ゼネストを報じる地元の新聞
（沖縄タイムス社提供）

そのあとのデモ行進で警察官が死亡するという事件がおこり，デモ隊と警察隊がはげしく衝突して多数の負傷者を出す事態となった。デモは混乱のうちに終わった。

屋良主席は，沖縄県民の要求書をたずさえて，11月17日に上京した。だがそのとき，衆議院沖縄返還協定特別委員会は，抜き打ち的な強行採決をおこなったばかりだった。沖縄の声は，最後まで国政の場に反映されなかった。

シーブン話　暴発した若者の行動 ～「沖縄国会」における爆竹事件～

1971年10月19日，沖縄返還協定を審議する「沖縄国会」（第67臨時国会の衆議院本会議）が開かれた。

佐藤栄作首相の所信表明演説中のことだった。突如，沖縄青年同盟の3人（八重山・宮古・沖縄島出身）が爆竹を鳴らし，「沖縄返還協定粉砕」を叫んでビラをまき，逮捕されるという事件をおこした。沖縄返還協定を「第三の琉球処分」だと批判するための行動だった。彼らは，裁判でそれぞれのシマクトゥバをつかって「沖縄返還の欺瞞性」を強く訴え，18回の公判のすえに懲役8月（執行猶予3年）の判決を受けた。

ほかにも，沖縄返還に対する様々な異議申し立ての行動がみられた。

復帰前と復帰50年後の建議書

復帰措置に関する建議書（二　基本的要求より一部抜粋）

1971年11月18日　琉球政府行政主席　屋良朝苗

沖縄県民の要求する復帰対策の基本もすべての戦争及びこれにつながる一切の政策に反対し，沖縄を含むアジア全域の平和を維持することにあることを挙げてきました。そして，沖縄県民の要求する最終的な復帰のあり方は，県民が日本国憲法の下において日本国民としての権利を完全に享受することのできるような「無条件且つ全面的返還」でなければならないことも繰り返し述べてきました。しかるに，右に挙げた返還協定の内容は，明らかに沖縄県民のこれらの理念や要求に反するものであります。そこで，わたくしは，日本政府当局及び国会議員各位がこれらの諸点に対する沖縄県民の心情を卒直に理解され，単に問題を党派的立場で議論するのではなく，沖縄県民の将来の運命がこれらの論議の成り行きいかんにかかっていることに留意され慎重の上にも慎重を重ねてご検討いただき，沖縄県民の疑惑，不安，不満を完全に解消させて下さるよう強く要請するものであります。

日本復帰50年　平和で豊かな沖縄の実現に向けた新たな建議書（一部抜粋）

2022年5月　沖縄県知事　玉城デニー

5　平和で豊かな沖縄の実現に向けた新たな建議

これまで述べた復帰当時の先人達の願い，今を生きる私達県民の思いを踏まえ，政府においても，「平和で豊かな沖縄」の実現に向けて積極的に取り組んでいただきたく以下のとおり建議します。

1　沖縄の本土復帰において「沖縄を平和の島とする」ことが沖縄県と政府の共通の目標であることを改めて確認し，これを含めた沖縄の本土復帰の意義と重要性について国民全体の認識の共有を図るとともに，50年前の「復帰措置に関する建議書」に掲げられた「地方自治権の確立」，「反戦平和の理念をつらぬく」，「基本的人権の確立」，「県民本位の経済開発」等の考え方を尊重し，自立型経済の構築及び「基地のない平和の島」の実現に一層取り組むこと。

2　「沖縄県民総意の米軍基地からの『負担軽減』を実行」するよう求めた建白書の趣旨も踏まえ，在沖米軍基地の更なる整理・縮小，日米地位協定の抜本的な見直し，基地の県外・国外移設，事件・事故等の基地負担の軽減，普天間飛行場の速やかな運用停止を含む一日も早い危険性の除去，辺野古新基地建設の断念等，構造的，差別的ともいわれている沖縄の基地問題の早期の解決を図ること。

3　日本国憲法が保障する「民主主義」や「地方自治」について，正当な手続により示された民意や，地方公共団体が自らの判断と責任で行政を運営するという原則を尊重し，日本国憲法に掲げる理念の追求に向け不断に取り組むこと。

4　我が国を取り巻く国際情勢を踏まえ，アジア太平洋地域において，武力による抑止が国・地域間の緊張を過度に高め，不測の事態が起こることのないよう最大限の努力を払うとともに，平和的な外交・対話により緊張緩和と信頼醸成を図ることで同地域の平和の構築に寄与するなど，我が国が国際社会において名誉ある地位を占めるべく積極的な役割を果たすこと。その際，独自の歴史や多様性を持つ沖縄を最大限活用すること。

ここに着目　「反復帰論」が訴えたものは何か

　日米で合意された1972年の沖縄返還に対し，「沖縄は国家としての日本に無条件に帰一すべきではない」とする「**反復帰論**」も唱えられた。それは，「琉球併合（琉球処分）」以来，日本国家の沖縄支配を支えてきた根底に，沖縄人自身の内なる問題としての，日本への同化思想があったからであった。復帰思想にもそれが引き継がれており，沖縄の歴史的な主体性や独自性があいまいにされていたことへの危機感のあらわれでもあった。

　無批判的な日本志向を断ち切り，沖縄のもつ異質性・差意識を認識してこそ，沖縄住民の願いを踏みにじろうとしている国家権力と対決できるとし，「国家への合一化としての日本復帰拒否」を主張したものである。

　国会議員を選出する国政選挙についても，「沖縄返還協定の承認に沖縄の代表者を形式的に国会に参加させるための欺瞞的な選挙である」として，沖縄県民の意志を無視したおしつけの返還を否定する意味でも，国政参加選挙を拒否すべきであるとして「国政参加拒否闘争」をよびかけた。

　そのほか，沖縄の日本復帰のありかたとして，憲法第95条〔特別法の住民投票〕によって沖縄特別自治体や**沖縄州**を形成すべきとの意見もあった。少数派ではあったが，**沖縄独立**

第8章

論を主張する人びともいた。しかし、これらの構想や思想が、大衆にまで浸透することはなかった。むしろ復帰から四半世紀、米軍基地の沖縄への集中が問題化したころから、**沖縄自立論**として再認識されるようになったといえる。

アメリカ文化は沖縄に何をもたらしたか

沖縄戦による米軍の無差別攻撃は、王府時代のすぐれた文化財をことごとく焼き払ったが、伝統文化を奨励し、破壊された文化財の復元に熱心だったのも米軍だった。1950年代には、琉球文化の象徴である守礼門や、王府時代の代表的な石造建築である崇元寺石門と石牆を復元し、首里には琉球政府立博物館を建設した。

米国民政府は軍事優先の統治政策をおしすすめていたが、他方では友好関係をつくりだすことにも力をいれていた。沖縄島の那覇・石川・名護、宮古の平良、八重山の石垣、それに奄美の名瀬などに設立された**琉米文化会館**もこうした目的でつくられた施設だった。

教育面では戦争で貴重な人材を失ったため、人材育成には特に力をいれていた。1948年には6・3・3制の学校教育が実施され、1950年には琉球大学が創設された。また、米国陸軍省の援助による**米国留学制度**や、日本政府の援助による本土大学への留学制度（国費・自費）も取り入れられた。学生のほとんどが留学終了後は沖縄にもどり、それぞれの分野で指導的な立場で活動した。1958年には、沖縄最初の私立大学として沖縄大学が開学し、翌年には沖縄キリスト教短期大学が認可（1957年創設）された。1962年には、中部に国際大学が設立された。

文学面では、米軍支配下におけるいわゆる「**抵抗の文学**」が生まれた。大城立裕は小説『カクテルパーティー』（1967年に芥川賞）で、米軍人の犯罪と偽りの国際親善に翻弄される沖縄を描き、東峰夫は少年の目で、基地周辺の人びとの生活を小説『オキナワの少年』（1971年に芥川賞）に描いて人びとの共感をえた。

ほかにも米軍による沖縄支配を批判し、沖縄人（ウチナーンチュ）としての主体性を強調するような作品が多く発表されるようになった。

米軍の占領・統治政策は、沖縄住民の意識のなかに深く入りこみ、自己の歴史と文化に対する認識と、沖縄人（ウチナーンチュ）の生き方に大きな影響をあたえた。

大城立裕の芥川賞を報じる地元の新聞と著作
（右の本は東峰夫の作品）

マスコミ産業では、『琉球新報』『沖縄タイムス』の二大紙が戦後しばらくして発行された。ラジオ放送も、米軍の援助をえて1949年にはじまり、1954年には琉球放送が民間放送局として開局した。1958年には沖縄テレビが開局し、1960年には琉球放送テレビとラジオ沖縄が放送を開始した。

音楽・芸能面では、琉球・沖縄芸能の復活とともに、米軍がもたらしたジャズやロックは多くの若者に受け入れられた。復帰後は米軍の影響から離れて、**オキナワンミュージック**として独自の地位を確立した。

戦後、盛んになった工芸品として、**琉球ガラス**がある。ガラス製品の製作技術は、明治期の終わりごろに長崎や大阪の職人らによってもたらされ、石油ランプのほやや薬ビン・駄菓子入れビンなどがつくられた。戦後、廃ビンを利用してつくられたコップや水差しなどが米軍関係者の目にとまり、工芸品として脚光をあびるようになった。琉球ガラスの特徴は、色彩が鮮やかで温もりがあり、さまざまな創意工夫がなされていることにある。近年では、美術工芸品としての価値も高まっている。

そのほか、アメリカの生活文化は衣・食・住にいたるあらゆる面で沖縄のなかに入り込み、人びとのライフスタイルに影響をあたえた。

琉球ガラス

Side Note

「ポーク卵」の誕生

戦後、貧しい暮らしをしていた沖縄の人びとにとって、米軍のもたらしたチーズやバター、ポークランチョンミートやコンビーフ缶詰などの食糧は、新鮮な魅力でいっぱいだった。現在の家庭料理の定番「ポーク卵」も、この時の経験から生まれたものである。

Pick Out! 「米留組」〜米国留学制度で1045名が学ぶ〜

アメリカ陸軍省は、戦後の沖縄を担う若い人材を育成するため、米国留学制度を実施した。米国の伝統、理想及び行政機関に熟知し、米国民政府の政策に共鳴する指導者を育成する必要があったからである。米留制度は1949年から1970年まで続けられ、合計1045名の若者がハワイやアメリカ本土の大学で教育を受けた。

沖縄からの留学生にとって、アメリカでの暮らしは驚きでいっぱいだった。広大な土地に大きな住宅、居間には電話やテレビがあり、トイレは水洗で衣類は洗濯機で洗う。経済大国の豊かさに圧倒されながら、使命感に燃えて人種差別や様々な困難を克服して学問にはげんだ。

留学を終えた学生の多くは、教育関係(大学・高校)やアメリカ企業及び政府機関(琉球政府・米国民政府)、米軍基地などにつとめ、それぞれの分野でリーダー的役割を

第8章

担った。彼らは「**米留組**」と呼ばれ，羨望の眼差しとともに「親米エリート」などと批判の声も向けられた。

シーブン話　沖縄の牛乳パックはなぜ1000mlではないのか

沖縄のスーパーやコンビニでは，大型牛乳パックの表示が1000mlではなく946mlと記されたものを多く見かける。なぜなのだろうか。

日本復帰前の沖縄では，牛乳工場の機械や紙パックも米国製を使用していた。そのため，容量の単位もガロンを用いていた。

本土復帰に伴い，牛乳の容器を本土の基準に合わせて作り，大型紙パックの容量を1ガロン（3,784リットル）の四分の一（クォーターガロン），すなわち946mlにして使用するようになったからである。

シーブン話　復帰で誕生した沖縄国際大学

復帰前の沖縄には，3つの四年制大学があった。琉球政府立の琉球大学と私立の沖縄大学，国際大学である。しかし，いずれも日本の大学の設置基準を満たしておらず，琉球大学はトランジスタ大学，沖縄大学や国際大学はマッチ箱大学などと揶揄された。戦後復興もままならないなか，高等教育機関の整備が遅れていたのはやむをえないことだった。

日本復帰に伴い琉球政府立の琉球大学は国立大学として整備され，私立の沖縄大学と，国際大学は政府主導で**沖縄国際大学**に統合された。沖縄大学は存続を希望したが，文部省はそれを認めず沖大存続闘争がおこった。その結果，沖縄大学が新たに大学設置を申請することで解決がはかられ，新生沖縄大学が誕生した。

人物に観る琉球・沖縄
金城哲夫（きんじょうてつお）（1938〜1976）
〜ウルトラマンを創った男〜

金城哲夫（松風苑提供）

1960年代前半，南風原町出身の金城哲夫は，創立間もない円谷（つぶらや）プロダクションの企画文芸部長として，同社，初制作作品の企画を任（まか）された。現在まで続く「ウルトラマンシリーズ」の原点となる『ウルトラQ』（1966年1月〜7月）である。この作品は，自然環境の破壊などによって生まれた怪獣（かいじゅう）を中心とする，様々な怪事件を人間たちが解決するというものだった。これは毎回，30％前後の視聴率（しちょうりつ）をマークする人気番組となった。

次に企画された『**ウルトラマン**』（1966年7月〜67年4月）への期待は大きく，第一話は映画を中心に手がけるベテラン脚

本家が初稿を書き上げたが，テレビのテンポ感に合わないなどの問題があり，結局，弟子である哲夫が引き継いで書き直すことになった。主人公は怪獣を追ってM78星雲から地球にやってきた宇宙人だった。沖縄には昔から，ニライ・カナイの遠い世界から幸せをもたらす神がやってくるという言い伝えがある。それがウルトラマン誕生のヒントになったのかもしれない。

『ウルトラマン』は放送開始とともに子ども達のヒーローとなり，毎週40％近い視聴率をあげる記録的な番組になった。しかし，「特撮」パートの撮影スケジュールの遅れなどから，哲夫の書いた第39話の『さらばウルトラマン』で最終回となった。半年後に放映された『ウルトラセブン』(1967年10月〜68年9月)でも哲夫はメインライターをつとめ，今なお名作として愛される人気作品を数多く制作した。

ところで，「ウルトラマンシリーズ」には，チブル（頭）星人など，沖縄的な名前のキャラクターも登場する。哲夫や，同僚の上原正三が沖縄出身だったことに由来している。

1969年，哲夫は突然，家族とともに沖縄に帰ってしまった。理由は色々あったが，沖縄の日本復帰をこの眼で見届け，作家として沖縄を描きたいと思うようになっていたからだった。それはまた，人間そのものをテーマにするという哲夫の課題でもあった。

沖縄ではラジオやテレビのキャスターとして活躍し，沖縄海洋博覧会(1975〜76)の開会式前夜祭や閉会式などの演出も任された。だが，沖縄をテーマにした小説はなかなか書けない。「長いあいだ，本土で暮らしてきたせいなのか。ぼくは沖縄の何を書けばいいのだ」。哲夫はもがいていた。そして1976年2月，志なかばで不慮の転落事故で亡くなった。37歳の若さだった。

シーブン話　もう一人のウルトラマン生みの親・上原正三 (1937〜2020)

ウルトラマンの脚本家には，もう一人沖縄人がいた。哲夫に誘われて円谷プロに入った上原正三である。デビュー作は『ウルトラQ』。フリーになってからも『帰ってきたウルトラマン』を手掛けた。正三のウルトラマンは，哲夫とは対照的だった。近未来の怪獣や宇宙人と戦うヒーローではなく，様々な問題を抱えた現実社会を舞台に，弱さをさらけ出しながらも勇気をもって怪獣と戦うというものだった。

正三は，子どもたちに真実と向き合ってほしいと批判を覚悟で，当時，問題になっていた公害やマイノリティーに対する差別なども作品に取り入れていった。

第8章

第9章 日本復帰後の沖縄

学習テーマ 39 日本復帰で沖縄はどのように変わったのか

日本史探求 と 琉球・沖縄 沖縄の施政権返還

東書日探 701	実教日探 702	実教日探 703	清水日探 704	山川日探 705	山川日探 706	第一日探 707
沖縄返還協定 p.285	沖縄返還協定 p.349～350	沖縄返還協定 p.213	沖縄の祖国復帰 p.253.254	沖縄返還協定 p.343～344	沖縄返還協定 p.263	戦後の沖縄 P.269

沖縄の日本復帰 新生沖縄県

1972（昭和47）年5月15日，ついに沖縄住民の悲願であった「祖国復帰」の日がやってきた。しかし，手放しで喜べる復帰ではなかった。日の丸をかかげて祝う人もいたが，復帰運動の中心となっていた沖縄県祖国復帰協議会をはじめとする諸団体は，抗議集会を開いて県民の要求をないがしろにした復帰を厳しく批判した。

沖縄県知事の屋良朝苗は，復帰記念式典のあいさつで，「沖縄の復帰の日は疑いもなくここにやってきたのであります。しかし，米軍基地の問題をはじめいろいろな問題をもちこんで復帰したわけであります。したがって，これからもなお厳しさがつづき，新しい困難が続くかもしれませんが，沖縄県民にとって復帰は強い願望であり正しい要求でした。これからも自らの運命を開拓し，歴史を創造しなければなりません（要旨）」と述べた。不満足ながらも，沖縄住民の悲願であった復帰を受け入れ，残されたあらゆる問題を県民が力をあわせて解決し，平和で豊かな沖縄県を築いていきたいという主旨だった。

本土復帰にともなう最初の県知事選挙でも，沖縄県民は「国の政策と直結した経済優先」を唱える保守派候補ではなく，「基地撤去による平和な島づくり」と，沖縄の独自性と主体性を主張した革新の屋良朝苗をひき続き支持した。

沖縄の日本復帰を報じる地元の新聞
（『琉球新報』1972年5月15日）

🏠 Side Note

復帰後の初代知事・屋良朝苗

琉球政府の消滅で行政主席は，みなす沖縄県知事となり，6月の県知事選挙で屋良知事が再選された (→p.197)。

沖縄県知事の言葉（一部を要約）

1972 年 5 月 15 日の「沖縄復帰記念式典」より

　私はいま，沖縄がこれまで歩んで来た，歴史のひとこまひとこまをひもとくとき，とくに，終戦いらい，復帰をひたすらに願い，これが必ず実現することを信じ，そしてそのことを大前提としてその路線にそう基礎，布石，基盤づくりに専念してきたものとして，県民とともに，言いしれぬ感激と，ひとしおの感慨をおぼえるものです。（中略）

　さて，沖縄県の復帰は疑いもなく，ここに到来しました。しかし，沖縄県民のこれまでの要望と心情にてらして，復帰の内容をみますと，必ずしも私どもの切なる願望が入れられたとはいえないことも事実であります。そこには，米軍基地の態様の問題をはじめ，内蔵するいろいろな問題があり，これらをもちこんで復帰したわけであります。したがって私どもにとって，これからもなお厳しさが続き，新しい困難に直面するかもしれません。

　しかし，沖縄県民にとって，復帰は強い願望であり，正しい要求でありました。また，復帰とは，沖縄県民にとってみずからの運命を開拓し，歴史を創造する世紀の大事業でもあります。

　その意味におきまして，私ども自体がまず，自主主体性を確立し，これらの問題の解決に対処し，一方においては，沖縄が歴史上，常に手段として利用されてきたことを排除して，県民福祉の確立を至上の目的とし，平和で，今より豊かで，より安定した希望のもえる新しい県づくりに全力をあげる決意であります（以下略）。

🔍 **P**ick Out! 　沖縄返還の日〜復帰の日はなぜ 5 月 15 日に決められたか〜

　歴史的な沖縄返還の日，5 月 15 日。

　この日は，1932 年におこった犬養 毅 首相暗殺の軍事クーデタがおこった日（五・一五事件）でもある。沖縄にとって祝福すべきこの日が，なぜダーティなイメージの濃い 5 月 15 日に決められたのだろうか。沖縄にとって，何か歴史的ゆかりのある日だからなのか。

　そのことを，当時，外務大臣として米国のサクラメントで米国政府と沖縄返還の日を決めた福田赳夫元総理は，次のように説明している。

　「そうだなあ，当初アメリカ側は 7 月 1 日を主張し，われわれは 4 月 1 日を主張したわけね。で，それではということで，足して二で割って 5 月 15 日に決めたわけですよ」。

　しかし，2011 年 12 月に開示された外交文書で，実際は日本側の決めた 4 月 1 日に対し，アメリカ側が核兵器の撤去が間に合わないことを理由に拒否し，返還が 5 月 15 日に伸びたことが判明している。

第9章

| 沖縄返還にはどのような密約があったか |

沖縄返還協定の第4条3項に，返還軍用地の復元補償は米国政府が自発的におこなうことが謳われていた。ところが米国は「沖縄を返還してあげるのに，お金まで出すのはもってのほか」だと高飛車に構えていた。日本政府はそのような米国政府の態度を変えることはできなかった。

そこで表向きはアメリカが「自発的」に支払うことにし，実際は日本政府が肩代わりするという**密約**をかわした。この事実は，1971年に毎日新聞記者の西山太吉氏によって暴露され，国会で問題となった。ところが，政府は密約はないとし，これを暴いた西山氏と情報を提供した外務省の女性事務官は，国家公務員法違反容疑で逮捕され有罪となった。

2000（平成12）年5月，アメリカの公文書館で密約を証明する文書が発見され，元外務省アメリカ局長もその事実を認めた。

沖縄への核の持ち込みについても，日米両首脳のあいだで密約がかわされていた。その内容は，「日本を含む極東諸国の防衛のため米国が負っている国際的義務を効果的に遂行するために，極めて重大な緊急事態が生じた際には，米国政府は，日本国政府と事前協議を行った上で，**核兵器を沖縄に再び持ち込む**こと，及び沖縄を通過する権利が認められることを必要とするであろう。さらに，米国政府は，沖縄に現存する核兵器の貯蔵地，すなわち，嘉手納，那覇，辺野古，並びにナイキ・ハーキュリーズ基地を，何時でも使用できる状態に維持しておき，極めて重大な緊急事態が生じた時には活用できることを必要とする」というものであった。

1971年11月，衆議院本会議は沖縄返還協定に関連して「政府は核兵器を持たず，つくらず，持ち込ませずの**非核三原則**を遵守するとともに，沖縄返還時に核が沖縄に存在しないことを明らかにする措置をとるべきである」との決議をおこなった。もし，両首脳による「核密約」が事実だとすれば重大な政治問題であり，沖縄県民にとっては自らの運命を左右する一大事となる。これに関しても，日本政府はそのような事実はないとした。

ここに着目☞ 明らかになった4つの密約

2009年，民主党政権が誕生すると，外務大臣となった岡田克也は有識者委員会を立ち上げ，4つの密約について調査をおこなわせた。翌年，調査委員会の検証報告書が公表され，3件について密約の存在が認められた。ところが，「沖縄返還時の核密約」は佐藤邸から発見されており，外務省に引き継がれた形跡がないことから密約とは確認できないと結論づけられた。

翌年，日米両政府は「沖縄への核再持ち込みの秘密合意」が無効であることを確認した。

2010年，日米四密約の認定

密約の時期	内　容	外務省報告書	有識者委員会報告書
1960年 安保条約改定時	核持ち込みに関する密約	日米認識が不一致	広義の密約があった
1960年 安保条約改定時	朝鮮半島有事の際の戦闘作戦行動密約	「朝鮮議事録」の写し発見	狭義の密約があった
1972年 沖縄返還時	有事の際の**沖縄への核の再持ち込みに関する密約**	「合意議事録」は外務省では発見できず	**密約とはいえない**
1972年 沖縄返還時	**現状回復補償費の肩代わり**に関する密約	日米で交渉したが文書は作成せずと結論	広義の密約があった

Pick Out! ドルから円への通貨の切り替えと交通方法の変更はどのようにおこなわれたか

市場で円とドルの換算票を広げる主婦（『改訂増補版写真記録沖縄戦後史』沖縄タイムス社提供）

1972年5月15日，沖縄の「日本復帰」にともない，県内ではドルから円への通貨切り替えがおこなわれることになった。

ところが1971年8月，アメリカは突如ドルと金とを交換する兌換制を廃止した（ドルショック）。これによって，これまでの1ドル＝360円の固定相場が変動相場制へ移行することになり，急激な円高がみこまれた。そのままでは，沖縄は復帰によって大きな損失をこうむることになるが，日本政府は1ドル＝360円での交換は困難だとして認めなかった。かわりに次善の策として，1971年10月9日に住民の保有するドルを確認し，その分についてのみ復帰時の交換レート（1ドル＝305円）と360円の差額（55円）を補償することにした。

しかし，法人は除かれ，10月9日以降の個人の収入についても補償されないなど，さまざまな問題を抱えての**通貨交換**となったため，沖縄県全体が受けた損失は大きかった。そのため，物価の円表示への切り替えもスムーズには運ばれず，商品の値段も不当に高い価格がつけられた。わずか一か月間で物価は14.5％も上昇し，沖縄経済は混乱した。ただし，円高によって借りていた金の返済が少なくてすむ，という有利な一面もあった。

米軍占領下時代から続いていた交通方法（車両の右側通行）の変更は，復帰による制度上の総仕上げとして1978年7月30日に行われ，**7・30（ナナサンマル）**とよばれた。交通方法の変更によって，道路標識の変更やバス停留所の変更，バス・タクシー車両の切り替えや施設整備などに約330億円，特別事業費も含めると約400億円もの資金が投入され，県経済にうるおいをもたらした。

7月29日午後10時，全県車両通行止めのサイレンとともに通行区分の切り替えが

おこなわれ，7月30日午前6時を期して多くの県民の見守るなか，"**人は右車は左**"へと交通方法の変更がなされた。県外からの2800人を含む約4200人の警察官が交通整理とその指導にあたったが，各地で交通事故が続発した。また，交通方法変更にともなう給油所・店舗・食堂などの転廃業による損失補償や，事故による補償はほとんどなされなかったため，一般県民の不満は残った。

交通方法変更の歴史的瞬間を見守る人たち 1978年7月30日
（『改訂増補版写真記録沖縄戦後史』沖縄タイムス社提供）

シーブン話　540億円の海上輸送大作戦！

　通貨交換は1972年5月15日から20日までの6日間でおこなわれることが決まっていた。問題は540億円もの大金をどう運ぶかだった。事前にそのことがわかると，海賊やテロリストなどに襲われる危険性があったからである。そのため，海上自衛隊が訓練を名目に運ぶことになった。現金をコンテナに搭載する作業も，特別に選ばれた人たちによっておこなわれた。

　1972年4月26日未明，トラック80台，161個のコンテナが機動隊の警護を受け，大井ふ頭に待機していた海上自衛艦「おおすみ」と「しれとこ」に運びこまれた。そして翌27日早朝に出港し，5月2日の午前4時20分，那覇港に到着。無事540億円の現金は各交換所に届けられた。

復帰特別措置で格差はなくなったか

　日本政府は，本土と沖縄の経済や産業及び生活基盤などの格差是正をはかり，諸制度を円滑に移行させて沖縄県を振興開発させるため，**復帰特別措置**と**沖縄開発三法**（沖縄振興開発特別措置法・沖縄開発庁設置法・沖縄振興開発金融公庫法）を定めた。これに基づいて沖縄県は，10年単位の**沖縄振興開発計画**をつくって，新たな県づくりをはじめることになった。

　第1次沖縄振興開発計画(1972～1981)によって，道路・港湾・農業基盤などの社会資本はあるていど整備されたが，一人当たりの平均所得は全国の73％にとどまった。**第2次沖縄振興開発計画**(1982～1991)も，引き続き「本土との格差是正」「自立的発展の基礎条件」を基本方針にかかげ，西銘県政(→p.219)のもとで実施された。**第3次沖縄振興開発計画**(1992～2001)は，これまでの方針に「我が国の社会経済等の発展に寄与する地域の整備」が加えられ，大田県政(→p.220)をへて稲嶺県政(→p.220)のもとで実施された。

　その後，新たに(第4次)**沖縄振興計画**(開発が削除—2002～2011)が実施され，復帰後の40年間に約9兆2000億円もの財政が投入されたが「本土との格差是正」や「自立経済の発展」の目標は達成できなかった。

2012年度には，2030年の沖縄のあるべき姿を実現するための「**沖縄21世紀ビジョン基本計画**(第5次沖縄振興計画)」が決定され，その実現に向けた取り組みがはじめられた(→ p.221)。

沖縄(振興)開発計画の主な内容

年　度	目　　標	主　な　事　業
第1次 沖縄振興開発計画 1972～1981年度	本土との格差の早急な是正 自立的発展の基礎条件整備 平和で明るい豊かな沖縄県を実現	沖縄自動車道開通 沖縄国際海洋博覧会開催 国営沖縄記念公園整備 離島空港，港湾，道路整備
第2次 沖縄振興開発計画 1982～1991年度	本土との格差の早急な是正 自立的発展の基礎条件整備 平和で明るい豊かな沖縄県を実現	沖縄海邦国体開催 県立芸術大学開学，沖縄コンベンションセンター建設，県庁舎建築 北谷美浜地区整備
第3次 沖縄振興開発計画 1992～2001年度	本土との格差の早急な是正 自立的発展の基礎条件整備 広く我が国の経済社会及び文化の発展に寄与する特色ある地域として整備 平和で活力に満ちた潤いのある沖縄県を実現	名桜大学，職業能力開発大学校開学 平和の礎建立 首里城公園整備 沖縄サミット開催 那覇新都心地区整備
(第4次) 沖縄振興計画 2002～2011年度	自立的発展の基礎条件を整備し，豊かな地域社会を形成 我が国ひいてはアジア・太平洋地域の社会経済及び文化の発展に寄与する特色ある地域として整備 平和で安らぎのある沖縄県を実現	沖縄都市モノレール敷設 高等専門学校開校 沖縄科学技術大学院大学開校 博物館・美術館開館
(第5次) 沖縄振興計画 21世紀ビジョン計画 2012～2021年度	沖縄の特性を発揮し，日本と世界を結び，アジア・太平洋地域の平和と発展に貢献する先駆的地域を形成 自立的発展の基礎条件を整備し，我が国の発展に寄与する 沖縄21世紀ビジョンによる「時代を切り拓き，世界と交流し，ともに支え合う平和で豊かな『美ら島』おきなわ」を実現する	伊良部大橋開通 西普天間住宅地返還 北部訓練場の過半返還 沖縄島西海岸道路開通 那覇空港第2滑走路建設 名護東道路建設
(第6次) 沖縄振興計画 新・21世紀ビジョン計画 2022～2031年度	SDGsを取り入れ，持続可能な沖縄の発展と誰一人取り残さない社会を目指す。 コロナに適合する安全・安心の島沖縄を形成し，アジア・太平洋地域の平和に貢献する。	子の貧困へのライフステージに応じた人的支援，親への支援 沖縄文化の活用による観光・情報産業振興 鉄軌道を含む新たな公共交通システム導入 海洋資源を活用した持続可能な新たな産業の創出

復帰記念事業で沖縄は活性化したか

　沖縄の日本復帰を記念して，復帰記念植樹祭（1972年11月），沖縄特別国民体育大会（若夏国体・1973年5月），沖縄国際海洋博覧会（1975年7月～76年1月）の**三大事業**が開催された。全国民が沖縄の施政権返還を祝い，沖縄に対する理解を深めるとともに，遅れた

> **Side Note**
>
> **海邦国体**
>
> 1987年には，復帰15周年を記念して"きらめく太陽ひろがる友情"をスローガンに，全国一巡の最後を締めくくる海邦国体が開催され，沖縄選手団が大活躍した。しかし，日の丸掲揚・君が代演奏に対する反対も根強く，さまざまなしこりも残した。

沖縄の社会基盤を整備することが主なねらいとされた。

復帰記念植樹祭は，沖縄戦でもっとも被害の大きかった，沖縄島南部の糸満市摩文仁でおこなわれた。沖縄での植樹祭は，単に国土の保全，森林資源の確保，環境緑化の推進にとどまらず，戦争で山林が焼き払われ，地形まで変わったといわれる島々を"緑豊かで平和なふるさと"にすることの意義が大きかった。植樹は会場となった摩文仁を中心に各市町村でもおこなわれ，北部では大規模な造林事業が実施された。また，1993年にも復帰20周年事業の一環として，糸満市米須海岸で**第44回全国植樹祭**が実施された。

若夏国体は「強く・明るく・新しく」をテーマに，復帰の翌年5月に特別国体として実施された。天皇の臨席や自衛隊の運営協力はなかったが，一部種目への自衛隊員の参加で民主団体による反発を招いた。沖縄県選手は，ウェイトリフティングやボクシングなど7種目に優勝するなど各種目で健闘した。若夏国体は，県民のスポーツへの認識を高めるとともに，スポーツ施設を充実させ，競技力を向上させた。

沖縄国際海洋博覧会は，「海―その望ましい未来」をテーマに沖縄島北部の本部町で，1975（昭和50）年7月からおよそ半年間の期間で開催された。

海洋博開催にともない，関連事業として膨大な公共事業費が投入され，道路事業，空港・港湾整備事業，治水事業，通信施設整備事業などが短期間におこなわれた。とくに道路事業が社会にあたえた影響は大きく，沖縄自動車道をはじめ，本部半島縦断道路や国道58号の整備・拡張は，中北部を中心とした交通網を整えはしたが，沖縄らしい海岸線の景観を変えるとともに，自然環境の破壊による海洋汚染などの深刻な環境問題も引きおこした。

海洋博には日本国内はもちろん，36の国と3国際機関が参加し，期間中は海をテーマにした展示や催しのほかに，シンポジウムや太平洋横断ヨットレース，世界各国の伝統芸能祭など，多彩なイベントが連日くり広げられた。しかし，海洋博への入場者数は，予想の500万人を大きく下まわる350万人程度にとどまり，大手ホテル以外の海洋博をあてこんで建設された地元の中小ホテルや，民宿・土産店などは経営不振におちいった。海洋博後は，すべての業種にわたって企業倒産があ

アクアポリス 海洋博のシンボルとして建造された"未来の海上都市"。2000年10月，米国企業に売却され上海で解体された。
（『写真記録沖縄戦後史』沖縄タイムス社提供）

いつぎ，物価高と失業という**海洋博後遺症**をもたらした。
　また，海洋博をきっかけに沖縄の観光産業は成長していったが，観光市場は本土大手資本を中心に展開していくことになった。

シーブン話　子ゾウ失踪のミステリー

　1973年3月，タイのバンコクから「沖縄子どもの国」に展示するための子ゾウが空輸されてきた。ところが数時間後，那覇空港の倉庫に保管していた子ゾウが，行方をくらましてしまった。空港職員や警察，自衛隊などが2週間にわたって捜索したが，子ゾウを見つけることはできなかった。
　当時，子ゾウ失踪のミステリーとして，話題になった。

シーブン話　浦添市のパイプライン通りの由来

　那覇市の古島交差点から，宜野湾市の伊佐交差点方面までの道路を，通称パイプラインとよんでいる。どういういわれがあるのだろうか。
　戦後，沖縄島中部を中心に多くの軍事施設を造った米軍は，那覇軍港から読谷までパイプ管を連結して燃料油を送る施設をつくった。この油送管が埋設された道路を，パイプラインとよんでいた。復帰後，この施設は撤去されたが，1989年に浦添市道路愛称選定委員会により「パイプライン通り」（県道251号）と命名された。

もっと知りたい　琉球・沖縄のこと　沖縄の思い描く将来像と国策との隔たり

　1972年5月15日，沖縄の施政権が日本に返還され，新生沖縄県がスタートした。しかし，返還後の沖縄の将来像については，基地経済からの脱却を目指す沖縄県と，日米安全保障条約のもとで国益を追求しようとする日本政府との間には，大きな隔たりがあった。その方向性の違いが現在まで尾を引き，基地問題で対立を生み出している。
　1966年，自立経済のあり方を模索している沖縄に，米国の石油会社ガルフが石油貯蔵施設の建設を計画すると，カイザー，カルテックス，エッソが石油精製所の建設を発表し，相次いで琉球政府に外資導入免許を申請した。1970年には米国のアルミ精錬会社アルコアが，大規模なアルミ精錬所と発電所の建設を琉球政府に申請した。
　その結果，石油精製事業は政府の国内資本保護策でカルテックス，カイザーは撤退し，残

第9章

り2社が本土資本と合弁会社を設立して進出することになった。しかし、産業振興と雇用拡大を目的に誘致したCTS(石油備蓄基地)だったが、雇用効果は予想外に少なく、逆に原油流出事故による環境汚染が問題となり、大衆運動の猛烈な非難をあびた(→p.219)。県と地域住民の間にも、目指す方向性にずれがあったのである。また、住民同士でも意見の対立があった。アルミ精錬会社アルコアも、日本政府と本土財界の猛反発にあい、沖縄進出を断念した。

うるま市の海中道路(約4.7km) 復帰前、米国の石油会社ガルフによる平安座島への石油備蓄基地(CTS)建設(1969年着工、1970年完成)がおこなわれた。1971年〜72年、ガルフ社は勝連半島と平安座島を結ぶ海中道路を建設し、与那城村(現うるま市)に無償で譲渡した。その後、沖縄県道となり、2000年には4車線での整備が行われた。現在、平安座島には沖縄出光油槽所(前身はガルフ・オイル)と沖縄石油基地がある。

復帰50年近くたってから明らかにされた事実もある。2021年7月4日の『琉球新報』に、細田博之・元官房長官の話として、米国・大手半導体メーカーのテキサス・インスツルメンツ(TI)が、日本復帰前の沖縄に進出を計画していたことが報道された。元琉球政府関係者も、復帰の数年前、TI側の弁護士が直接、琉球政府を訪れ、打診してきた。外資政策に関する諮問機関の委員は計画を聞き、歓迎。進出を強く推した、と証言している。

当時、通商産業省にいた細田氏は、日本政府としては認可しないという方針があった。先端産業が外資に支配されるという懸念があった。米国大手のアルミ会社や石油メジャーの進出計画についても、石油資本に支配されるという危機感があった、と述べている。また、彼ら(外資)の目的も、沖縄に立地しようとしたのではなく、本土への足がかりにしようとした意図が見え見えだった。私は当時から沖縄は観光振興をするべきだと考えていた(要約)、と話を括っている。

学習テーマ 40 21世紀の沖縄県はどこへ向かおうとしているのか

第1期革新県政 (1972年5月〜78年12月)

復帰後に実施された初の県知事選挙でも、県民はひき続き「自治県政の確立と基地撤去による平和な島づくり」をめざす革新統一候補の屋良朝苗を支持し、県議会議員選挙においても革新勢力が保守派をおさえた。

屋良知事の時代には、復帰にともなう事業として、通貨切り替え、第一次振興開発計画の策定、植樹祭・若夏国体・海洋博の開催などが次つぎと実施され、複雑な問題をはらみながら本土への一体化が進められた(→p.215)。

革新県政を揺るがした問題としては、米軍基地から派生する事件・事故の頻発と、軍雇用員の大量解雇と海洋博後の経済不況、自衛隊の配備、公害企業と批判されたＣＴＳ(石油備蓄基地)設置の認可(→p.217)などがあげられる。特にＣＴＳの誘致は、産業振興と雇用の拡大が目的だったが、雇用効果は予想外に少なく、逆に原油流失事故による環境汚染が問題となり、大衆運動の猛烈な非難をあびることになった。

復帰前後のもっとも困難な時期に、2期8年間、県民の支持を受けて県政を担当した屋良朝苗は、1976年6月に同じ革新の**平良幸市**に政権を引き継いだ。平良知事のもとで、離島・僻地地域対策、総合交通体系の基本構想とモノレールの導入計画、琉大への医学部の設置を手がけるとともに、「文化立県」の素地づくりをすすめた。混迷状態が続く経済に関しては、地場産業の振興発展につとめ、「産業まつり」をスタートさせた。

1978年7月、平良知事は復帰の総仕上げといわれた「人は右、車は左」の交通方法変更がおこなわれる前に病に倒れ、同年11月に辞任した。

第1期保守県政
（1978年12月～90年12月）

平良知事の病気辞職にともなう知事選挙では、保守側が衆議院議員(自民党)の**西銘順治**を擁立し、経済不況の打開に苦しむ革新県政を厳しく批判した。経済不況で失業問題に悩む県民は、この選挙で政策論争にあけくれる革新勢力よりも、経済政策を強くアピールし、中央政権と直結した政策で企業誘致と地域開発を提唱する保守政権を選択した。

中央政府と直結した西銘県政の特徴は、基地政策を後退させ、かわりに地域開発と国際交流を前面にうちだした点にあった。具体的には第二次沖縄振興開発計画のもとに、沖縄国際センター建設(85年)、県立芸術大学開校(86年)、沖縄コンベンションセンター建設(87年)、沖縄自動車道の南伸道建設(87年)、海邦国体開催(87年)、世界のウチナーンチュ大会開催(90)、県庁舎建設(90年)など、大型プロジェクト主導の地域開発がおこなわれた。

沖縄県庁（仲村顕氏提供）

リゾート開発にも積極的で、社会基盤の整備がすすめられるとともに観光産業は順調に伸び続け、観光客も300万人をこえた。西銘県政のもとで沖縄の経済は着実に成長し、県民所得も本土との格差はあるものの順調に伸びてきた。しかし、経済構造はあいかわらずの財政依存型で、産業構造も極端に第三次産業にかたより、地域の特性をいかした自立経済の発展をみるまでにはいたらなかった。

いっぽう、長期保守政権のもとで経済成長をとげる過程で、土地改良事業やリゾート開発などによる自然環境の破壊、米軍の演習強化と湾岸戦争は沖縄県民に不安をあたえた。1990年に4期目をめざした西銘知事は、保守派の内部分裂などもあって「反戦平和」と「公正公平」な政治を訴えた革新候補の**大田昌秀**に敗れた。

219

第2期革新県政
（1990年12月〜98年12月）

大田革新県政のもとで、復帰20年と戦後50年の記念事業が手がけられ、首里城の復元や「平和の礎」が建立された。

大田県政の最大の行政課題は、基地対策であった。日米両政府は、基地の整理・縮小につとめることを約束していたが、具体的な作業はすすんでいなかった。それどころか、米軍による実弾砲撃演習や各種の軍事訓練による自然環境・生活環境の破壊、米軍人等による事件・事故の多発などが県民生活を脅かし続けていた。

そんなおり、1995年9月に米兵3人による**少女乱暴事件**（→p.227）がおこり、基地の整理・縮小と日米地位協定の見直しをもとめる島ぐるみの運動がわきおこった。知事も21世紀にむけて基地が強化・固定化されることを懸念し、軍用地の強制使用にともなう代理署名を拒否する強い姿勢を示した。同時に、2015年をめどに計画的・段階的に基地の全面返還を求める「**基地返還アクションプログラム**」を策定し、基地の跡地利用による国際都市形成をめざした「21世紀・沖縄のグランドデザイン」構想をうちだした（**国際都市形成構想**）。ただし、この構想は米軍基地の全面返還を前提にしており、日米両政府の安全保障政策や国内の制度上の問題などから、具体化することはなかった。しかし、沖縄の将来像を県みずから決定しようとした試みは高く評価され、これをきっかけに基地の跡地利用のありかたについては、各方面から幅広い論議がわきおこった。

知事の代理署名をめぐる裁判は、1996年に沖縄県知事の敗訴となった。しかし、同年9月8日におこなわれた「**日米地位協定の見直しと基地の整理・縮小をもとめる県民投票**」では、全有権者の過半数が賛成票を投じ、基地に対する県民の意思を示した。その間、普天間飛行場の返還が日米で合意されたが、県内からの撤去ではなく、沖縄島北部の東海岸沖への移設が計画され、県民からは不満の声があがった（→p.230）。

楚辺通信所（通称・象のオリ）　1996年4月1日、一部地主の土地契約期限切れとなり国による「不法占拠」状態が続いた。2007年12月、同地は返還された。

第2期革新県政の課題として、基地問題のほか、環境保全の問題や全国の2倍といわれる高い失業率の問題などがあった。

第2期保守県政
（1998年12月〜14年12月）

1998年12月に誕生した**稲嶺惠一**県政は、沖縄政策協議会を再開させ、沖縄自動車道の通行料金引き下げ、航空運賃低減の追加措置、国立高等専門学校設置をすすめた。

普天間基地の移設については、名護市辺野古の沿岸域に「**15年期限つきの軍民共用施設**」の建設を約束したが、日米両政府の反応はきびしく、県民の十分な理解も得られないまま立ち消えになった。こうした社会状況を背景に、2000年7月、政府は主要国首脳会議（**サミット**）を沖縄の名護市で開催した。

文化面では，2000年12月，「琉球王国のグスク及び関連遺産群」が世界遺産に登録された（→p.40）。

　2002年には「**沖縄平和賞**」が創設され，第1回は「仲村哲を支援するペシャワール会」が受賞した。

　2006年に稲嶺県政を引き継いだ**仲井眞弘多**（なかいまひろかず）知事は，普天間基地の県外移設を公約にかかげていたが，2013年末に安倍首相の基地負担軽減策を評価して，辺野古移設に向けた埋め立てを承認した（→p.232）。

　仲井眞県政での注目すべき政策は，将来（おおむね2030年）のあるべき沖縄の姿を描き，その実現にむけた方向性と県民や行政の役割などを明らかにした「**沖縄21世紀ビジョン**」の策定であった。

　この時期に観光関連事業を中心に景気が拡大し，雇用情勢も着実に改善した。

Side Note

2000円札の発行

　九州・沖縄サミットが西暦2000年に開かれることをきっかけに，小渕総理大臣の発案で2000円札が発行された。表面の図柄には守礼門が描かれている。

沖縄21世紀ビジョンの基本理念

21世紀に求められる人権尊重と共生の精神を基に，"時代を切り拓き，世界と交流し，ともに支え合う平和で豊かな「美ら島」おきなわ"を創造する。

5つの将来像
1. 沖縄らしい自然と歴史，伝統，文化を大切にする島
2. 心豊かで，安全・安心に暮らせる島
3. 希望と活力にあふれる豊かな島
4. 世界に開かれた交流と共生の島
5. 多様な能力を発揮し，未来を拓く島

4つの克服すべき固有の課題
1. 大規模な基地返還とそれに伴う県土の再編
2. 離島の新たな展開
3. 海洋島しょ県 沖縄を結ぶ交通ネットワークの構築
4. 沖縄における地域主権と道州制のありかた

オール沖縄県政（2014年12月〜）

　2014年11月の沖縄県知事選挙は，普天間飛行場の移設問題が最大の争点となった。現職の仲井眞弘多は，普天間飛行場の辺野古への移設と5年以内の運用停止，嘉手納基地より南の米軍基地の早期返還などをかかげ，3選を目指して選挙戦に挑んだ。対立候補は，保革を乗り越えて沖縄の基地問題（オスプレイ配備反対，普天間飛行場の県外移設）を解決するために組織された，オール沖縄の推す前・那覇市長の**翁長雄志**（おながたけし）だった。

　翁長は保守政界のリーダーであったが，基地問題をはじめ沖縄の諸問題を解決するには「**イデオロギーよりアイデンティティ**」だと訴え，革新寄りのオール沖縄から立候補した。ただし，日米同盟のもとに一定の基地負担は認める立場にあり，従来の革新勢力とは一線を画した。

　激しい選挙戦の結果，翁長雄志が仲井眞弘多に約10万票の大差をつけて勝利した。12月におこなわれた衆議院選挙でも，オール沖縄の候補が小選挙区すべてで勝利し，沖縄の民

意が「**辺野古新基地反対**」にあることを示した。しかし，政府は普天間飛行場の危険を取り除くには「辺野古が唯一の解決策」として，粛々と辺野古埋め立てのための海上作業をすすめた。翁長知事は，「辺野古に新基地を造らせないことを県政の柱とし，県の有するあらゆる手法を用いて取り組む」姿勢を崩さなかった。

翁長県政の特徴は，基地問題をのぞくと前県政で策定した「沖縄21世紀ビジョン基本計画」を引き継ぐ中で，独自色を打ち出していくというものだった。経済政策では「米軍基地は沖縄の経済発展にとって最大の阻害要因」だとして新基地建設の反対を強く打ち出す一方，アジア経済戦略課を設置して観光や物流を主に自立経済の発展をうながした。ただし，公約だった2020年開業予定の「大型MICE施設の整備」は，沖縄振興一括交付金の大幅減額で工程の見直しをせまられた。

福祉分野では，**子どもの貧困対策**が注目を集めた。2016年，県が公表した沖縄の子どもの貧困率は，29.9％で全国平均(13.9)の2倍以上になることが明らかになった。県は子ども未来政策課を設置するとともに，知事が会長を務める官民一体の「沖縄子どもの未来県民会議」を発足させた。

2018年7月27日，翁長知事は病気を押し切って記者会見をおこない，前知事の辺野古埋め立て承認を撤回すると表明し，8月8日に急逝した。沖縄県は8月31日，米軍普天間基地の名護市辺野古への移設計画をめぐり，仲井真弘多・前知事による埋め立て承認を撤回した。

翁長知事死去に伴う知事選挙は9月30日に実施され，翁長知事の遺志を継いだ「オール沖縄」の**玉城デニー**候補が当選した。

玉城知事は，「故・翁長知事の遺志を受け継ぎ，辺野古に新たな基地は造らせない。普天間飛行場の閉鎖・返還を一日も早く実現するよう政府に強く要求する」決意を示した。

2022年9月に実施された県知事選でも，現職の玉城デニーが「普天間飛行場の辺野古移設（新基地建設）に明確に反対」の立場を示し，「誰一人も取り残さない」沖縄の実現を公約に掲げて再選を果たした。

記者会見で辺野古埋め立て承認の撤回を表明する翁長雄志。2018年7月27日
（琉球新報社提供）

Side Note

「普天間飛行場代替基地」は「新基地建設」か

沖縄県は国の進める普天間基地の辺野古への移設を，「新基地建設」と表現している。辺野古沿岸を埋め立てて建設している基地には，現在の普天間飛行場にはない，弾薬庫や軍港など新しい機能を持った施設が組み込まれているからである。

Pick Out! 沖縄の自己決定権～沖縄人は先住民族か!?～

　2008年，国連の自由権規約委員会は日本政府に対し，琉球・沖縄の人びとを**先住民族**として公式に認め，その土地や言語の権利を保護するようにとの勧告をした。2009年には国連教育科学文化機関(ユネスコ)も，琉球・沖縄固有の民族性を認め，歴史・文化・伝統・琉球諸語の保護を求めた。

　2010年には国連の人種差別撤廃委員会が「沖縄への米軍基地の不均衡な集中は現代的な形の人種差別だ」と認定し，差別を監視するために沖縄の人びとの代表者と幅広く協議するよう日本政府に勧告した。また，2014年には「沖縄の人びとは先住民族」であるとして，その権利を保護するよう勧告した。

　2015年9月，沖縄県の翁長雄志知事はスイス・ジュネーブの国連人権理事会で，「沖縄の人びとの自己決定権や人権がないがしろにされ，日本政府は名護市辺野古での米軍新基地建設を強行しようとしている」と訴えた。これに対し日本政府代表は，辺野古への普天間飛行場の移設は，歴代知事の承認によってすすめられてきたこと，基地負担の軽減策もとってきたこと，などを述べて反論した。

　国連各委員会の日本政府に対する同様の勧告は，2022年度までに複数回おこなわれているが，政府は「日本には先住民族はアイヌ以外に存在しない」と否定し，「沖縄の人びとは日本国民としての権利をすべて保障されている」と主張。また，辺野古沿岸埋め立てによる普天間飛行場移設の基地建設が，米軍基地の負担軽減になるとの考えを示している。

　国連各委員会の日本政府に対する「琉球・沖縄の人びとを先住民族」とする勧告は，受け入れるべきだとする意見と勧告を撤回させるべきとの意見が県内外から出されているが，大きな議論とはなっておらず，沖縄県も明確な意思表示はしていない。2023年9月，玉城知事も国連人権理事会の演説で，過重な基地負担よって平和が脅かされ，民意に反して辺野古新基地建設が強行されている実状を説明したが，民族の自決権を意味する「沖縄の自己決定権の侵害」には言及しなかった。

学習テーマ 41 沖縄の軍事負担を減らすにはどうしたらよいのか

日本史探求 と 琉球・沖縄 沖縄の米軍基地と自衛隊基地
～なぜ沖縄に全国の70%の米軍専用施設があるのか～

東書日探701	実教日探702	実教日探703	清水日探704	山川日探705	山川日探706	第一日探707
沖縄のアメリカ軍専用施設 p.285	沖縄から見る基地問題 p.367	沖縄のアメリカ軍基地 p.213	沖縄と基地 p.254	沖縄のアメリカ軍専用施設 p.343	沖縄のアメリカ軍専用施設 p.263	沖縄の今 P.269

沖縄にはどれだけの米軍基地がおかれているか

沖縄の主な米軍基地

『沖縄県から伝えたい。米軍基地の話。Q&A Book』令和5年版を参考に作成

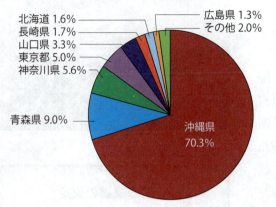

米軍専用施設面積の割合

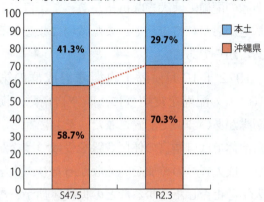

米軍専用施設面積の割合の推移（復帰後）

『沖縄県から伝えたい。米軍基地の話。Q & A Book』沖縄県発行　令和5年版より

市町村の面積に占める米軍基地の割合

順位	市町村	占有率
1	嘉手納町	82.0%
2	金武町	55.6%
3	北谷町	51.6%
4	宜野座村	50.7%
5	読谷村	35.6%

『沖縄の米軍及び自衛隊基地』令和5年度版より

県民所得に占める基地関連収入の割合

年　度	割　合
1965年（米軍統治）	30.4%
1972年（日本復帰）	15.5%
2019年（復帰47年）	5.5%

『沖縄から伝えたい。米軍基地の話Q＆A Book』
令和5年度版より

　復帰後，沖縄の米軍基地は，県民の意思を問うことなく**日米安全保障条約**によって引き続き使用されることになった。基地の整理統合はおこなわれたが，返還されたのは全体のわずか15％程度にすぎなかった。

　沖縄は全国からみると，面積が0.6％，人口が1％の小さな県である。その沖縄に今なお全国の米軍専用施設の**約70％**が集中している。これは県土面積の約8％を占めており，沖縄島にかぎると約15％にもおよぶ。次に米軍基地の多い青森県が全国の約9％だから，いかに沖縄に過重な軍事負担がのしかかり，県民生活が異常な状態におかれているかがわかるだろう。しかも，基地は陸上だけでなく，空や海にも訓練域として広がっている。そのため，復帰50年以上たった今なお基地からの航空機騒音，環境破壊，米軍人等による犯罪は絶えず，県民に多大な被害をおよぼしている。

沖縄にはどれだけの自衛隊が配備されているか

　復帰後，沖縄の新たな軍事負担として加わったのが，**自衛隊**の配備であった。

　沖縄戦では日本軍のいる地域では，住民がスパイ容疑で殺害されたり「強制集団死」に追いやられたりして犠牲を強いられた。その経験から，沖縄県民は「軍隊の目的は国家体制を守ることであり，住民を守ることではない」ということを，身をもって知った。それは，27年ものあいだ沖縄を支配した米軍も同じだった。

このような体験をもった沖縄県民にとって，自衛隊の配備には大きな抵抗があった。日米両軍の基地がおかれることで，また戦場になるおそれがあるからである。

　1972年10月，陸上自衛隊混成群の第1陣100人の配備を皮切りに，航空自衛隊，海上自衛隊があいついで配備された。それに対し，革新自治体では自衛官の住民登録を受けつけなかったり，成人式への参加を認めなかったり，大学では入学を拒否したりするなどの抵抗運動がおこった。その後は，法的な手続きにそった事務処理などはなされるようになったが，募集業務の受け入れには消極的な市町村もある。

　いっぽう，沖縄戦の負の遺産である**不発弾処理**や，離島へき地における医療救護などの活動は県民に評価されている。

Side Note

安保3文書の改定

　2022年12月，政府は安全保障関連3文書を改定し，「国家安全保障戦略」「国家防衛戦略」「防衛力整備計画」を決定した。日本が軍事攻撃を受ける可能性を想定した戦略で，防衛費の大幅な増額や反撃能力の保有などが盛り込まれた。

ここに着目　宮古・八重山諸島の防衛強化と新たな部隊配備

　近年は防衛省の南西地域の防衛態勢強化によって，2016年に与那国島，2019年に宮古島に陸上自衛隊が配備され，2023年には石垣島にも陸上自衛隊のミサイル部隊が配備された。

　2024年には，うるま市の陸上自衛隊勝連分屯地で地対艦誘導弾（ミサイル）部隊を発足させ，与那国町の駐屯地には電子戦部隊が配備された。一方で，うるま市石川のゴルフ場跡地に計画された陸上自衛隊の訓練場は，地元の強い反対運動で撤回された。

　2022年現在，沖縄には陸・海・空の自衛隊を合わせて56施設（県土面積の0.3％）あり，約8,200人の自衛官が配備されている。

航空自衛隊那覇基地

与那国島　陸自の沿岸監視隊
石垣島　陸自の警備隊ミサイル部隊
宮古島　陸自の警備隊ミサイル部隊

日米地位協定の何が問題なのか

　1951年9月，サンフランシスコ平和条約が結ばれた日，日本はアメリカと日米安全保障条約を結んだ。それにともない，在日アメリカ軍の権利を定めた協定も締結された。これは1960年にあらためられ「**日米地位協定**」とよばれている。旧協定との大きな違いは，米軍の施設，区域外でおこった犯罪は，公務を除き日本に裁判権があたえられたことである。だが，軍人・軍属が公務中

の場合は，日本に裁判権はなく，損害についても日米両政府が協議して分担しなければならないなど，問題は多い。

1995年9月，沖縄島北部でおこった米兵3人による**少女乱暴事件**で，米軍は犯人の引き渡しを拒否した。第17条5項C号で「日本が裁判権を行使する容疑者の身柄は，日本の司法当局が起訴するまでは米側が拘禁する」となっているからである。

沖縄ではこの事件をきっかけに，地位協定の見直しを求める機運が高まった。しかし，日米両政府とも改定には消極的で，運用改善にとどまっている。だが，その後も同様の事件はおこっており，米軍の対応も納得のいくものではない。2004年8月におこった沖縄国際大学へのCH53大型ヘリ墜落炎上事件（→p.231）で，米軍が大学関係者や警察，消防などを排除して事故処理にあたったのも，日米地位協定が根拠となった。沖縄県は県民の人権・生活権を守る最低限の補償として，日米地位協定の見直しを求めている。

1995年，少女乱暴事件などを糾弾する10.21県民総決起大会

戦後50年の鬱屈した県民の怒りが大きなかたまりとなり，沖縄列島を揺らした。米兵による少女乱暴事件糾弾，日米地位協定の見直しと米軍基地の整理・縮小を求め，1995年10月21日，県内3ヶ所でひらかれた県民総決起大会。宜野湾海浜公園には8万5000人，宮古では2000人，八重山では3000人の参加者が会場を埋め尽くした。
（琉球新報社提供）

「ヘリコプターはもう，うんざりです」。私はごく普通の高校3年生です。たいしたことは言えないと思いますが，ただ思ったことをはなします。（中略）いつまでも米兵におびえ，事故におびえ，危険にさらされながら生活を続けていくことは，私はいやです。未来の自分の子どもたちにも，そんな生活はさせたくありません。私たち生徒，子ども，女性に犠牲をしいるのはもうやめてください。私は戦争が嫌いです。だから，人を殺すための道具が自分のまわりにあるのもいやです。次の世代を担う，私たち高校生や大学生，若者の一人ひとりが本当にいやだと思うことを口に出して，行動していくことが大事だと思います。私たち若い世代に新しい沖縄のスタートをさせてほしい。沖縄を本当の意味で平和な島にしてほしいと願います。軍隊のない，悲劇のない平和な島を返して下さい（高校生代表あいさつ）。

Pick Out! 沖縄に関する特別行動委員会 (SACO) の最終報告

　1995年9月におこった米兵による少女乱暴事件を契機に，日本国政府及び米国政府は沖縄県民の基地負担を軽減するとともに日米同盟関係を強化することを目的に，「沖縄に関する特別行動委員会（SACO）」を設置した。翌年12月に出された最終報告の内容は，次の4項目である。

（1）土地の返還 (普天間飛行場など計6施設の全部返還，北部訓練場など5施設の一部返還)

（2）訓練及び運用の方法の調整 (県道104号線越え実弾射撃訓練の本土演習場での分散実施，パラシュート降下訓練など)

（3）騒音軽減イニシアティブの実施 (嘉手納飛行場及び普天間飛行場における航空機騒音規制措置など)

（4）地位協定の運用の改善 (事故通報手続の改善や米軍人の公務外事故などによる損害請求の支払手続きの改善など)

　この内容が実施されることによって，沖縄県に所在する在日米軍施設・区域の面積の約21%が返還されるとしているが，返還対象の大半は県内移設が条件で，航空機の騒音軽減や日米地位協定については手つかずのままで，県民の要求が満たされたとはいえない。

（1）の土地の返還内容は次の通りである。

　　①普天間飛行場（全部返還）②北部訓練場（過半の返還）③安波訓練場（全部返還）④ギンバル訓練場（全部返還）⑤楚辺通信所（全部返還）⑥読谷補助飛行場（全部返還）⑦キャンプ桑江（大部分の返還）⑧瀬名波通信施設（大部分の返還）⑨牧港補給地区（一部返還）⑩那覇港湾施設（全部返還）⑪住宅統合（キャンプ桑江及びキャンプ瑞慶覧一部返還）

　このなかで，普天間飛行場と那覇港湾施設の移設が大きな問題として残っている。

ここに着目 なぜ米軍機の夜間飛行は止められないのか

　戦後，米軍基地の建設で，周辺住民は航空機の激しい爆音に悩まされてきた。復帰後も，法的な規制措置や十分な防音対策がとられなかったため，住民は深刻な生活被害と健康被害にさらされたままだった。

　1982年2月，こうした状況を打開するため，嘉手納基地の周辺住民は，航空機の夜間・早朝の飛行をやめるよう裁判に訴えた（第一次嘉手納基地爆音訴訟）。その結果，同基地の爆音被害に対する損害賠償は認められたが，肝心な「飛行差し止め」については認められなかった。また，1996年3月には日米間で**騒音防止協定**がむすばれ，午後10時から翌朝の午前6時までは飛行が禁止されることになったが，それが守られることもなかった。「米軍

が必要とする場合は，飛行できる」という決まりがあったからである。

そのため，周辺市町村の住民は，2000年3月に第二次訴訟，2011年4月に第三次訴訟，2022年には3万5,566人の原告による第4次訴訟が提訴された。

普天間基地についても，同様の訴訟(2002年に提訴，2020に第3次訴訟)がおこされている。

学習テーマ 42 米軍基地所在市町村にはどのような財政支援があるのか

沖縄懇談会事業

基地のある市町村には，毎年，国から基地交付金などが交付されているが，内閣府は基地をかかえる県民の負担にこたえる振興策として，1997年～2007年に**「沖縄米軍基地所在市町村活性化特別事業」**を実施した。

この事業は，慶応大学教授の島田晴雄を座長にした懇談会によって具体化されたことから，通称・**島田懇事業**とよばれている。2007年（それ以後も継続事業あり）までに，約1000億円の予算がくまれ，25基地所在市町村（市町村合併で21）で38事業47事案のプロジェクトが実施された。

那覇市ぶんかテンブス館（那覇市），リニューアルした沖縄こどもの国（沖縄市），ネオパーク国際種保存研究センター（名護市），かんなタラソ沖縄（宜野座村），コザ・ミュージックタウン（沖縄市），きむたかホール（勝連町・現うるま市）などが，この事業資金でつくられた。しかし，運営のための費用はふくまれておらず，自治体の財政を圧迫している施設もある。

ミュージックタウン（沖縄市）

また，基地所在市町村には国から大きな財政援助がおこなわれていると思われがちだが，住民が納めた税金に対する国からの見返り額（受益率）をみると，かならずしも多いとはいえない。国の補助金にたよらない，地域独自の事業を生みだす工夫が求められている。

北部振興費

1999年，日本政府は普天間飛行場を名護市辺野古へ移設することを決めた。そのさい，北部地域の振興を目的に「人と産業の定住条件の整備による地域の持続的な発展」をテーマに，10年間に1000億円の事業費をもりこんだ**北部振興事業**をおこなうことも決定した。2000（平成12）年から実施されたが，道路や港湾整備などの公共事業が中心になっ

山原の山を切り開いて作られた林道（金城太一氏提供）

ており，地域の特性をいかした新たな産業を生みだすまでにはいたっていない。それどころか，豊かな自然環境を破壊し，北部の魅力を失わせているのではないかとの厳しい批判もでている。

Pick Out! 名護市の「逆格差論」はなぜ挫折したのか

名護市が1973年にまとめた「**名護市総合計画・基本構想**」には，「目先のはでな開発を優先するのではなく，市民独自の創意と努力によって，将来にわたって誇りうる，快適なまちづくりを成しとげなければならない」「経済格差という単純な価値基準の延長線上に展開される開発の図式から，本市が学ぶべきものはすでになにもない」と記されている。

人間の真の豊かさは，経済の発展にあるのではなく，自然や文化を大切にする人間の生活を優先する地域にこそある，という考えに基づいてつくられたものだった。当時は，日本国中が開発による発展をめざしていた時期で，この考えは「**逆格差論**」として注目された。そのため，名護市は海洋博にともなう本土企業の土地買い占めや環境破壊も少なくてすんだ。

この基本構想をまとめた中心メンバーの一人が，1999年に普天間基地の移設を容認した岸本建男名護市長だった。なぜ，名護市は「逆格差論」の理念を貫くことができなかったのだろうか。

復帰後，那覇市をはじめ中南部はめざましい発展をとげていた。いっぽう，北部地域は若者の流出がつづき，地域の特性を生かした農林，畜産，水産や地場産業などが，思うようには育っていかなかった。北部地域の拠点である名護市は，「雇用の場をつくり，過疎から抜け出すには開発しかない」と政策を転換したのである。

こうして基地を容認するみかえりとして，国からの巨額の財政援助と北部振興策をひきだした。しかし，基地の受け入れに反対する意見も強く，混迷した状況がつづいている。

もっと知りたい 琉球・沖縄のこと

普天間基地移設（新基地建設）にはどのような問題があるのか（上）

1996年4月，日米両政府は県内移設を条件に，**普天間飛行場の5～7年以内の全面返還に合意**した。移設先は，沖縄島北部の東海岸が候補にあげられ，早い時期から名護市辺野古沖の海上（当初は**海上ヘリポート建設**と説明）が最適とされた。地元では強い反対運動がおこったが，移設受け入れにともなう北部地区への振興策がうちだされると，市の世論は二分した。名護市民は，住民の意思を**市民投票**の結果にゆだねることにした。

1997年12月におこなわれた市民投票で，名護市民の過半数が移設受け入れ反対の意思表示をした。しかし名護市長は，海上基地の建設は「基地の整理・縮小につながり，北部振興策を首相が約束した」との理由で，受け入れを表明して辞任した。いっぽう，大田県知事

は，住民投票の結果で住民の意思が示されたとして移設拒否を表明し，政府との関係を硬化させた。

翌98年2月，市長辞任をうけて実施された名護市長選挙では，先の住民投票の結果とは逆に海上基地容認派の岸本建男が当選した。同年11月の県知事選挙では，現職の大田昌秀候補が「県外移設」を，保守派の稲嶺惠一候補が経済振興を前面にうちだして「本島北部の陸上に15年限定で**軍民共用空港**を建設する」と公約にかかげてあらそい，稲嶺候補が勝利した。

普天間飛行場代替施設の配置計画
（沖縄防衛局広報誌より作成）

1999年，沖縄県と名護市は普天間飛行場の移設先として条件付き（7項目）で「名護市辺野古の沿岸海域」をあげ，受け入れを表明した。その見返りとして，10年間に1000億円の北部振興費が投入されることになり，翌年，サミットも名護市で開催されることになった。

2002年7月には，辺野古沖を埋め立てて海上基地を作る計画に国と沖縄県が合意した。しかし，世論調査では県外移設を求める声が依然と多く，県民の意識は米軍基地の整理・縮小・撤去の原則論と経済振興・雇用に対する現実問題とのあいだで揺れ動くことになった。

2003年11月，ラムズフェルド米国防長官は，宜野湾市街の上空から普天間飛行場を見て，「こんな危険な飛行場では，事故がおこらないほうが不思議だ」と言ったという。何しろ米国の法律では，飛行機の滑走路の延長線上900㍍以内は無人地域に指定され，3000㍍以内でも家畜は飼えても人の居住は認められていないからである。その翌年8月，普天間飛行場所属CH53大型ヘリが沖縄国際大学本館に衝突し，墜落炎上した。

2004年4月，防衛施設庁は海上基地設のための海底調査に乗り出した。地元の住民や支援者たちは，「**ジュゴンの海を守れ**」を合言葉に座り込みによる反対運動をつづけた。海上でのボーリング調査に対しては，カヌーをくりだして阻止活動をおこない，ついに海上基地の建設を断念させた。ところが，2006年4月，名護市長に就任したばかりの島袋吉和は，キャンプシュワブ沿岸部に**V字型で2本の滑走路**を敷設する現行案を日本政府と合意した。ただし同年11月，普天間飛行場の危険性の早期除去などを求めて県知事となった仲井眞弘多とともに，沿岸案ではなく沖合移設を要求した。

Pick Out! 沖縄国際大学への米軍ヘリ墜落事故

2004年8月13日，普天間飛行場所属の大型輸送ヘリコプターが，訓練中にコントロールを失い，沖縄国際大学本館に衝突し墜落炎上した。搭乗者3名の兵士は負傷したが，大学の職員や学生に負傷者はいなかった。

この事故によって本館ビルは使用できなくなり，学術情報ネットワークが切断された。
　米軍は事故直後から一方的に現場一帯を占拠し，大学関係者や警察，消防などを排除して事故処理にあたった。大学側は日本の施政権や大学の自治を侵害するものだとして抗議したが，日米地位協定に阻まれてしまった。事故の原因は整備ミスとされているが，機体の燃焼による放射能汚染の疑いも指摘されるなど，全容解明とはいかなかった。
　沖縄国際大学は，普天間基地の返還を要求するとともに，事件を記憶として残していくために，焼けたアカギの周辺を整備してモニュメントを設置した。

沖国大の焼けたアカギ

もっと知りたい 琉球・沖縄のこと
普天間基地移設（新基地建設）にはどのような問題があるのか（下）

　2009年9月，普天間飛行場の移設先は「**最低でも県外**」を公言していた民主党の鳩山由紀夫内閣が誕生したことによって，風向きが大きく変わった。翌年1月の名護市長選挙では，辺野古への移設反対を公約にかかげた稲嶺進が当選し，沖縄県議会でも県内移設反対，県外・国外への移設を求める決議が全会一致でなされた。しかし同年5月，鳩山政権は前言を撤回して普天間飛行場の辺野古移設を閣議決定し，日米両政府は辺野古移設を明記した共同声明を発表した。いっぽう同年11月の県知事選挙では，現職の仲井眞知事が日米合意の見直しと普天間飛行場の県外移設をかかげて再選をはたした。
　2013年1月，沖縄県内41市町村長と議会の議長，県議会議員らは，安倍首相らにオスプレイの配備撤回や普天間飛行場の県内移設断念などを求める「**建白書**」を手渡した。ところが同年11月，自民党本部は県関係の自民党国会議員，県連に圧力をかけて県外移設の公約を辺野古移設に転換させた。そして，12月末，仲井眞知事も国が提出した**辺野古埋め立て申請を承認**した。沖縄県議会は，これを知事の公約違反だとして翌2014年1月に臨時議会を開き，辞任要求を賛成多数で決議した。また，同月おこなわれた名護市長選挙では，辺野古への移設に反対する現職の稲嶺進が再選をはたした。
　さらに同年11月におこなわれた県知事選挙では，「オール沖縄」の推す翁長雄志候補が新基地建設（普天間移設）拒否を訴え，現職の仲井眞弘多を破って当選した（→p.221）。
　2015(平成27)年10月，翁長知事は辺野古埋め立て許可

辺野古の海に投入された土砂

には法的欠陥があるとしてこれを取り消し、国と法廷で争ったが、翌年12月に最高裁は「取り消し処分は違法」と判断した。沖縄防衛局はこの判決を受け、2017年2月から建設作業を再開し、4月には護岸工事に着手した。県は同年7月、工事差し止めを求めて国を提訴したが、2018年3月、那覇地裁は県の訴えを却下した。さらに、同年1月におこなわれた名護市長選挙では、自民党などが支援した渡具知武豊候補が勝利し、「オール沖縄」の組織の脆弱性が指摘された。7月27日、闘病中だった翁長知事は、記者会見をおこなって「埋め立て承認撤回」を表明したが、8月8日に急逝した。沖縄県は、31日に辺野古の埋め立て承認を撤回した。これによって、工事は一時中断された。

翁長知事死去に伴う知事選挙は9月30日に実施され、翁長知事の遺志を継いだ「オール沖縄」の玉城デニー候補が当選した。しかし、政府の新基地建設の方針は変わらず、1か月後には国土交通相が沖縄防衛局の申請した埋め立て撤回効力の執行停止を認めた。これにより11月には工事が再開され、12月14日に土砂を投入して海の埋め立てを開始した。

2024年1月には、軟弱地盤が見つかった大浦湾についても、裁判によって沖縄防衛局の設計変更申請を国が県に代わって承認したことから、本格的な埋め立て工事がはじめられた。

ここに着目　県民投票の意義とは何か

2019年2月24日には、名護市辺野古の米軍新基地建設に必要な埋め立ての賛否を問う**県民投票**が実施され、「反対」が投票総数の約72%を占めた。安倍首相は「県民投票の結果を真摯に受け止める」としたものの、基地移転を「これ以上先送りすることはできない」と述べ、工事を続行する考えを示した。しかし、埋め立て予定海域には改良が困難といわれる軟弱地盤や危険な活断層があるうえ、法的な問題も残されており課題は山積みである。

Pick Out! 辺野古沿岸部埋め立ての賛否を問う県民投票

2019年2月24日、沖縄県宜野湾市の米軍普天間飛行場の名護市辺野古移設の是非を問う県民投票がおこなわれた。辺野古沿岸部の埋め立てについて、「賛成」「反対」「どちらでもない」のいずれかを選ぶ3択方式で、沖縄県の民意は**反対が71.1%**だった（投票率は52.48%）。

玉城知事は、県民投票条例の規定により、安倍首相と、東京のアメリカ大使館を通じてドナルド・トランプ米大統領に結果を通知した。

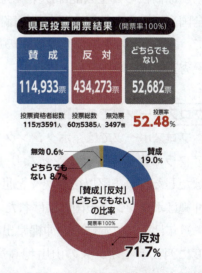

学習テーマ 43　輝く沖縄の個性と活躍する若者たち

復帰後の若者の活躍

　復帰20年前後から，沖縄の若者の全国的な活躍がめだってきた。スポーツでは，1990年と91年に**沖縄水産高校**が夏の甲子園で続けて準優勝し，春の選抜高校野球大会では1999年と2008に**沖縄尚学高校**が全国制覇をはたし，2010年には**興南高校**が春・夏連覇をなしとげた。また，興南高校ハンドボール部も1999年に全国選抜大会で優勝し，その後も全国制覇をはたしている。2002年には陽明高校女子のハンドボール部も全国大会で優勝し，県民に大きな感動をもたらした。

　近年では，全国高校総合体育大会の重量挙げで，女子59㌔級・比嘉成(本部高校)が2022，23年(日本高校記録)と2連覇，首里高校のなぎなた部も団体戦で同じく2連覇をはたした。そのほかにも，全国レベルで活躍する高校生が増えている。

　文化面では宮古農林高校の環境班が，2004年の第8回ストックホルム青少年水大賞を受賞した。この賞は「**水のノーベル賞**」ともよばれ，水の保全・保護等に取り組んでいる世界の青少年を支援するために設けられたもので，日本代表としては初の受賞だった。また，**西原高校のマーチング部**が全国大会や世界音楽コンクール(01,05,17は最高賞のベストインターナショナル賞，22年はチャンピオンシップ賞)などで金賞を受賞するなど，様々な分野で高校生の躍進が目立ってきた。2021年には，南風原高校の郷土芸能部が第45回全国高校総合文化祭の郷土芸能部門で，2002年の八重山高校以来の最優秀賞に輝いた。

2022年7月，オランダで開催された世界音楽コンテストに日本代表として出場し，ショー部門「チャンピオンシップ」で優勝。(西原高校マーチング部提供)

プロスポーツ界での活躍

　プロスポーツでは，ボクシングで**具志堅用高**がＷＢＡ世界ジュニアフライ級チャンピオンとなり13度の防衛（1976〜1981）をはたした。具志堅以後も次々と世界チャンピオンが誕生するなど，沖縄はボクシング王国とよばれた。

　近年は，プロ野球での沖縄県出身選手の活躍が目立つ。2018年度に西武ライオンズの山川穂高選手がＭＶＰ(最優秀選手)と本塁打王(2019年度も)，2022年度には本塁打王と打点王に輝いた。

2020年度には同じく西武の平良海馬投手が最優秀新人賞に選ばれ，2021年にはプロ野球の連続無失点記録も達成した。また，2021年度のパリーグ最優秀新人賞にオリックス・バファローズの宮城大弥投手が選出された。

沖縄市をホームタウンとするBリーグ（プロバスケット）の**琉球ゴールデンキングス**の活躍も目覚ましく，2021—22シーズンで準優勝し，2022—23シーズンには初優勝に輝いた。Tリーグ(セミプロ卓球リーグ)の琉球アスティーダの活躍も目覚ましい。

そのほか，プロゴルフやJリーグ，大相撲などでも活躍する選手がたくさん出てきており，オリンピック出場選手も誕生している。

> **Side Note**
>
> 東京オリンピック・パラリンピック
>
> 　2021年に開催された東京2020オリンピック・パラリンピックでは，12人の県勢が出場して活躍した。
>
> **オリンピック**
> 喜友名諒　空手(形)・金メダル
> 平良海馬　野球・金メダル
> 屋比久翔平　レスリンググレコローマンスタイル77㎏級・銅メダル
>
> **パラリンピック**
> 与那原寛和　陸上男子
> 　400㍍(車いすT 52)・銅メダル
> 　1500㍍(車いすT 52)・銅メダル

文学界での活躍

　文学では，1995年(下半期)に又吉栄喜が沖縄の精神文化をユーモラスに描いた『豚の報い』で芥川賞を受賞し，1997年(上半期)には目取真俊が沖縄戦の残像を描いた『水滴』で同じく芥川賞を受賞した。また，池上永一は大学在学中に『バガーシマヌパナス』で第6回日本ファンタジーノベル大賞を受賞し，2008年には19世紀末の琉球王朝を描いた空想的歴史小説『**テンペスト**』が話題となり，テレビでドラマ化(2011年)されるなど反響をよんだ。2018年，オーガニックゆうきは，『入れ子の水は月に轢かれ』で第8回アガサ・クリスティー賞を受賞して作家デビューした。

芸能界での活躍

　歌謡界では，沖縄音楽・沖縄出身歌手が大活躍している。1970年代に沖縄ポップスの先駆けとしてデビューした喜納昌吉の「**花**」は，アジア各地で歌われ，りんけんバンドの登場で沖縄ポップスは全国的に人気を博するようになった。1990年代には，ネーネーズ，BEGIN，ディアマンテス，パーシャクラブなどが続々と登場し，日本本土や海外まで活動の場を広げた。また，伝統的なエイサーに現代的な動きやリズムを取り入れた「琉球國祭太鼓」のような新しい沖縄芸能も国際的に注目された。この影響で本土でも沖縄出身者の多い地域では，学校や地域の行事などでエイサーが踊られるようになった。

　1990年代後半に登場した**安室奈美恵**は，沖縄音楽にとらわ

れないニューミュージックで全国の若者の圧倒的な支持を受け，そのファッションはアムラーという社会現象まで生みだした。それをきっかけに，MAX, SPEED, DA PUMP, 石嶺聡子，kiroro, Cocco ら若いアーティストが次々とメジャーデビューして活躍し，近年ではモンゴル 800 やオレンジレンジ，ＨＹ，Awich など，さらに新しい世代の活躍が全国的に注目されている。

　沖縄出身の芸能人による基地問題や沖縄文化の発信も注目されている。小波津正光は，2004 年，沖縄国際大学に米軍ヘリが墜落した事故の報道が，本土と沖縄で大きく違うことに衝撃をうけ，不条理な沖縄の基地問題を，沖縄の芸人にしかできないお笑いをテーマにした舞台「**基地を笑え！お笑い米軍基地**」を企画・演出して注目を浴びた。また，お笑いコンビ・ガレッジセールのゴリこと照屋年之は，粟国島を舞台に風葬後の死者の弔いを通して家族の絆を描いた映画『**洗骨**』を制作し，日本映画監督協会新人賞などを受賞した。与那国島出身の東盛あいかは，「変わりゆく島の風景，失われゆく文化や言葉…時を超え，空間を超えて繋がりたい」をテーマに，半ドキュメンタリー映画「ばちらぬん」(忘れない) を制作し，新人監督の登竜門「PFF アワード 2021」グランプリを受賞した。

　日本復帰 50 年，沖縄の若者たちが国内だけではなく，海外や国連などの国際機関の各分野で，それぞれの個性を発揮して活躍している。

若者の夢は大きく，可能性は限りなく広がる（宜野湾高校）

あ

愛新覚羅溥儀	143
相沢忠洋	10
アイゼンハウアー	195
阿児奈波島	15
朝日報道	188
按司	56
アジア太平洋戦争	154
安谷屋正義	137
安仁屋政伊	136
阿波根昌鴻	187
安富祖正元	74
アヘン戦争	83・84
阿麻和利	26
アメリカ水兵殺害事件	92
新垣弓太郎	142
安国山樹花木之記碑	22

い

伊江島	159・165
硫黄	21
イギリス太平洋艦隊	162
池城安規	101
池宮城積宝	136
異国風	48
石垣永将	47
石垣島事件	163
石敢當(当)	77
石鍋	16
石原莞爾	143
石蒸調理	12
伊藤博文	103・125
稲作	16
稲嶺惠一	220・231
イノー	11
伊波南哲	136
伊波普猷	119
イモガイ	12
岩村通俊	114
慰霊の日	163
インディアン・オーク号事件	84

う

親方(ウェーカタ)	56
植木枝盛	106
上杉茂憲	113
上原正三	209
牛島満	155・163
沖縄芝居(ウチナー)	137
腕輪	12
馬	21
ウフアガリジマ	134
恩納ナビー(ウンナー)	73

え

Aサイン	185
エイサー	80
英祖王統	18
江戸立ち	48
江戸上り	48
江戸幕府	43
ABCD包囲陣	153
円鑑池	35
袁世凱	140

お

王子	56
オエカ地	63
王道楽土	144
応仁の乱	33
大城皓也	137
大城立裕	206
太田朝敷	121
大田昌秀	219
大田実	161
大舛松市	149
大嶺政寛	136
大山盛保	9
大湾朝功	109
掟(十五条)	45
沖縄	109
悪鬼納	110
沖縄開発三法	214
沖縄国際海洋博覧会	216
沖縄国会	204
沖縄言語論争	149
沖縄県祖国復帰協議会	195
沖縄振興15か年計画	130
沖縄諮詢会	178
沖縄神社	138
沖縄戦	155
沖縄独立論	205
沖縄21世紀ビジョン	215・221
沖縄返還協定	203
オキナワンミュージック	207
オギヤカ	30
オスプレイ	232
翁長雄志	221
小那覇舞天	176
御物城御鎖之側	26
おもろさうし	39
オヤケアカハチの乱	30
オランダ墓	86

か

買上糖	59
芥隠承琥	33
開化党	117・122
海外移民	131
懐機	22
貝塚時代	11
貝斧	12
海邦国体	216
海邦養秀	62
カイロ宣言	164
嘉数高地	159
華僑	19・20
楽童子	49
学童疎開	156
学徒隊	169
核ぬき,本土並み,72年返還	197
核密約	212
カタカシラ	120
葛飾北斎	48
勝連城跡	40・41
金城紀光(カナグスク)	119
金丸	27
家譜	54
鎌倉芳太郎	138
神風特攻隊	158
カムィヤキ	16
空手	79
唐名(カラナ)	57
頑固党	117・122
甘藷	69
鑑真	15
関東軍	143
関東大震災	129
漢那憲和	119

き

生糸	33
聞得大君	29・41
魏士哲	78
起請文	45
北大東	135
儀間真常	69・71
旧慣温存策	112
旧石器時代	8
球陽	72
キューバ危機	197

資料

237

教育勅語		148
強制集団死	154・159・167・170	
強制収用		185・188
行政主席		184
逆格差論		230
寄留商人		116
金城哲夫		208・209

く

苦力	87
具志堅用高	234
久志芙沙子	136・137
くじらの糞	70
グスク時代	16
城間正安（グスクマー）	124
国頭支隊	159
国質	45
組踊	75
久米島住民虐殺事件	163
蔵元	63
グラント	103
黒田操子	189
群島政府	183
軍部大臣現役武官制	144

け

慶賀使	48
ケービン	130
系図座	55
慶良間諸島	157
原子爆弾	165
県民投票	233
乾隆36年の大津波	68

こ

科	55
5.19ゼネスト	203
五・一五事件	143
幸地朝常	101・104
高等弁務官	201・202
空道	52
公同会運動	121
抗日民族統一戦線	145
越来王子	24・25
御教条	59
交通方法変更	213
皇民化教育	115
古期石灰岩	42
国学	62
国費・自費留学制度	206
国民学校	147・148
国民政府	141

国民徴用令	147
護佐丸・阿麻和利の乱	26
五捌理（ゴサバクイ）	62
コザ反米事件	202
五・四運動	141
胡椒	36
御真影	148・172
児玉喜八	119
国家総動員法	147
古典舞踊	74
子どもの貧困	222
古武術	79
ゴホウラ	12
古琉球	16
混効験集	73
昆布	51

さ

蔡温	58・60
サイパン	155
在番奉行	49
座喜味城跡	40・41
冊封	19・20
SACO	228
鎖国	53
察度	18・20
察度王統	18
サツマイモ	69
薩摩仮屋	49
薩摩の侵略	43
サトウキビ	129
砂糖成金	129
里之子	55・56
佐藤栄作	196
佐藤惣之助	136
砂糖成金	129
さまよへる琉球人	136
士（サムレー）	55
三・一独立運動	141
三角貿易	83
産業報国会	147
三山時代	16・19
三山統一	22
サンシイ事件	107
三司官	55
三線	39・74
参政権獲得運動	124
山東出兵	142
サンフランシスコ平和条約	183
三府龍脉碑	61
サンマ裁判	201

し

仕明地	63
子（シー）	56
シーサー	77
自衛隊	225
識名園	41
志喜屋孝信	178
地頭	55・63
地頭代（ジトゥデー）	62
師範学校	115
仕上世	63
しまくとぅばの日	152
島ぐるみ闘争	190
島田叡	171
島田懇事業	229
島津家久	44
島マス	179
下地利社	106
シムクガマ	160
下田原式土器	12
下関条約	118・119
謝恩使	48
写真結婚	133
謝名親方利山	45
謝花昇	123
シャム	36・37
11.10ゼネスト	203
十・十空襲	156
銃剣とブルドーザー	186
集団自決（強制集団死）	157・167・170
住民虐殺	166
収容所	175
シュガーローフの戦い	159
朱元璋	19
主席公選	197
首里旧城の図	136
首里城	22
守礼門	23
守礼之邦	24
舜天	17
尚寅	121
尚円	27
尚温	61
蒋介石	141
少女乱暴事件	220・227
尚真	29・30
尚泰	97・98
尚泰久	24・25・26
尚徳	27
尚寧	44
尚巴志	18・21

昭和恐慌 …………………… 129	第二尚氏王統 ………… 18・27	照屋宏 ……………………… 120
植樹祭 ……………………… 216	タカラガイ ………………… 14	天孫氏王統 ………………… 17
徐葆光 ……………………… 70	大政翼賛会 ………………… 147	天皇メッセージ …………… 181
ジョン万次郎 ……………… 95	大東亜共栄圏 ……………… 154	天明の飢饉 ………………… 68
白保竿根田原洞穴遺跡 …… 8	第 32 軍 …………………… 155	
志魯・布里の乱 ……… 24・25	第二次世界大戦 …………… 152	
地割制 ………………… 63・122	太平洋の要石 ……… 180・194	**と**
辛亥革命 …………………… 140	平良幸市 …………………… 219	独逸皇帝感謝記念碑 ……… 147
新基地建設 …………… 222・230	台湾出兵 …………………… 99	東亜新秩序 ………………… 146
進貢使 ………………… 21・50	台湾漂着琉球人殺害事件 … 99	投降ビラ …………………… 161
真珠湾奇襲攻撃 …………… 154	旅役 ………………………… 51	東条英機 …………………… 153
尋常中学ストライキ事件 … 119	玉陵 ………………………… 29	唐人墓 ……………………… 87
新生沖縄県 ………………… 210	玉置半右衛門 ……………… 134	童名（ドーナ）……………… 57
新琉球船舶旗 ……………… 184	玉城デニー ………………… 222	當山久三 …………………… 131
人類館事件 ………………… 117	玉城朝薫 …………………… 75	徳川家康 …………………… 43
	他魯毎 ……………………… 21	渡航証明書 ………………… 190
す	湛水親方 …………………… 74	土人 ………………………… 113
頭懸（人頭税）……………… 66		土地収用令 ………………… 186
頭懸（人頭税）廃止運動…… 124	**ち**	土地整理 …………………… 125
宿道（スクミチ）…………… 72	筑登之 …………………… 55・56	土地を守る四原則 …… 188・189
鈴木梅太郎 ………………… 127	チビチリガマ ……………… 160	飛び安里 …………………… 65
スパイ容疑 …………… 162・167	中国共産党 ………………… 141	富川盛奎 …………………… 107
	中華人民共和国 …………… 182	友利隆彪 …………………… 201
せ	中国残留邦人 ……………… 145	豊臣秀吉 …………………… 43
斎場御嶽 …………………… 41	中山世鑑 ………………… 54・72	奴隷解放宣言 ……………… 88
世界のウチナーンチュ大会 … 133	中山世譜 …………………… 72	トンキン湾事件 …………… 199
摂政 ………………………… 55	中山伝言録 ………………… 70	
瀬長亀次郎 ………………… 192	中和 ………………………… 27	**な**
世礼国男 …………………… 136	長勇 ………………………… 163	仲井眞弘多 ………………… 221
戦艦大和 …………………… 158	張学良 ……………………… 142	中城城跡 ………………… 40・41
戦後恐慌 …………………… 129	朝貢 ………………………… 38	仲宗根嶂山 ………………… 136
先住民族 …………………… 223	張作霖 …………………… 141・142	仲宗根政善 ………………… 167
戦争マラリア ……………… 162	朝鮮戦争 …………………… 182	仲地紀仁 ………………… 78・94
	朝鮮人陶工 ………………… 46	長嶺華国 …………………… 136
そ	徴兵忌避 ………………… 126・127	仲村渠 ……………………… 136
雑踊 ………………………… 74	徴兵令 ……………………… 125	仲村渠致元 ………………… 76
創作舞踊 …………………… 74		今帰仁城跡 ……………… 41・42
騒音防止協定 ……………… 228	**つ**	名護市民住民投票 ………… 230
即時・無条件・全面返還 … 196	堆錦 ………………………… 76	仲地紀仁 …………………… 78
祖国復帰運動 ……………… 195	通貨切り替え ……………… 213	中村十作 …………………… 124
ソテツ ……………………… 64	津嘉山一穂 ………………… 136	ナチス ……………………… 146
ソテツ地獄 ………………… 129	対馬丸 ……………………… 156	名渡山愛順 ………………… 136
園比屋武御嶽 ……………… 29	綱引き ……………………… 80	ナナサンマル ……………… 213
杣山 ………………………… 123	壺屋 ………………………… 76	名乗頭 ……………………… 57
蘇木 ………………………… 36		鍋島直彬 …………………… 112
尊敦 ………………………… 17	**て**	奈良原繁 …………………… 123
孫文 ………………… 140・141	抵抗の文学 ………………… 206	南京大虐殺 ………………… 146
	程順則 ……………………… 73	南京条約 …………………… 84
た	鄭迥 ………………………… 45	南進政策 …………………… 153
第一回県費留学生 ………… 114	出稼ぎ ……………………… 134	南米移民政策 ……………… 186
第一尚氏王統 ………… 18・21	鉄の暴風 …………………… 161	
大蔵経 ………………… 34・35	鉄血勤皇隊 ………………… 169	**に**
		2・1 決議 …………… 195・196

資料

西銘五郎 …………………… 120
西銘順治 …………………… 219
日米安全保障条約 ……… 183・225
日米共同宣言 ……………… 197
日米修好通商条約 ………… 91・96
日米和親条約 ……………… 90・96
日露戦争 …………………… 126
日琉同祖 …………………… 18・72
二十一か条の要求 ………… 140
日清修好条規 ……………… 99・106
日清戦争 …………………… 104・117
日ソ中立条約 ……………… 152
日中戦争 …………………… 145・146
日本復帰促進期成会 ……… 183
二・二六事件 ……………… 144
ニミッツ布告 ……………… 175

ね
年頭使 ……………………… 45

の
農務帳 ……………………… 59
野國總管 …………………… 69
野村安趙 …………………… 74
ノロクモイ地 ……………… 63

は
博愛 ………………………… 147
ハーグ陸戦法規 …………… 185
ハーリー …………………… 79
廃藩置県 …………………… 102
針突 (ハジチ) ……………… 120
芭蕉の図 …………………… 136
芭蕉布 ……………………… 40
バジル・ホール …………… 82・94
ハチマチ …………………… 29
羽地朝秀 …………………… 53
ハル・ノート ……………… 153
ハワイ移民 ………………… 131・180
攀安知 ……………………… 21
万国津梁の鐘 ……………… 37
番所 ………………………… 62
反復帰論 …………………… 205

ひ
Ｂ52 ………………………… 197・200
非核三原則 ………………… 212
東峰夫 ……………………… 206
比嘉景常 …………………… 136
比嘉秀平 …………………… 183
比嘉乗昌 …………………… 76
ヒトラー …………………… 146

ひめゆり学徒隊 …………… 169
ヒヤー ……………………… 34
百姓 ………………………… 55・63
標準語励行運動 …………… 149
評定所 ……………………… 55
広津和郎 …………………… 136
紅型 ………………………… 77
平田典通 …………………… 76
閩人三十六姓 ……………… 20
ヒンプンシー ……………… 61

ふ
ファシスタ党 ……………… 146
Ｖ字型滑走路 ……………… 231
風俗改良運動 ……………… 121
福州 ………………………… 21
復帰措置に関する建議書 … 204
復帰特別措置 ……………… 214
普天間飛行場の返還 ……… 220
船越義珍 …………………… 79
船成金 ……………………… 128
武寧 ………………………… 20
プライス勧告 ……………… 190
分島・改約案 ……………… 103・105

へ
米国民政府 ………………… 183
米国留学制度 ……………… 206
平和の礎（―イシジ） …… 173・220
平和の火 …………………… 173
弁財天堂 …………………… 35
平敷屋朝敏 ………………… 59
親雲上（ペーチン・ペークミー） 56
ベトナム戦争 ……………… 198
辺野古 …………… 189・230・232・233
ペリー ……………………… 89・94
ペリーの旗立岩 …………… 93
弁ケ嶽石門 ………………… 29

ほ
奉安殿 ……………………… 148
防衛隊 ……………………… 169
方言論争 …………………… 149
北部振興費 ………………… 229
ポツダム宣言 ……………… 164
滅びゆく琉球女の手記 …… 137

ま
牧志朝忠 …………………… 90・93
間切 ………………………… 62
真境名安興 ………………… 120
マッカーサー ……………… 166

松田道之 …………… 101・102・105
真南蛮 ……………………… 35
マラリア …………………… 163
満州事変 …………………… 143
満蒙開拓義勇軍 …………… 144

み
身売り ……………………… 63
三重グスク ………………… 37
水のノーベル賞 …………… 234
密約 ………………………… 212
緑十字機 …………………… 165
港川人 ……………………… 8
南大東 ……………………… 135
源為朝 ……………………… 17
宮森小学校 ………………… 194
宮良長包 …………………… 137
民権運動 …………………… 123
明朝 ………………………… 19

む
霧社事件 …………………… 145
無主地先占論 ……………… 99
ムッソリーニ ……………… 146
無土器 ……………………… 12
村屋 ………………………… 62

め
明和の大津波 ……………… 68

も
申口方 ……………………… 55
物奉行所 …………………… 55
百度踏揚 …………………… 26
百浦添欄干之銘 …………… 29

や
八重山キリシタン事件 …… 47
役地 ………………………… 63
屋取（ヤードゥイ） ……… 55
ヤコウガイ ………………… 14
柳宗悦 ……………………… 149
屋比久孟昌 ………………… 120
屋部憲通 …………………… 127
屋部憲伝 …………………… 127
山県有朋 …………………… 125
山城正忠 …………………… 136
ヤマト旅 …………………… 33
大和屋 ……………………… 115
山之口貘 …………………… 136
大和世（ヤマトゥユー） … 112
弥生時代 …………………… 11

屋良座森グスク ……………… 37
屋良朝苗 ……………… 197・210・218
ヤルタ協定 …………………… 164

ゆ
友愛の石碑 …………………… 193
諭祭 …………………………… 20
吉屋チルー (ユシャー) ……………… 73

よ
楊載 …………………………… 20
寄百姓 ………………………… 59
与那原良傑 ……………… 101・107
与力 …………………………… 43

ら
螺鈿 ……………………… 14・76

り
六諭衍義 ……………………… 73
李鴻章 ………………………… 103
李成桂 ………………………… 19
リットン報告書 ……………… 143
琉球王国 ……………………… 22
琉球王国のグスク及び関連遺群 … 40
琉歌 ……………………… 39・73
琉球ガラス …………………… 207
琉球科律 ……………………… 73
琉球館 …………………… 21・49
琉球救国運動 ………………… 107
琉球ゴールデンキングス ……… 235
琉球新報 ……………………… 135
琉球処分 ……………………… 102
琉球政府 ……………………… 184
琉球石灰岩 …………………… 42
琉球船舶旗 …………………… 184
琉球八景 ……………………… 48
琉球藩 ………………………… 97
琉球舞踊 ……………………… 74
琉球併合 ……………………… 97
琉球列島米国民政府…………… 183
琉米親善 ……………………… 188
琉米条約（琉米コンパクト）……… 91
琉米文化会館 ………………… 206
龍潭 …………………………… 22
良心的兵役拒否者 …………… 127
林世功 ………………………… 108
林鉄 …………………………… 142

れ
冷戦 …………………………… 182
レキオ………………………… 36

歴代宝案 ……………………… 73

ろ
盧溝橋事件 …………………… 145
ロバート・バウン号事件 ………… 87

わ
若夏国体 ……………………… 216
倭寇 …………………………… 19
ワラザン ……………………… 79

資料

時代	琉球・沖縄	日本・世界
前30000	山下町洞人。 白保竿根田原洞人	クロマニヨン人
前20000	ピンザアブ人。港川人	
前10000	サンゴ礁の環境に適応した生活を営む	メソポタミア・エジプト・インド・中国文明 前221秦，中国統一
		1338 足利尊氏，室町幕府ひらく
		1368 元滅び明おこる
1372	中山王・察度はじめて明に入貢	
1404	武寧がはじめて冊封うける	
1406	尚巴志，中山王・武寧を滅ぼし第一尚氏王統をひらく	
1429	尚巴志，三山を統一する（琉球王国）	
	このころより大交易はじまる	1455 英・バラ戦争(～85)
1458	護佐丸・阿麻和利の乱おこる	
	首里城正殿に万国津梁の鐘をかける	
1470	金丸，第一尚氏王統を滅ぼし，第二尚氏王統をひらく	1479 スペイン王国成立
		1492 コロンブス新大陸到達，
1500	八重山でオヤケアカハチの戦いおこる	1517 ルター，宗教改革。
1528	待賢門(のちの守礼門)を建立	1543 ポルトガル，日本に鉄砲伝える
1570	南方貿易が衰退する（大交易の終焉）	1549 ザビエル，日本にキリスト教伝える
1591	島津氏，朝鮮出陣に際し，琉球に兵7000人分の 兵糧米10か月分を送るよう命じる	1590 豊臣秀吉，全国を平定する 1592 朝鮮，豊臣秀吉の侵略を受ける
1605	野國總管，中国よりイモを持ち帰る	1600 英，東インド会社設立
1609	薩摩島津氏の琉球侵略	1603 徳川家康，江戸幕府開く
1617	島津氏，琉球の日本化を禁止する	1618 ヨーロッパで三十年戦争(～48)
1624	八重山キリシタン事件おこる	1642 英，ピューリタン革命(～49)
1650	羽地朝秀，『中山世鑑』を編集する	1644 李自成，明を滅ぼす(清，興る)
1689	系図座を設置し，身分制度を確立	1688 英，名誉革命起こる(～89)
1719	玉城朝薫が創作した「組踊」を上演	1701 スペイン継承戦争(～13)
1771	八重山で乾隆36年の大津波(明和の大津波)	1776 アメリカ独立宣言
1798	首里に国学設立	1789 フランス革命(～99)
1816	イギリス船，ライラ号(艦長・バジルホール)・アルセ スト号来航	1804 ナポレオン，フランス皇帝となる 1825 異国船打払令
1844	フランス船来航し，和親・貿易・布教求める	1840 アヘン戦争(～42)
1851	ジョン万次郎来航	1851 中国，太平天国の乱。1856 アロー戦争(～60)
1853	ペリー来航，日本開国の足掛かりとする	1854 日米和親条約。1858 日米修好通商条約
1854	琉米条約(琉球コンパクト)を結ぶ	1861 米，南北戦争。1863 奴隷解放宣言
1871	宮古船の台湾遭難事件おこる	1867 大政奉還・王政復古の大号令
1872	維新慶賀使，尚泰を琉球藩王とする天皇の証書受け取る	1871 廃藩置県。日清修好条規。ドイツ帝国成立 1874 台湾出兵
1876	幸地朝常，琉球救国の密書を携えて清へ	1876 日朝修好条規 1877 西南戦争。インド帝国成立

時代	琉球・沖縄	日本・世界
1879	明治政府による武力を背景とした琉球併合（琉球処分）で沖縄県を設置	
1880	日清による「分島・改約（宮古・八重山を中国領とするかわり，日本商人が欧米諸国並みに中国で商業活動ができるようにすること）」に合意するものちに解消	1881 明治14年の政変。イリ条約
1882	第2代県令・上杉茂憲，旧慣改革を政府に上申	1884 清仏戦争（〜85）
	第1回県費留学生派遣	1885 内閣制度創設
1888	人口37万4698人	1887 仏領インドシナ連邦成立
1889	瓦ぶきの制限解除。赤瓦屋根が普及する	1889 大日本帝国憲法制定
1895	日清戦争で日本が勝利したことで，日本への同化進む	1894 日清戦争（〜95年）
	尋常中学校ストライキ事件おこる	
1898	徴兵令施行	
1899	入墨禁止令。初のハワイ移民出発(1900年着)	1902 日英同盟
1900	人口46万5470人	1904 日露戦争（〜05）
1901	この年までに徴兵忌避者113人	1907 ハーグ密使事件。英仏露三国協商
1903	頭懸（人頭税）廃止	1910 韓国併合
1908	間切・島および村を，村および字と改称	1911 辛亥革命。1912 中華民国成立
1912	衆議院議員選挙法施行（宮古・八重山除き2名）	1914 第一次世界大戦始まる（〜18年）
1914	軽便鉄道開通	1917 ロシア革命。1918 米騒動
1919	衆議院議員選挙法改正で，宮古・八重山を含む5人	1919 ヴェルサイユ条約調印
1920	本土並みの地方制度となる	1920 国際連盟設立
	このころ県外出稼ぎ多くなる	1921 ワシントン会議(〜22)
1924	このころからソテツ地獄とよばれる不況続く	1923 関東大震災。1928 日本最初の普通選挙
1925	人口55万7993人	1930 昭和恐慌
1933	沖縄県振興計画が実施される	1931 満州事変。
1940	方言論争おこる	1937 日中戦争。1939 第二次世界大戦はじまる
1944	3月22日，福岡で南西諸島防衛目的に第32軍創設	1941 アジア太平洋戦争(〜45)
	8月22日，対馬丸，悪石島付近で撃沈される	1943 イタリア降伏。カイロ宣言
	10月10日，南西諸島は沖縄島の那覇市を中心に5波にわたって大空襲を受ける	
1945	3月26日，米軍，慶良間列島に上陸し，沖縄の地上戦が始まる。4月1日，米軍が沖縄島西海岸の読谷・嘉手納・北谷に上陸 6月22(23)日，第32軍司令官・牛島満が自決し，日本軍の組織的戦闘が終了する 9月7日，南西諸島の日本軍が降伏文書に調印し，沖縄戦が正式に終了する	1945 ポツダム宣言。8月6日，広島に原子爆弾投下（9日，長崎に投下）。8月8日ソ連が日ソ中立条約を破棄（9日，侵攻開始）。8月14日，日本，ポツダム宣言の無条件受諾を決定。8月15日，昭和天皇のラジオ放送で敗戦を知らせる
		1947 日本国憲法施行。天皇メッセージ
1949	米国，沖縄の長期保有決定	1949 中華人民共和国成立。1950 朝鮮戦争(〜53)
1951	琉球臨時中央政府発足，主席に比嘉秀平。日本復帰促進期成会（沖縄群島有権者の72%の署名集める）	1951 サンフランシスコ平和条約・日米安全保障条約調印(52年発効)
1952	琉球政府発足（主席・比嘉秀平）	
1953	土地収用令公布，土地の強制収用おこなわれる	1953 奄美諸島返還
1954	アイゼンハウアー米国大統領，「沖縄を無期限に管理する」と言明。米民政府，地代一括払いの方針発表。立法院で「土地四原則」を打ちだす	1954 インドシナ休戦協定

資料

243

時代	琉球・沖縄	日本・世界
1955	米兵の幼女殺害事件おこる。プライス調査団来沖，軍用地問題を調査	1955 アジア・アフリカ会議
1956	プライス勧告発表，土地問題四原則をほとんど否定。プライス勧告に反対する"島ぐるみ闘争"おこる	1956 日ソ国交回復
1957	高等弁務官制度の実施	
1958	通貨B円からドルへ切り替え	
1959	石川市宮森小学校に米軍機墜落（死者17人，負傷者121人）	
1960	沖縄県祖国復帰協議会結成。アイゼンハウアー米大統領沖縄訪問	1960 日米新安全保障条約調印
		1962 キューバ危機
1963	キャラウェイ高等弁務官，沖縄の「自治神話」演説	
		1964 東京オリンピック・パラリンピック開催
1965	佐藤首相来沖，「沖縄の祖国復帰が実現しないかぎり，日本の戦後はおわらない」と声明	1965 米，ベトナム北爆開始（ベトナム戦争）
		1966 中国文化大革命はじまる
1968	初の公選主席に屋良朝苗（革新）当選。嘉手納基地でB52墜落炎上	1968 小笠原諸島返還
1969	佐藤・ニクソン会談で沖縄の72年返還決まる	1969 米，アポロ11号月面着陸
1970	コザで反米騒動発生	
1972	日本復帰で新生沖縄県誕生。ドルから円へ通貨交換	1972 日中国交正常化
		1973 ベトナム和平協定
1975	沖縄国際海洋博覧会開催	
1978	交通方法変更(7.30)	1978 日中平和友好条約調印
		1979 米中国交樹立。ソ連，アフガニスタンに軍事介入
		1980 イラン・イラク戦争（～88）
1986	「日の丸・君が代」問題で卒業式・入学式が混乱	1986 ソ連，チェルノブイリ原発事故
1987	海邦国体，かりゆし大会開催	
		1989 中国，天安門事件
1990	「慰霊の日」休日存続	1990 東西ドイツ統一
		1991 湾岸戦争。ソ連邦解体
1992	復帰20年。首里城正殿復元	1992 PKO協力法成立
		1993 ヨーロッパ連合(EU)発足
1995	「平和の礎」建立。米兵三人よる少女乱暴事件に対する県民総決起大会	1995 阪神淡路大震災
1996	象のオリ，国による不法占拠状態となる。普天間飛行場の全面返還合意。「日米地位協定の見直しと米軍基地の整理・縮小を求める県民投票」で89％が賛成	
1997	名護市の市民投票で海上基地受け入れ反対が多数占めるが，市長は受け入れを表明	1997 香港の中国返還
2000	九州・沖縄サミットの首脳会議を名護市で開催。琉球王国のグスク及び関連遺産群が世界遺産に登録	
		2001 米，同時多発テロ事件
2002	普天間代替基地「埋め立て」で合意	2002 東ティモール独立
		2003 イラク戦争
2004	沖縄国際大学に普天間基地所属の大型ヘリ激突墜落	
		2005 京都議定書発効

時代	琉球・沖縄	日本・世界
2006	普天間代替施設の「V字滑走路案」などで日米合意	
		2008 リーマンショック
		2011 東日本大震災。南スーダン独立
2012	普天間飛行場にオスプレイの強行配備	
2013	仲井眞知事，辺野古埋め立てを承認	
2014	翁長知事，辺野古沿岸部埋め立て承認の取り消しで法廷闘争へ	2014 ロシア，クリミア半島併合
		2015 改正公職選挙法で選挙権年齢18歳となる
		2015 米，キューバと国交回復
2016	子どもの貧困拡大(全国の2倍)。辺野古沿岸部の埋め立て取り消し訴訟で県が敗訴	
2017	名護市辺野古の新基地建設で護岸工事始まる	
2018	翁長知事死去。県が埋め立て承認を撤回。国は12月に土砂投入。オール沖縄の玉城デニー知事誕生	
2019	辺野古県民投票，約72%が埋め立てによる新基地反対	2019 アイヌ新法成立
	首里城火災で正殿などが焼失	
	入域観光客1000万人突破(2018年度)	
2020	新型コロナで県経済大打撃。首里城再建の道筋固まる	2020 イギリスEU離脱
2021	新型コロナによる度重なる緊急事態宣言で生活混乱続く。県内各地に軽石が漂着し，漁業や観光に打撃。「奄美大島，徳之島，沖縄島北部及び西表島」が世界自然遺産に登録	2021 東京オリンピック・パラリンピック開催
2022	日本復帰50年	2022 北京オリンピック開催
	沖縄県知事選挙，現職の玉城知事が再選果たす	ロシア軍，ウクライナに侵攻
	第7回世界のウチナーンチュ大会開催	成人年齢が18歳となる
		安倍元首相，銃撃され死亡
		旧統一教会問題おこる
2023	新型コロナ5類移行で観光復活	2023 ロシアのウクライナ侵攻長期化
	陸上自衛隊ヘリ，宮古沖で墜落	生成AI急速に普及
	琉球ゴールデンキングス，Bリーグ初制覇	WBC，日本が14年ぶり優勝
	FIBAバスケW杯(沖縄アリーナ)で日本パリ五輪出場決める	コロナ緊急事態終了
	「辺野古新基地」埋め立て代執行訴訟で県敗訴	福島第1原発の処理水放出開始
		イスラエルとパレスナが激しい戦闘
2024	軟弱地盤がある大浦湾側の工事に着手	2024 元日に震度7の能登半島地震発生
		自民党派閥の政治資金パーティー裏金事件

資料

主な参考文献一覧

安里進・高良倉吉・田名真之・豊見山和行・西里喜行・真栄平房昭『沖縄県の歴史』 山川出版社 2004

阿波根昌鴻『米軍と農民』 岩波新書 1982

新川明『沖縄・統合と叛逆』 筑摩書房 2000

新川明『反国家の兇区』 社会評論社 1996

新川明『琉球処分以後』上・下 朝日新聞社 1981

新崎盛暉『沖縄現代史　新版』 岩波書店 2005

新崎盛暉『ドキュメント沖縄闘争』 亜紀書房 1969

新城俊昭『教養講座　琉球・沖縄史（改訂版）』東洋企画 2019

伊江村教育委員会『証言・資料集成　伊江島の戦中・戦後体験記録』 1999

石川文洋『ベトナム戦争と平和』 岩波書店 2005

伊佐眞一編・解説『謝花昇』 みすず書房 1998

石原昌家・大城将保・保坂廣志・松永勝利『争点・沖縄戦の記憶』社会評論社 2002

井出孫六『満蒙の権益と開拓団の悲劇』岩波ブックレット 1993

内田晶子・高瀬恭子・池谷望子『アジアの海の古琉球』榕樹書林 2009

梅林宏道『情報公開法でとらえた　沖縄の米軍基地』 高文研 1994

太田朝敷『沖縄県政五十年』 リューオン企画 1976

大城将保『改訂版　沖縄戦　民衆の眼でとらえる〈戦争〉』 高文研 1988

大田昌秀『沖縄の帝王　高等弁務官』 久米書房 1984

大西照雄『沖縄の太陽物語』 あけぼの出版 2013

沖縄県教育委員会『沖縄県史　第1巻　通史』 1977

沖縄歴史研究会編『近代沖縄の歴史と民衆』 至言社 1977

沖縄県史料編集室『沖縄県史料　各論編　第三巻　古琉球』 沖縄県教育委員会 2010

沖縄県史料編集室『沖縄県史料　各論編　第四巻　近世』 沖縄県教育委員会 2005

沖縄県史料編集室『沖縄県史料　各論編　第五巻　近代』 沖縄県教育委員会 2011

沖縄県史料編集室『沖縄県史料　各論編　第六巻　沖縄戦』 沖縄県教育委員会 2017

沖縄県史料編集室『沖縄県史料　各論編　第七巻　現代』 沖縄県教育委員会 2022

沖縄タイムス社『沖縄大百科事典』上・中・下・別巻 1983

沖縄歴史研究会編『近代沖縄の歴史と民衆』 至言社 1977

沖縄県史料編集室『沖縄戦研究Ⅱ』沖縄県教育委員会 1999

沖縄県立博物館　『特別展　日系移民1世紀展』沖縄県立博物館　編集・発行 2000

小熊英二『＜日本人＞の境界』 新曜社 1998

金井圓『ペリー日本遠征記』 1985 雄松堂出版

鹿野政直『沖縄の淵』 岩波書店 1993

河原仁志『沖縄50年の憂鬱』 光文社新書 2022

我部政明『世界のなかの沖縄　沖縄のなかの世界』 世織書房 2003

球陽研究会『球陽　読み下し編』角川出版 1982

慶世村恒任『宮古史伝（復刻版）』 私家版 1976

具志堅隆松『ぼくが遺骨を掘る人『ガマフヤー』になったわけ。』合同出版 2012

来間泰男『沖縄の米軍基地と軍用地』 榕樹書林 2012

教科書検定訴訟を支援する全国連絡会『沖縄戦の実相』ロング出版 1990

近藤健一郎『近代沖縄における教育と国民統合』 北海道大学出版会 2006

櫻澤誠『沖縄現代史』 中公新書 2015

後田多敦『海邦小国　をめざして』 出版舎 Mugen 2016

後田多敦『琉球救国運動』 出版舎 Mugen 2010

須藤利市訳・バジルホール『大琉球島探検航海記』 第一書房 1985

瀬長浩『世替わりの記録─復帰対策作業の総括』 若夏社 1985

新里金福・大城立裕『沖縄の百年　近代沖縄の歩み』太平出版社 1971

戦後補償問題連絡委員会『朝鮮植民地支配と戦後補償』岩波書店　1992

曽我部司『笑う沖縄』エクスナレッジ　2006

高良倉吉『新版　琉球の時代』ひるぎ社　1989

田中健男訳注・申淑舟『海東諸国紀』岩波書店　1991

田名真之「近世の姓氏」『沖縄県姓氏家系大辞典』角川書店　1992

中島昭子・小川小百合訳・フォルカード『幕末日仏交流記』1993　中央公論者

仲宗根源和『沖縄から琉球へ』月刊沖縄社　1973

中野好夫・新崎盛暉『沖縄戦後史』岩波書店　1985

波平恒男『近代東アジア史のなかの琉球併合』岩波書店　2014

西塚邦雄編『琉球教育　第1巻』本邦書籍　1980

西里喜行『清末中琉日関係史の研究』京都大学学術出版会　2005

西原文雄『沖縄近代経済史の方法』ひるぎ社　1991

野里洋『汚名　第二十六代沖縄県知事泉守紀』講談社　1993

野添文彬『沖縄県知事』新潮社　2022

野々村孝男『首里城を救った男』ニライ社　1999

林博史『沖縄戦が問うもの』大月書店　2010

原田禹雄訳注『蔡鐸本　中山世譜』榕樹書林　1998

原田禹雄訳注・徐葆光『中山傳信録』言叢社　1982

原田禹雄『冊封使録から見た琉球』榕樹書林　2000

春名徹訳・ベイジル・ホール著『朝鮮・琉球航海記』岩波書店　1991

比嘉康文『沖縄独立の系譜』琉球新報社　2004

比屋根照夫『近代沖縄の精神史』社会評論社　1996

福地曠昭『命（ヌチ）まさい』那覇出版社　1987

防衛庁防衛研修所戦史室『沖縄方面海軍作戦』朝雲新聞社　1968

防衛庁防衛研修所戦史室『沖縄方面陸軍作戦』朝雲新聞社　1968

外間正四郎訳・米国陸軍省編『日米最後の戦闘　沖縄』光人社　1997

外間政章『対訳　ペリー提督　沖縄訪問記』球陽堂書房　1975

牧野浩隆『再考　沖縄経済』沖縄タイムス　1996

又吉盛清『日本植民地下の台湾と沖縄』沖縄あき書房ⓒ　1990

宮城悦二郎『占領者の眼』那覇出版社　1983

宮城晴美『新版　母の遺したもの』高文研　2008

宮城弘樹『琉球の考古学』敬文舎　2022

宮里政玄『戦後沖縄の政治と法　1945－72』東京大学出版会　1975

宮里朝光・監修『沖縄門中大事典』那覇出版社　1998

山田輝子『ウルトラマン昇天』朝日新聞社　1992

屋良朝苗『回想録　激動の八年』沖縄タイムス社　1995

吉田嗣延追悼文集観光委員会『回想　吉田嗣延』1990

吉浜忍「沖縄戦研究と軍事資料」『史料編集室紀要　第24号』沖縄県教育委員会　1999

読谷村史編集委員会『読谷村史　第5巻資料編4　戦時記録　下巻』2004

養秀同窓会編『沖縄教育風土記』養秀同窓会　1971

琉球新報社・新垣毅『沖縄の自己決定権』2015

琉球新報社編『東恩納寛惇全集』第一書房　1993

琉球新報社『世替わり裏面史』1983

若泉敬『他策ナカリシヲ信ゼムト欲ス』文芸春秋　1994

渡辺美季訳・グレゴリー・スミッツ『琉球王国の自画像』ぺりかん社　2011

和田久徳『琉球王国の形成』榕樹書林　2006

資料

新高等学校学習指導要領「日本史探求」対応
琉球・沖縄史探究～探究心を育てるためのもう一つの眼差し～

発　行　2024年9月7日（第1刷）

著　者　新 城 俊 昭
　　　　　沖縄大学客員教授
　　　　　沖縄歴史教育研究会顧問

編集協力者　西銘　　章（沖縄歴史教育研究会会長）
　　　　　　仲村　　顕（沖縄歴史教育研究会副会長）
　　　　　　金城　　睦（沖縄県立首里高等学校教諭）
　　　　　　高良由加利（沖縄県教育センター指導主事）
　　　　　　屋良　紋乃（沖縄県立浦添高等学校教諭）
　　　　　　新川　将太（沖縄県立宮古工業高等学校教諭）
　　　　　　安次富朋代（金武町役場企画課）

制作印刷　株式会社 東洋企画印刷
製　本　沖縄製本株式会社
発 売 元　編集工房 東洋企画
　　　　　〒901-0306 沖縄県糸満市西崎町4-21-5
　　　　　TEL.098-995-4444／FAX.098-995-4448

郵便振替 01780-3-58425
ISBN978-4-909647-65-8 C0020 ￥1700E
乱丁・落丁はお取替えします。

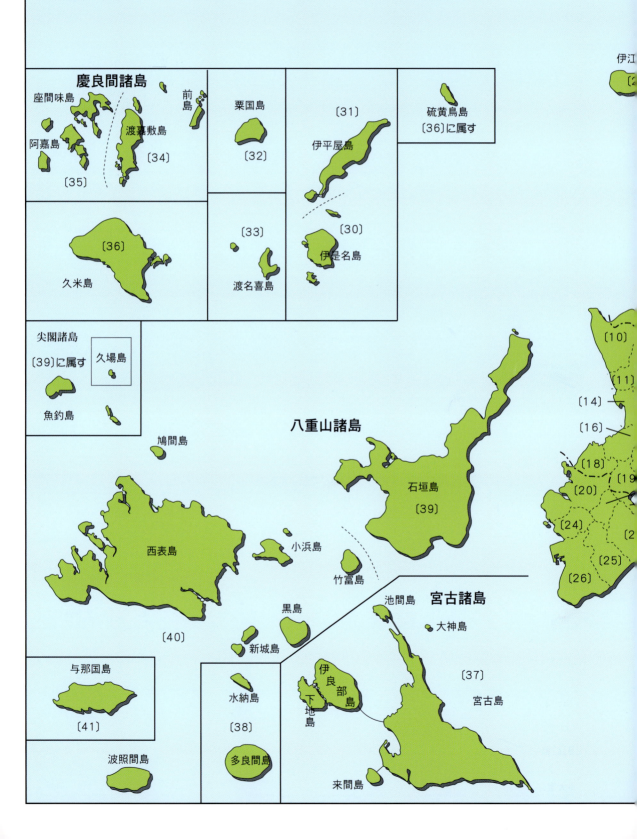